無理・無意味から職場を救う

# マネジメントの基礎理論

18人の巨匠に学ぶ組織がイキイキする上下関係のつくり方

海老原嗣生 著　守島基博 解説

the basic theory of management

# はじめに

## 理論を速習する意味

どんな仕事をするにしても、そのためには専門知識や技術を学ばなければならないものです。エンジニアになるにしても、経理の仕事に就くにしても、クリエイターとしてやっていくにも、勉強や準備が必要です。

ところが、「人を教える」「指導する」という役割の上司には、何の準備も勉強もせず、いきなり指名されてなってしまいます。他人の人生を左右する立場にもかかわらず、です。さすがに、課長や係長といった役職なら、ある程度の経験がなければ登用されませんが、社会人2年目くらいでもう新人の指導役、店長、グループリーダーとして任命されることは珍しくありません。

そんな感じで日本人は、何気なくリーダーシップの入り口に立ち、そのまま惰性で昇進していきます。

そうしてみんな、35歳をすぎるころなれば、いっぱしに「指導のコツ」を語れるようにもな

っています。たとえば、

- 上司は部下のやる気を大切にしなければいけない
- 部下には能力にぴったりのものではなく、少し難しめの仕事を与えるべきだ
- 部下とは会社の仕事の話だけでなく、時にはプライベートの話もしたほうがよい

など、上司としてのあり方をなんとなくではありますが、体得しています。

こんなふうにマネジメントとは、たんに「経験と勘と口伝」で積み上げられたものと思われがちですが、それは正しくありません。なんとなく体得したこうした上司としての振る舞い方にも、マネジメントの学問的な裏づけが存在しています。

マネジメントの専門用語を使えば、最初の「やる気」は内発的動機、2つ目の「難しめの仕事を与える」はモチベーションサイクル、3つ目の上下関係は、交換交流形成といいます。

そう、あなたの経験値はおおむね正しいのです。でも、こうしたマネジメントのコツの多くが、じつは、昔の経営者たちが、世界の最先端理論を計画的に日本の会社に取り入れたものだと言われたら、ちょっと意外な気がしませんか。あなたがあなたの上司から、その上司がそのまた先代の上司から、まるでオヤジの叱言のように、口伝で言い伝えられたコツとは、元をたどればマネジメントの基礎理論に行きつくのです。

日本企業では、1950〜60年代にこうした理論の重要性が意識され、経営者がそれをしっかり社内に取り入れました。その結果、人が育ち、うまく組織がまわるようになりました。それが一方では人事制度となり、一方では上司の訓話となり、両方で組織に定着します。だから、知らず知らずのうちに、理論がみなさんの体のなかに入っていくのです。

ところが、そうした理論があまりにも組織に馴染みすぎたせいで、その価値が見落とされるようになっています。ただの「古い世代の精神論」と勘違いされるようになってしまったのですね。理論だと思って聞くのと説教だと思って聞くのでは、おのずと効力も違ってきます。日本の企業とそこで働く人にはマネジメントの基礎理論が広く浸透しているのに、その価値が正当に評価されていないのはもったいないことです。

この本は、日本の企業にある意味で浸透しすぎてしまったマネジメント理論を整理して解説し、理論として再認識してもらうことを目指しています。その効力が実証されているこれらの理論は、新しく部下を持った上司や、自分のマネジメント能力を磨きたい部課長の強い味方になってくれるでしょう。

本書は、マネジメントの基本的理論を打ち立てた18人を選び、彼らの提唱した理論から実践に役立つ部分を抜き出しました。時間のないみなさんが効率的に学べるよう、クイズ形式で考えてもらいながら、理論の根幹が理解できるようなつくりにしています。

ただ、ここに書いてあるのはあくまでもエッセンスです。「わかりやすさ」「使いやすさ」を優先し、多少強引に意訳した部分もあります。ですから、「これがすべて」とはゆめゆめ考えないでください。本格的に理論を学びたい方は、本書で紹介している先人たちの書籍を実際に読み、自分なりの解釈を深めていただければと思います。

この本で取り上げた、マネジメント理論の巨匠たちを以下に記しておきます。

アブラハム・マズロー
フレデリック・ハーズバーグ
大沢武志
エドウィン・ロック
松井賚夫《たまお》
リチャード・ハックマン
グレッグ・オールダム
ダグラス・マクレガー
三隅二不二
W・G・オオウチ
フレッド・フィドラー
ヘンリー・マレー

スティーブン・コヴィー
エルトン・メイヨー
フリッツ・レスリスバーガー
マイケル・ポーター
ゲイリー・ハメル
C・K・プラハラード

※本書は、日本能率協会およびリクルートキャリア大阪支社における大手企業の人事向け研修の内容を基にしています。

# 目次

# なぜ企業は社員のやる気を大切にするのか

第1章では、「内発的動機」について考えていくことにします。

内発的動機とは「やる気」のことです。マネジメントの基本がここにあるといってもいいでしょう。

あまりにも当たり前の話なので拍子抜けするかもしれませんが、上司として悩んでいるときにここに立ち返ると、たいていの問題は氷解します。

たとえばすべての数学の定理は、「1＋1＝2」「平行線は交わらない」という2つの公理からなりたっています。また、日本には現在、有効な法律が約1800ほどありますが、これらは全部日本国憲法の制約下にあります。数学の世界の2つの公理や、司法における憲法が、マネジメントにおける「内発的動機」なのです。

上司として悩むことがあった場合、ここに立ち返るときっと答えが見つかるでしょう。

1・1

# やる気（内発的動機）とは何か？

問1

## モチベーションの根源とは

ここに4人の働く女性がいます。この4人の働き方を、2つに分けてみてください。
また、その分けた理由、基準を教えてください。

❶ ラーメンづくりが「生きがい」で、気に入らない客は出ていかせる気難しい女性店主、Aさん
❷ キャバクラにもぐりで働いて、ブランド品を買いあさる女子大生、Bさん
❸ 女子大卒、27歳。婚活でアフターファイブ重視の事務職の一般職社員、Cさん
❹ 国立大学で博士号取得。低給でも成果を目指し、黙々と頑張る任期制研究員、Dさん

いかがですか。

たとえば、CさんとDさんは昼間の仕事をしている、AさんとBさんは夜の仕事をしてい

る。そんなふうに分ける人もいるでしょうし、CさんとDさんは月給制、AさんとBさんは出来高制と分ける人もいるでしょう。いくらでも分類方法はあります。

ではヒントです。4人の女性には、それぞれ目的があるか、ないかを考えてください。

Aさんは、お金儲けにもマスコミに出て有名になることにも興味はないはずです。何よりも、究極のラーメンをつくること。それを安く提供できて、多くの人に喜んでもらえることにやりがいを感じ、そのために毎日、頑張っています。

では、Bさんはどうでしょうか。ヴィトンやグッチのバッグや洋服を買いたい。それらを手に入れることが目的となります。

Cさんは、花嫁修業と合コンで、素敵な男性と結婚することが目的です。Dさんは、何よりも研究成果を出すのが目的でしょう。学問自体が好きでなければ、低給与、長時間労働には耐えられません。好きな道で、素晴らしい業績を残したいから頑張っているのです。

このように、4人それぞれにわかりやすい目的が存在します。

このセクションのタイトルに「動機」という言葉が出てきました。平たくいえば、「やる気」です。4人それぞれの目的を考えたのは、働く動機の「ある／なし」で分類するための第一歩だからです。

Aさん、Bさん、Dさんは、仕事を頑張らないかぎり目的に近づけませんが、Cさんだけは仕事を頑張ることと目的を達成することに何の関係もありません。したがって、仕事に対するやる気で分類すると、Cさんだけが別で、Aさん、Bさん、Dさんが同じタイプになります。

ただ、マネジメントの観点、とくに内発的動機を考えるうえではこの分け方は正解とはいえません。

## 仕事それ自体が目的なのか、他に目的があるのか？

なぜだか詳しく見ていきましょう。

あなたが上司や経営者だと仮定して、Aさん、Bさん、Dさんの3人は同じ分類に入るかどうかを考えてみてください。

たとえば、彼女らが、**仕事上で試練に出くわしたとき、それぞれどんな反応をするか**を想像してみてください。ここではっきりと2つに分かれるはずです。

Aさんが夏に向けて冷やしラーメンを創作していたとします。ところが、温度を下げると、自慢のトマト白湯スープが固まってしまう。さあどうするか。彼女なら寝ても覚めても解決策を考え続けるでしょう。

Dさんが論文を書き終えたあとで、その論文の土台にしていた先輩の先行研究に間違いが見つかったがもう提出期限は迫っている、という状況に直面したらどうでしょうか。諦めて間違ったまま出すでしょうか。結果的にそうなったとしても、ぎりぎりまで間違いを直し、論文の質を高める努力をするはずです。

ではBさんはどうでしょう。無理難題を言うお客や、やたらと気難しいお客に対しても精いっぱいのサービスをしようとするでしょうか。おそらくしないでしょう。彼女が本気で頑張るのはたとえば次のようなときです。どうしても欲しいバーキンバッグが3日間限定のセールで50万円で買えるが、持ち合わせは40万円しかない。とすると今日明日で10万円稼ぐ必要がある。こういうときであれば、気難しいお客さんを前にしても全力で頑張るBさんの姿が目に浮かびます。

もうおわかりでしょうか？

**AさんとDさんは、仕事自体が目的なのであるのに対して、Bさんは、仕事ではなく、お金が目的**なのです。

これは上司や経営者から見ると大きな違いです。片や、仕事で無理難題を与えても、なんとか成し遂げようと努力し、長時間労働もいとわない。片や、つねにお金を人参のように目の前にぶらさげておかなければ頑張らない。経営者としてどちらの人を評価するかは明らかです。仕事自体が目的となった場合、頑張るだけでなく、飽きずに続けられるので、辞めないということにもなります。

お金が目的の人にとって、仕事はたんなる労働です。もっといいお給料のところがあればすぐに辞めるでしょうし、たんに飽きたという理由でも転職してしまうでしょう。

## 社員の内発的動機を高めれば企業は儲かる

Bさんは、お金がやる気の源泉でした。やる気は仕事とは関係ない別の世界にあるということになります。これを「外部誘因」といいます。一方、AさんとDさんは、仕事が楽しくて、それ自体が目的です。別に何かもらえるからやるわけでもない。こういうやる気を「内発的動機」といいます。

仕事は楽しい、という状態をつくる。つまり、**社員の内発的動機を高めると、社員は自ら頑張るようになり、長時間労働もいとわず、そのうえ辞めません**。だからこそ、経営者や上司は、部下のやる気を大切にし、仕事が楽しくなるように、配慮しなければならないのです。

上司が部下のやる気を気にかけるのは、人情や親心からではありません。そういう部分もゼロとはいいませんが、それよりも、部下にやる気を出してもらわないと会社の事業がうまくまわらないからです。もっとはっきりいえば、売上を上げたり、利益を出したりできないからです。ちょっとドライすぎる見方と思われるかもしれませんが、それには理由があります。

経済学も経営学も、その基礎は20世紀初頭に確立しました。当時の先進国は産業といえば工業が主流で、機械設備などを持っている資本家が、何も持たない工員を一労働力として使役する社会でした。

ですからそのころの経済学や経営学には、**「労働者は、その苦役と賃金が見合うかどうか、合理的に判断して働く」（経済人仮説）という労働観が根づき、生産性や経営合理性と「楽しく仕事をすること」は別物**と考えていました。

それが第二次大戦後、先進国では脱工業化が進み、ホワイトカラーの仕事が爆発的に増えました。ホワイトカラーの仕事はブルーカラーの仕事にくらべて複雑で、マニュアル化しづらいところがあります。そのため、働く人が臨機応変に自分で考えて対応することの重要度が増しました。こうした知的労働の場合、本人がやる気を持って仕事に取り組み、自ら工夫するか否かで成果に大きく差が出ます。そうして頑張った人たちが好業績を認められると、ますます頑張り、仕事が楽しくなるという状態が生まれました。それは苦痛の対価で賃金をもらうという労働観では説明できないものでした。

たとえば、メジャーリーガーの田中将大選手やサッカーの本田圭佑選手は、ふつうの人が一生かかっても手にすることのできないような高給をもらっています。その分、日々、プレッシャーに追われ、ハードな練習にも耐えねばなりません。ただ、彼らはそれを苦痛と感じているでしょうか？　彼らの内面を知ることはできませんが、プレッシャーや駆け引きなども含め、すべてを楽しんでいるようにさえ見えます。彼らの高額な報酬は、「苦痛への対価」ではないことは確かでしょう。

仕事そのものが楽しい人は、達成感や満足感に給料がついてくるような感覚を持っていま

図表1）　2つの「働く」●経済人仮説と自己実現欲求

**A**

❶ ラーメン店の店主
❹ 黙々と頑張る研究生

**B**

❷ キャバクラの女子高生
❸ 婚活の一般職

| | 内発的動機 A | 外部誘因 B |
|---|---|---|
| 働く理由 | 達成感、成長感、自己効力感、他者の承認、 | 高額な給与<br>楽な仕事<br>余暇の充実 |
| キーファクター | 目標、機会、承認、成長 | 即物的欲求 |
| 特性 | 長時間労働に耐える。<br>自ら工夫をする。<br>さらなる難題を求める。 | 労力と待遇のバランスを重視。 |

働く＝楽しい
↓
成長の対価として賃金を得る。
↓
自己実現論

働く＝苦しい
↓
苦しみの対価として賃金を得る。
↓
経済人仮説

す。それに対して、お金のために仕事をしている人にとって、給料は労働の代償でしかありません。持っている能力が同じだとすれば、どちらの働き方をしている人のほうが継続的な成果を出し続けられるかは明らかです。

内発的動機を高く保てる人は、困難に直面してもそれを乗り越えることが達成感につながるので、粘り強く取り組みます。こうした人材が多くいる会社は、生産性も高くなります。だからこそ経営者や上司は、人道的見地からというよりは、経営の基本として、働く人のやる気、マネジメント用語で言うところの「内発的動機」を高めていかなければならないのです。

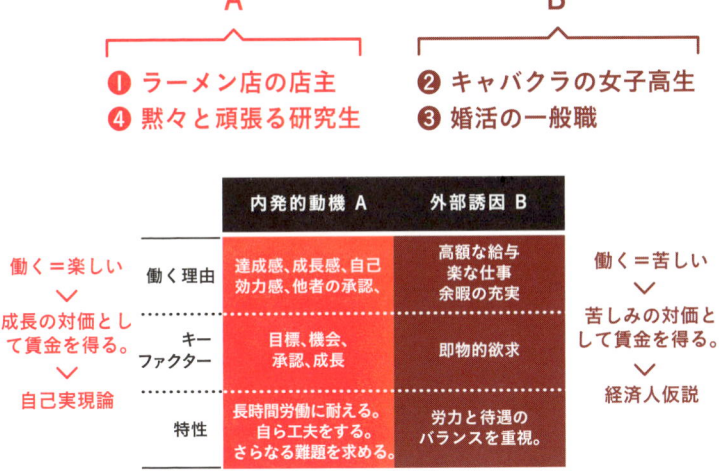

図表2）　ハーズバークの2要因論

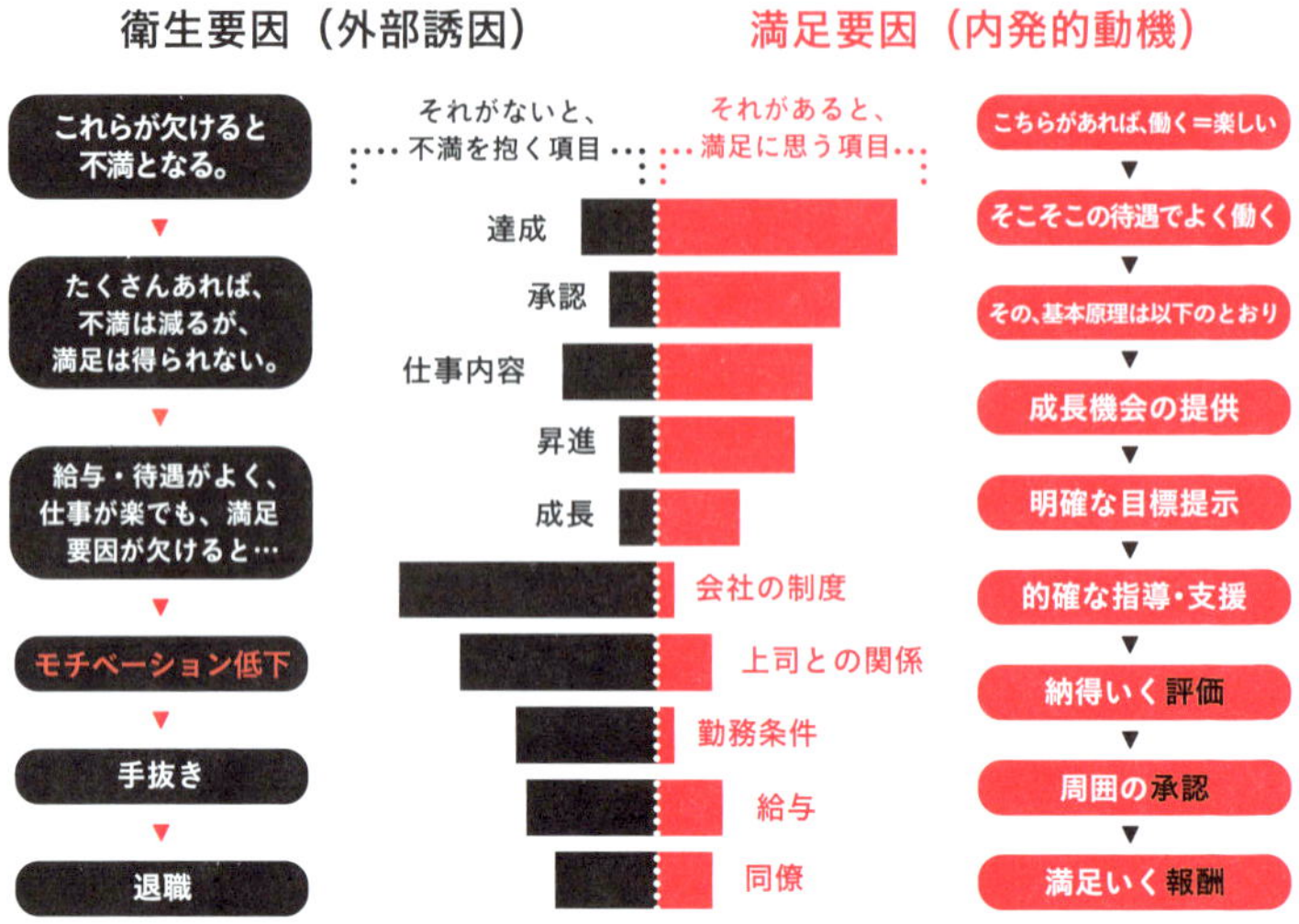


## 内発的動機はどうしたら上げられるのか

内発的動機と外部誘因をより仕事に近い場面で説明するために、モチベーションサイクルの理論の提唱者フレデリック・ハーズバーグは、「満足要因」と「衛生要因」という言葉を使っています。

**衛生要因というのは、それがないと不満が高まるが、それがいくらたくさんあったとしても満足や納得にはつながらない要素です。**

たとえば、給与が高い、残業が少ない、休日が多い、会社のネームバリューがある、快適なオフィスなどです。いずれも仕事の中身とは関係ありません。

そろそろ先ほどのクイズの正解を申し上げましょう。

4人の女性の働き方は、この衛生要因と満足要因という視点で分類できるのです。

Bさんはお金が欲しいから、Cさんは理想の男性にめぐり会うために「残業が少ない」「ネームバリューがある」「快適なオフィス」で仕事をしています。2人とも衛生要因が主体ですので、仕事自体への関心は薄く、長続きはしません。たとえば職場が不便な地域に移転したり、顧客や上司に文句を言われたり給料が下がったりすれば、すぐに辞めてしまう可能性があります。あるいは、景気がよかったり悪かったりして一時的に残業が増えると音を上げてしまうかもしれません。これは会社や上司にとっては困ったことです。

一方、**満足要因は、達成する、承認される、責任を持つなど、仕事それ自体がもたらすやる気の要素**です。これが満たされると仕事が楽しくなり、さらにやる気が出てくるというわけです。AさんとDさんはまさにこちらのタイプです。

ハーズバーグの理論の真骨頂はこの先にあります。

ここに挙げた**満足要因というのは、それぞれが単体で存在しているわけではなく、密接に連関しています。ですから、それをつなげてうまくサイクルにしていけば、内発的動機を高め続けられる**、と説いたのです。

それは、構造的には以下のようにとても簡単なことです。

①ちょうどよいレベルの**機会を与える**

⬅

②**その機会に対して、うまく乗り越えていけるよう支援をする**

⬅

③**成功したら正当に評価する。その評価を周囲で共有し、承認する**

⬅

④**周囲の承認と同時に、昇給や昇進など会社として報酬を与える**

⬅

⑤**1つの難関を乗り越えたら、その成長に見合う程度の難易度の機会を再度与える**

これだけなのです。平たく言えば「機会〜支援〜評価〜承認〜報酬」のサイクルです。

そうすれば、社員はいつも真剣に仕事に向かい、努力や工夫の対価として、周囲からの評価や自身の成長を手に入れることができます。それらの集積が、会社の業績にもつながっていくでしょう。

そう書くと簡単なようですが、現実のマネジメントは、まったくこのとおりにはいきません。このあたりのノウハウに関しては第2章と第3章で詳しく述べます。ここではこのサイクルだけを覚えておいてください。こうしたサイクルがあることを意識するだけでも、マネジメ

図表3）**経営合理性を高めるマネジメントとは**

満足要因を充実させることで、
社員は活力を持って働き続ける。

▼

内発的動機を高めれば、高生産性を保ち
給与水準もリーズナブルになる。

▼

社員の内発的動機を高めるのは
きわめて経営合理性が高い。

▼

内発的動機は、外部誘引（≒衛生要因）
ではなく満足要因によって高められる。

ント能力が格段に上がるはずです。

## すでに制度が整っていても うまくいかない2つの理由

ここまでに書いたことは、ほとんどの企業で人事制度の基礎となっています。目標管理（ＭＢＯ）や査定、能力等級などの仕組みがあるのはこのサイクルをうまくまわすためです。

最近では人事コンサルティング会社を利用して、こうした仕組みに合理的で客観性を持たせるように新たなツールや概念語などを加えて制度を拡充する会社も増えてきました。

しかしスマートで見栄えのよい仕組みができたからといって、マネジメントがうまくいくとはかぎりません。

どうしてでしょうか？

理由は２つあります。

１つは、**モチベーションサイクルをつくることで、最終的には会社が儲かるという当たり前のことをマネジャーに理解徹底させていない**ことです。部下を育てることはマネジャーの役割ですが、会社は学校ではないので、それがゴールではありません。個人の高い能力と難関に立ち向かう気力の集積が会社を成長させるからこそ、マネジャーは部下個人のやる気を引き出し、仕事に意欲的に取り組んでもらう必要があるのです。要は、「やる気」は手段であって目的ではないと、再認識してもらう必要があります。

## 算数ができない人に微積分を教えている状態

２つ目の理由は、**仕組みはあってもマネジメントの現場でそれをどうやって実践するかが教えられていない**ことです。

たとえば、第一段階の「ちょうどよい機会」を与えるというのはどういうことなのか。難しすぎたり、興味のない題材を与えたりしても、部下はやる気を出してくれないでしょう。じつはこの「ちょうどよい機会の与え方」にも基礎理論があります。しかし、そこまでは教えていない会社がほとんどです。そういう会社では往々にして目標管理シートの大部分を部下本人に書かせたりしています。つまり自己申告制です。これでは上司のいる意味などありません。

同じことが「支援」についてもいえます。まったく新しい仕事に取り組ませる場面では、懇切丁寧に手とり足とり教えることが必要です。そうしたことをせず、部下に一から考えさせている上司も多いでしょう。また、それとは逆に、部下がだいぶできるようになっているのに、まだあれこれ口を出したがる上司もいます。どちらも、正常に成長の階段を上れません。「どんな場合、どこまで支援すればいいか」にもちゃんと基礎理論があるのです。


こうした基礎理論をマネジャーにきっちり学ばせないから、いくら制度を整えても運用面でつまずいてしまうのです。その結果、社内の不満が高まると、マネジャーに最先端のリーダーシップ研習を受けさせたりする。しかしこれは小学校の算数ができない人に行列式や偏微分などの高等数学を教えているようなもので、まったく効果はないでしょう。

この本の第2章以降では、マネジメントの世界の小学校算数にあたるような基礎理論を説明していきます。上司が部下に与えるべき「ちょうどよい機会」やそれを達成するために必要な「支援」の仕方についての答えもそこにあります。

読めばどこかで聞いたことがあるようなことばかりだと思いますが、ただなんとなく聞いているのと、意識して理論を実践してみるのとでは効果がまったく違います。

## 多くの人は、内発的動機を見失って大人になる

第1章では内発的動機に関してお話ししてきましたが、じつは、世の中の多くの人は、内発的動機というものが見出せずに大人になっていきます。

たとえば、野球がうまいという人がいたとします。小学生のころなら、末は巨人《ジャイアンツ》かメジャーリーガーか、と夢を見るでしょう。そうして毎日練習や試合に励みます。ところが、その夢がかなう人はとんでもなく少ないという現実に、多くの野球少年は気づかされていきます。

サッカーがうまい、絵が得意だ、アイドルになりたい……。言うまでもなく、みな、野球少年と同じで、大人になるまでの間に、現実の厳しさに跳ね返されて、夢は必ずしもかなわないことを学んでいきます。子どものころの夢の延長線上で、内発的動機を保てる人間は全人口の1%もいないでしょう。

若い時期だけでもこうした夢を持てた人間はまだ幸せです。多くのふつうの人たちは、とりたてて人に自慢できるようなこともなく、語るほどの大きな夢もなく、平凡な大人になっていくのです。

就活するような年齢にもなると「夢は何ですか」という質問に、「社会をよくする」「人の役に立ちたい」「日本を変える」というような、曖昧で漠然とした答えを返すか、「何もない」と

答える人がほとんどです。

## 会社が個人の内発的動機を高めなくて、誰がやるの？

それが社会人になるとどうでしょう？

たとえば営業などに配属されると、新人研修が終わったあとは目標を持たされます。社員のモチベーションや成長など意識しないようなブラック企業であれば、無理な目標を押しつけられて意欲が上がるどころか会社を辞めたくなる人も続出するでしょう。

しかし本当に社員の成長ややる気を大切にする会社であれば、目標設定を通じて意欲が上がるさまざまな仕組みが用意されています。

たとえば目標の達成率を競うＭＶＰレース。年代別にクラス分けされ、さらに地域別に細分化されていると、入ったばかりの社員でも、新人クラス×東京地区、などと細かい単位では表彰レースに参加することが可能です。そのレース状況が社内報や社内掲示板で毎日伝えられます。野球やテニスがうまい人なら、地方紙や学内新聞などに名前が出たことはあるでしょうが、そこまではないふつうの学生は、社会人になって初めて日の当たる競争の舞台に立つことが多いのです。

さらに、成果を上げれば昇給や賞与に結びつきます。確実に自分の仕事が評価され、お金に

図表4） **会社は、ふつうの人が「やりがいを感じる」工夫が施されている**

大多数の人

なんとなく雰囲気合う会社に就職

**教えてくれる先輩がいる。助け合う同僚がいる**

**チーム内、支社内、県内、ブロック内、全国などで順位がつき、競い合える**

（スポーツや芸術よりも簡単に多くの人が注目される仕組みになっている）

**査定や賞与で評価が報酬に結びつく**

（スポーツや芸術よりも簡単に実績がお金に結びつく）

| 仕組み | 意義 |
|---|---|
| ブロック別・年数別の区分 | 小さな階段で「手が届く」 |
| 半期ごとの成績洗い替え | 何度も再チャレンジ可能 |
| 日報や月報 | フィードバックと競争意識 |
| 査定、賞与、昇級・昇格 | 承認と報酬 |

なるという楽しさをここでも生まれて初めて知るでしょう。MVPにはなれなくても、上位3位くらいまでに入れば、地区の社員総会で表彰され、担当役員から金一封がもらえたりします。スポーツや芸術など個人の技能で勝負する世界よりも、会社はよほど楽に努力が報われる仕組みになっています。

若者を使い捨てるようなブラック企業は論外ですが、社員のやる気と成長を大切に考え、それらの集積で業績を上げている会社に入れた人たちは、学生時代に見つからなかった内発的動機を、生まれて初めて知ることになるのです。

いまの社会のなかで、もっとも多くの人に内発的動機を用意できるのは、会社という組織に他ならないのです。

この章に出てくる巨匠と基礎理論

## アブラハム・マズロー（1908〜1970年）アメリカの心理学者

従来、心理学の領域は、精神病理の解明を目的とする精神分析と、人間と動物を区別しない行動主義心理学が幅を利かせていました。1940年代終盤になると、健康な状態の人間を観察する心理学として、「人間性心理学」という新たな概念が生まれます。これを提唱した1人が、マズローです。彼は人間の欲求の階層（5段階説、欲求のピラミッド）を主張したことでもよく知られています。

第1段階：生理的欲求
第2段階：安全・安定の欲求
第3段階：所属・愛情欲求／社会的欲求
第4段階：自我・尊厳の欲求
第5段階：自己実現の欲求

マズローは病理と生理という旧来のアプローチではなく、ふつうの人の心の動きを解明す

図表5）　マズローの欲求段階説

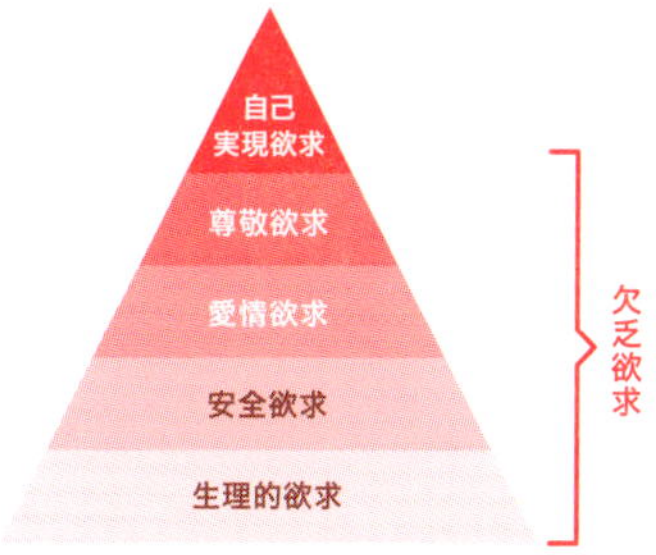

ることを意識し、人間ならではの社会性を重視していました。その結果、経済的行動や努力、怠惰といった、人間の側面を説明する要因を豊富に見出したため、産業界、教育界などに多大な影響を与えました。この本に登場する研究者でも、フレデリック・ハーズバーグやダグラス・マクレガーは直接的に彼の理論の影響を受けているのが明らかですが、ヘンリー・マレーや、リチャード・ハックマン、グレッグ・オールダムなどもマズローをかなり強く意識した面がうかがえます。

ただし、マズローの研究内容は、本人の主義信条から発する面があり、その後の実証主義的な研究者からはその内容が批判されることになります。ちょうどそれは精神分析の祖であるフロイトやユングが彼らの旺盛な想像力から発した理論に対して、のちの実証心理学で批判が集まったことにも似ています。純粋学問の世界は、こうして「想像力」と「実証主義」の相克により、進化していくものです。この本では、マネジメント理論においても、その両方のせめぎ合いが起きていることを随所で解説していきます。

## フレデリック・ハーズバーグ（1923〜2000年）アメリカの心理学者

ハーズバーグはケース・ウェスタン・リザーブ大学で心理学の教授、ユタ大学で経営学の教授を歴任しました。職務に関するモチベーションの源泉は、「満足要因」と「衛生要因」からなるという2要因理論を打ち出したことで知られています。これは、1959年にハーズバーグとピッツバーグ心理学研究所が行った調査における分析結果から導き出されたもので、前述のマズローの影響を色濃く受けていることがうかがえます。

衛生要因は、マズローの欲求段階説でいう、「生理的欲求」「安全・安定の欲求」と「社会的欲求」を満たすもの、満足要因は、「達成すること」「承認されること」「仕事そのもの」「責任」「昇進」などで生まれます。こちらは、マズローの欲求段階説でいえば「自己実現欲求」「自尊欲求」さらに「社会的欲求」を満たすものと考えられます。

ハーズバーグの研究は、仕事が人生に与える影響は大きいという考えを強く打ち出したことが特徴です。本来、家庭や親子関係、周辺コミュニティなど、いたるところで人間は欲求の階段を上り、自己実現をかなえられるはずですが、一日に占める時間においても、人生に占める年限においても、他の要素よりも圧倒的に長いのが仕事です。そしてほとんどの人は仕事なしでは生きていけません。そのため、欲求段階の発現は仕事を抜きにして考えられないととらえたのでしょう。彼の出現で、ますます心理学と仕事、会社、産業は近づきました。

## 難しいのは機会の与え方と支援

部下のやる気を引き出すためには、機会〜支援〜評価〜承認〜報酬のサイクルが重要だと、前章で書きました。ハーズバーグのモチベーションサイクル理論です。日本企業は1950年代にこの仕組みを人事制度にしっかり取り入れたため、マネジメントの基本的な流れはこのとおりになっているはずです。

ところが実務場面できちんと制度化されているのは「評価〜承認〜報酬」の部分だけで、「機会〜支援」については、自己申告やMBOなどの、目標設定的なことくらいしか決まっていないという企業がほとんどです。その結果、上司が部下の「自主性を尊重する」と言いながら何もしていないといった状態が生まれてしまいます。どう機会を与えるか、どう支援するかについて、あまりにも制度が不足しているのです。

制度で足りない部分は教育で補えばいいのですが、定番の研修といえばビジネスマナー、プレゼン、OA操作、外国語などの汎用スキルか、業務直結の専門知識に重点が置かれたものが主となります。部下のやる気をどう引き出すかといったテーマは管理職研修などで軽く触れられる程度でしょう。マネジャーとしてもっとも大切な部分は、ほぼ個人任せになっています。

これでは経験のない人は手探りでやっていくしかありません。

しかし前章で述べたように、部下にどのように機会を与え、どのように支援するかについても明快な基礎理論があるのです。

それをこの章では勉強していくことにします。

2・1

# 何もできない相手にはどう対処すべきか

上司となると、部下たちの力量不足を日々実感することになります。

社会人として経験の浅い若手社員に対してだけではありません。たとえば、初めて後輩の指導役となった3年目の社員。営業としては一人立ちしているのですが、指導役に関してはまったくの素人です。勢い、後輩に対して口うるさく言いすぎて嫌われたりもするでしょう。つまり彼は一営業社員としては一人前ですが、指導者としては力量不足です。

あるいは、小規模な顧客の新規開拓でめきめき頭角をあらわした2年目の営業社員。彼が初めて大きな顧客を持たされた瞬間、急に結果を出せなくなることもあります。

また、入社5年目くらいの社員に事業部の重要な会議で初めてプレゼンテーションをさせたところ、しどろもどろになってしまうということもあるでしょう。

**日本の会社の仕組みは、年次に応じて仕事の難易度が高まるようになっているので、いたるところで「初めて」のことに出くわし、そのたびごとに、力量不足を露呈させる**社員が出現します。

こういうとき、あなたは彼らにどう指導していますか？

いちばんだめ（だけれどもよくやってしまいがち）なのが、「なんでこんなこともできないんだ」という態度をとることです。直接言わなくても、言葉の端々からそうした気持ちは伝わってしまいます。

ここで何をすべきかを具体的に考えるために、まず以下の問いに答えてみてください。

問2

## 指示出しの基本

あなたは、いま「ハンバーガー」ショップで副店長として勤務しています。今日は新入りのアルバイトに、ハンバーガーのつくり方を教えることになりました。ちょうど、「ケチャップの塗り方」を講義しています。以下の教え方は、非常にまずい部分があります。どこが足りないでしょうか？

「ケチャップは、ミートの上に、均一に塗りなさい。そのあとで、ピクルスと玉ねぎをケチャップを塗ったミートの上に載せなさい」

おそらくほとんどの人は、この指示の仕方のどこが悪いのか、すぐにはわからないでしょう。そこで、順を追って説明していきます。

心理学者であり、経営者としても成功をおさめた大沢武志は、マネジメントの根幹とは「2つのWと2つのR」だと説いています。このあと出てくるエドウィン・ロックやリチャード・

ハックマン、グレッグ・オールダムの言わんとすることを彼なりに意訳した名言でしょう。

2つのWとは、「What（何を）」「Way（どうやって）」、2つのRとは「Reason（理由）」「Range（範囲）」です。

問題に出てきた副店長は、このうちのWhat（何を）しか指導していないのです。

ただ、何もできない相手に2W2Rをすべて伝えても、かえって混乱してわからなくなってしまうので、それもよくないでしょう。

まずは、2W（何を）（どうやって）をしっかり教えるべきなのです。


「ケチャップは均一に塗りなさい。そのためには、ケチャップをミートの真ん中に、丸く落とすといいですよ」

赤字になっているところが「Way（どうやって）」です。

## Wayを話したつもりでWhatを積み重ねている

考えてみれば、何もできない相手には、「どうやって」を教えなければいけないのは、当たり前のことです。ところが、新しく部下を持った多くの上司が次のような指示をしてしまいがちです。

**上司**「1週間に50万円は売れよ」

**部下**「それってどうしたらいいのでしょうか」

**上司**「まずは最低でも1日2件は顧客を訪問しろ」

**部下**「そのためにはどうしたらいいんですか」

**上司**「1日30件は電話をかけろ」

**部下**「30件もですか？」

**上司**「そう。そのためには電話先リストを毎日50件用意しておけ」

一見、この会話はWhatを示し、部下に聞かれて答えるかたちでWayも示しているように見えます。ところが**このどれもがWayではなく、新たなWhatを提示しているだけ**なのです。部下はなんとなくわかった気がするのですが、席に戻るとどのWhatもうまくこなせません。

**新たなWhatを積み重ねるのではなく、いまやるべきWhatに対して、それをどうやるか、が本当のWay**なのです。

たとえば、「30件電話をかけて、2件アポを必ずとれ」と言うのなら、そのためのWayは

「リストを50件つくる」ではありません。本当のWayは以下のようになるでしょう。

「たとえば、その30件のなかに、必ず過去にわが社の製品を使ってくれていたお客さんがいるはずだ。でもいまは使っていないから取引先登録されていないわけだろ。だったらその電話で、**なぜわが社の製品を使わなくなったのか、その理由を聞け**。理由がわかったら、**現在ではそういう問題はなくなった、と最新製品を紹介するためのアポがとれる**」

これが、本物のWayです。

おさらいすると、いまのWhatを解決するために、新たなWhatを積み重ねるのはよくないということ。新たなWhatを出さずに、いまのWhatを解決に導くのがWayです。

自分は部下にWayを提示しているだろうか？　それは自分ではWayだと思っていても、よく考えれば、単にWhatの積み重ねになっていないだろうか？

これを何度も自問自答するだけでマネジメントは必ずうまくなります。

## 部下が工夫を始める入り口が「Reason」

この2W2Rの、最初のR（Reason）についても、ここで少し触れておきます。

最後のR（Ｒａｎｇｅ）は、何もできない人に対してはあまり関係ありませんので、後ほどまた考えることにしましょう。

ハンバーガーの例をとれば、Ｒｅａｓｏｎはこんな感じになるはずです。

「ケチャップは均一に塗りなさい（Ｗｈａｔ）。そのためには、ケチャップをミートの真ん中に丸く落としなさい（Ｗａｙ）。そうすれば、どこから食べても同じ味になるはずです（Ｒｅａｓｏｎ）」

ああ、ハンバーガーは丸いから、お客さんがどこから食べるかわからないんだな。それで、どこから食べても同じ味になるようにしなきゃいけないんだ。

そう理解した部下の行動はどう変化するでしょうか。

そうか、じゃ、ピクルスは重ねて置いてはいけないはずだ。だって重なったらそこだけが味が濃くなってしまうから。

そう、**理由がわかれば、その理由の延長線上で、その他のことも見えてくる**のです。

その結果、指示は「覚えること」ではなく、「考えること」に変わる。そうすると、今度は、仕事とは考え、工夫することだとわかり、その工夫により業務がはかどって楽しくなっていくのです。

逆に、Ｗｈａｔを積み重ねるだけでは、ただこまごまとしたことを覚えるだけで、無味乾燥の学校の授業と近しいものになってしまいます。

このＲ（Ｒｅａｓｏｎ）を２つのＷと一緒に初めに教えてしまうべきか、それとも２つのＷでなんとか仕事がうまくできるようになったところで教えるべきか。どちらがいいかは悩みどころです。最初に教えても、考えたり工夫したりする余裕がなかったりするからです。

まずは２Ｗと一緒に軽く話し、２Ｗが身に付いたところで、今度は念を入れてＲ（Ｒｅａｓｏｎ）を詳しく伝え、考えさせるのが正解ではないかと私は考えています。

図表6） 自律の入り口にある「Reason」

よくある
勘違い
How
まず、ミートの
真ん中にケチャップ
を落として、それを
広げるといいよ
What
＋
Way

Wayではなく、Whatを積み重ねる（Aをやるためには、
Bをやれ。Bをやるためには、Cをやれ）
What＋Way＝適切な指導

手とり足とり指導

理由を
教える
どこから食べても
同じ味になることが、
大切なんだよ
Reason
じゃあ、玉ねぎや
ピクルスも、
重ねてはいけない
ってことだね

理由がわかれば、その延長で、言われなくてもやるべきことがわかる
Reason= 工夫や応用 = 成長

自律への入り口

2・2
# どんな機会を与えるべきか

「機会～支援～評価～承認～報酬」というモチベーションサイクルは、「満足要因の連鎖」とも言い換えることができます。その起点が「機会を与えること」です。

うまい加減で部下の興味を引くような機会を用意できればよいサイクルが生まれますが、そのさじ加減が上司としてはわかりづらい。初めて部下を持ったような人であればなおさらです。

本人のためになると思って与えた機会でも、部下が「なぜこんなことをしなくてはならないのか」と不満を持つことも少なからずあります。そうならないためには、**自己申告制で部下自身に取り組みたい方向性を決めさせればいいと思うかもしれません。しかしこれは理にかなっているようで、次の2つの観点から間違い**です。

まず第一に、部下自身が自分にとって最適な課題を知っているわけではないということです。とりわけ職務経験の少ない部下にとっては、本人の成長につながるような課題がどこにあるかなどわかりません。

第二に、上司の存在意義です。上司には部下よりも視野が広く、彼らを指導できる人がなるべきです。そうした達見をもとに、いまこの部下には何が必要か、力をつけさせるにはどんな試練を与えればいいかがしっかりわかっていなければなりません。「部下に任せる」という態度は、上司としての責任を放棄していることにもなります。

期初の目標管理（ＭＢＯ）で、部下に目標を決めさせ、中間振り返りや月次の棚卸のときに、その内容をそのまま読み返してできているかどうかをチェックしている上司がいます。

半期で決めた目標を日々の業務のなかで、随時、現実的な課題に落とし込んで、やるべきことを提示するのが上司の役割です。そうした指導もせずに、定期的な振り返りのときにチェックするだけの上司に存在意義はありません。

ではどうすれば部下に適した機会を与えられるのでしょうか。ここでもマネジメントの基礎理論が使えます。まず、以下の問いに答えてみてください。

## 問３　弱点克服のさせ方

あなたの部下で、入社４年目の営業社員が伸び悩んでいます。彼は、物怖じしない人柄で、顧客と仲良くなるタイプの営業が得意です。新人時代はその性格で新規顧客を開拓し、同期のなかでもトップクラスの成績を誇りました。ところが、年次が上がるにつれて、新規開拓よりも既存の顧客に深い提案をすることが求められるようになり、数字が上がらなくなってきたのです。

彼の問題点は、顧客の状況を把握して、それにぴったりな企画をつくるような、情報収集力と分析・提案力が足りないことです。その部分を鍛えるために、あなたは彼の業務内容を変更しようと考えています。

以下のどの仕事なら、いまの彼に成長を促すことができるでしょうか？

❶ 企画や分析が重要なマーケティング部に異動させる

❷ 現在のような既製品の営業ではなく、顧客の要望をもとにすべてを特注でつくるオーダーメイド型の高額製品の事業部に異動させる

❸ 現在の部署、担当を大きく変更せず、顧客構成を少々変える。顧客の3割程度を企画・提案が重要な大手企業とする

❹ 情報収集・分析・提案が得意なリーダーのA君を彼の教育担当とし、週に2回以上同行させて、その後にレポートを書かせる

❺ いまの事業部のなかで、分析や企画・提案の比重が高い大手顧客チームに入れる

## スパルタでは弱点を克服できない

この問題のポイントは「ちょうどよい程度の機会を与えるとはどういうことなのか」です。これについても基礎理論からお話しします。

まず、人は苦手なことをどうやって克服していくのでしょうか？　短絡的に考えると、ショック療法で、苦手な領域に放り込んで、逃げ場をなくすという方法が頭に浮かびそうです。俗にいうスパルタですね。これは「**逃げ場をなくす**」という点では正しいのですが、マネジメントの基礎理論では「苦手な領域に放り込む」という部分が間違っています。

この「機会の与え方」について、明快に答えを出しているのが、エドウィン・ロックです。人はどのような目標を与えたときに、最大の成果を出すのか。研究の結果、1つの答えが導き出されました。それは**「できるかできないか、ギリギリの線」で目標を提示**したときだったのです。つまり、易しすぎても難しすぎてもだめ。「易しすぎ」には、他に逃げ道があることも含まれます（難題を回避しても、目標達成できる、ということはすなわち、易しい目標提示にほかなりません）。

いわれてみれば当たり前かもしれませんが、上司としては悩むところでしょう。当たり前のことを自信を持ってやることがマネジメントの能力を高めることにもつながります。

## 「それでも十分に難しい」と上司は気づくこと

「できるかできないかギリギリの線」でも、与えられた本人にとっては十分厳しく感じます。それも初めて取り組むような課題であれば、なおさらそう感じるでしょう。さらに「**逃げ道をなくす**」ことで、相当部下は追い込まれたと感じます。

さて、問3の答えは見えてきましたか？

①と②は、いままで彼が培った営業力がまったく生きない仕事です。つまり弱点屈服のための課題というより、単に無理難題を押し付けることになるでしょう。たとえば、もともと企画やマーケティングの仕事が得意そうな部下であれば、いきなりこういう異動をさせてもそれは「ちょうどいい機会」になるはずです。しかし、そうではない人には厳しすぎます。

一方、③はギリギリの機会ともいえますが、逃げ場があります。既存のお客さんが7割もあれば、それで業績をどうにかつくってしまう。これでは苦手に強くなるという目的は達成されません。

④は難易度が低すぎます。同行してレポートを書くだけなら、学生のインターンでもできます。しかも、それをやった結果得られるものが少なすぎます。苦手だったお客さんから信頼を

## 図表7）「弱点屈服」という親心はヤブヘビ

**職務難易度と成果**

＊エドウィン・ロックによる

例 なぜ、新人に雑用を任せるのか？

❶ 頑張ればできるから
❷ 明確に量や納期が指示できるから

「弱点を刺激しすぎる」
課題を与えるのは、逆効果

▼

不得手なことに踏み出させるときは、
「無理すればできる」くらいを

▼

そこから、小さなステップを重ねて、
徐々に難易度を上げる

獲得して売上を上げたという業績が残り、そこで評価を得て、周囲から承認され……といった、ハーズバーグのモチベーションサイクルは起きません。とすると、もうおわかりですね。

答えは⑤です。

同じ商品を売るなら、いままでのノウハウや知識が生かせます。しかも、チームが変わるため、馴染みの顧客を手放して、苦手な大手企業のみが相手となりますから、逃げ場もない。さらにいえば、ここで実績を出せば、評価〜承認も得られる。

だから、彼には⑤のような機会を与えるのがベストなのです。

# 部下とは定期面談だけの上司などもってのほか

あまりに当たり前のことなので見落とされがちですが、部下に適切な機会を与えるためにいちばん大切なことは、**部下一人ひとりをよく見る**ということです。人によって「できるかできないかのギリギリの線」や「逃げ場」は大きく違います。

年次の同じ部下でも得手不得手は人それぞれですし、同じようなタイプでも、日々のタスクや顧客の顔ぶれが異なるため、成長にはムラがつきものです。**年齢が一緒、部署が一緒でも「ギリギリの線」は千差万別**なのです。にもかかわらず、「2年目でひと通り仕事を覚えた部下」といったくくり方をして、共通の目標設定をするのはナンセンスです。

同様に、部下によってはストイックに精進し続けるタイプもいるし、逆に、少々できるとすぐに慢心してしまうタイプもいます。前者は自分で自分を追い込むタイプなので、ことさら逃げ場をなくす必要はないでしょう。一方で、後者に対しては、手を抜けないような環境をつくることが重要です。

部下の成長と成果につながるような適切な機会を与えるためには、一人ひとりの能力、性格を見きわめなくてはなりません。そのためには査定前とか目標設定時期だけ話をするのでは情報が足りません。部下を**連続的にずっと見続けていく**こと。これが上司として非常に大きな役割なのです。

何もできない新人、ある程度何かをできるようになった若手社員だけでなく、課長職以上のベテラン社員に対しても「懇切丁寧な指導（2W）」と「ギリギリの線」「逃げ場をなくす」ことは重要です。

こうした年代でも、成長を続けるためには、いままでの惰性ではできない仕事を示す必要があります。俗にそれを「ステージを変える」などといいますが、新たなステージは、何歳になっても用意していかなければなりません。ベテラン社員になるほど、楽にできる仕事や逃げ道が多くなってきますが、挑戦する機会がなければモチベーションサイクルが止まり、意欲も低下していくのです。

2・3

# 意欲を継続させるためのメンテナンス

ここまで、部下に適切な課題を与え、目標から逃げられない環境を整えるための基本を学びました。

ただ、それをやったら上司の仕事は終わり、というわけではありません。なぜなら、与えた課題に対して、すぐにまた軌道修正をしていかなければならないからです。

やらせてみたら、設定した目標が思った以上に易しかった（難しかった）ということは往々にしてあります。さらにいえば、最初は「できるかできないか、ギリギリの線」に設定した目標が、すぐに上達して簡単に達成できる目標になってしまうことも多い。

部下の状態に合わせた目標の軌道修正を頃合のよい時期に行えるかどうかで部下のモチベーションは異なってきます。早すぎても遅すぎてもだめです。

もっともよくないのが、制度で決められた日時（月1回、3カ月に1回など）に全員一律でやることです。こうした**形式的な日時に縛られず、部下が慢心している、もしくはSOSを出している、といった日常の反応から、即時に目標や環境を変えていくことが重要**です。それをどう行うかについて、営業スタッフの目標管理を参考事例に考えていくことにします。

問4

## 効果的なフィードバック（FB）とは？

あなたは、いま、自動車販売会社（ディーラー）の東京支店長をしています。営業スタッフは全部で10人、うち、中堅スタッフには、以下ABCの3人がいます。

今半期の営業日数が70％消化した段階で、それぞれの営業成績は上の図表8のようになっています。

問1　現状の成績を伝えたときに、残りの営業期間（30％分の日数）で売上がいちばん伸びるのは、ABCの3人のうちの誰でしょう？

問2　残りの2人に対して、上司のあなたは、どのような工夫をして、さらに業績を上げられるように導きますか？

図表8）軌道修正してやる気を保つ

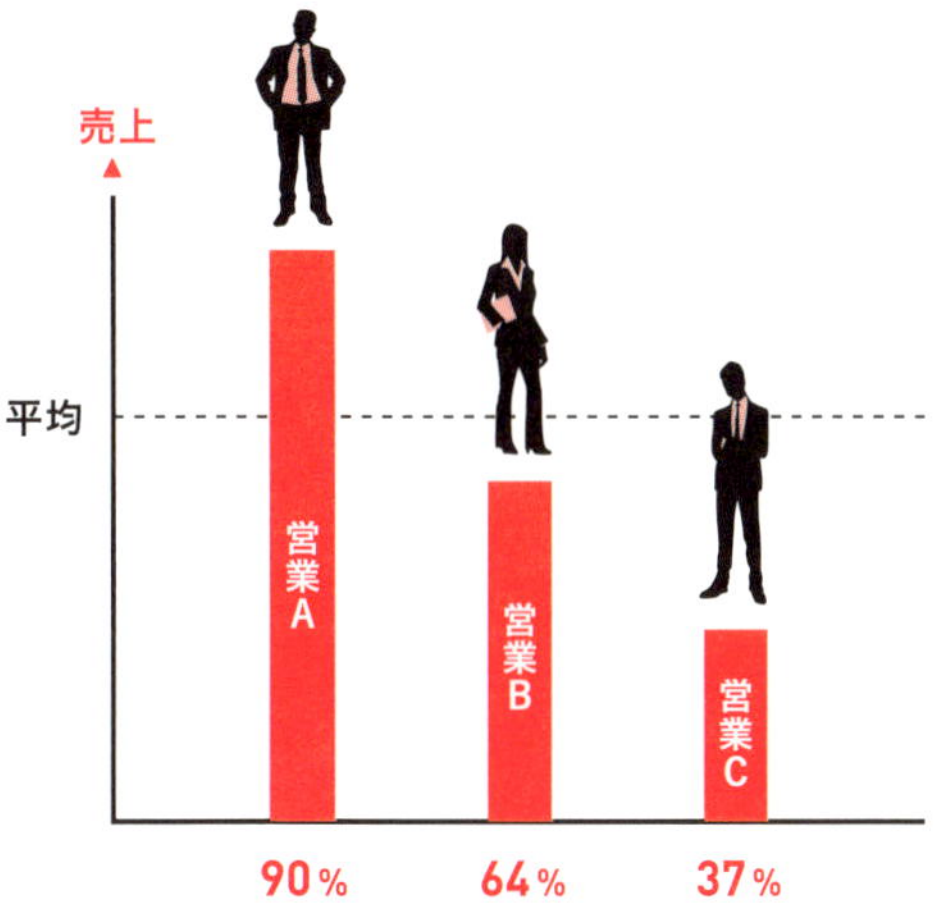

図表 9） **効果的な FB 理論**

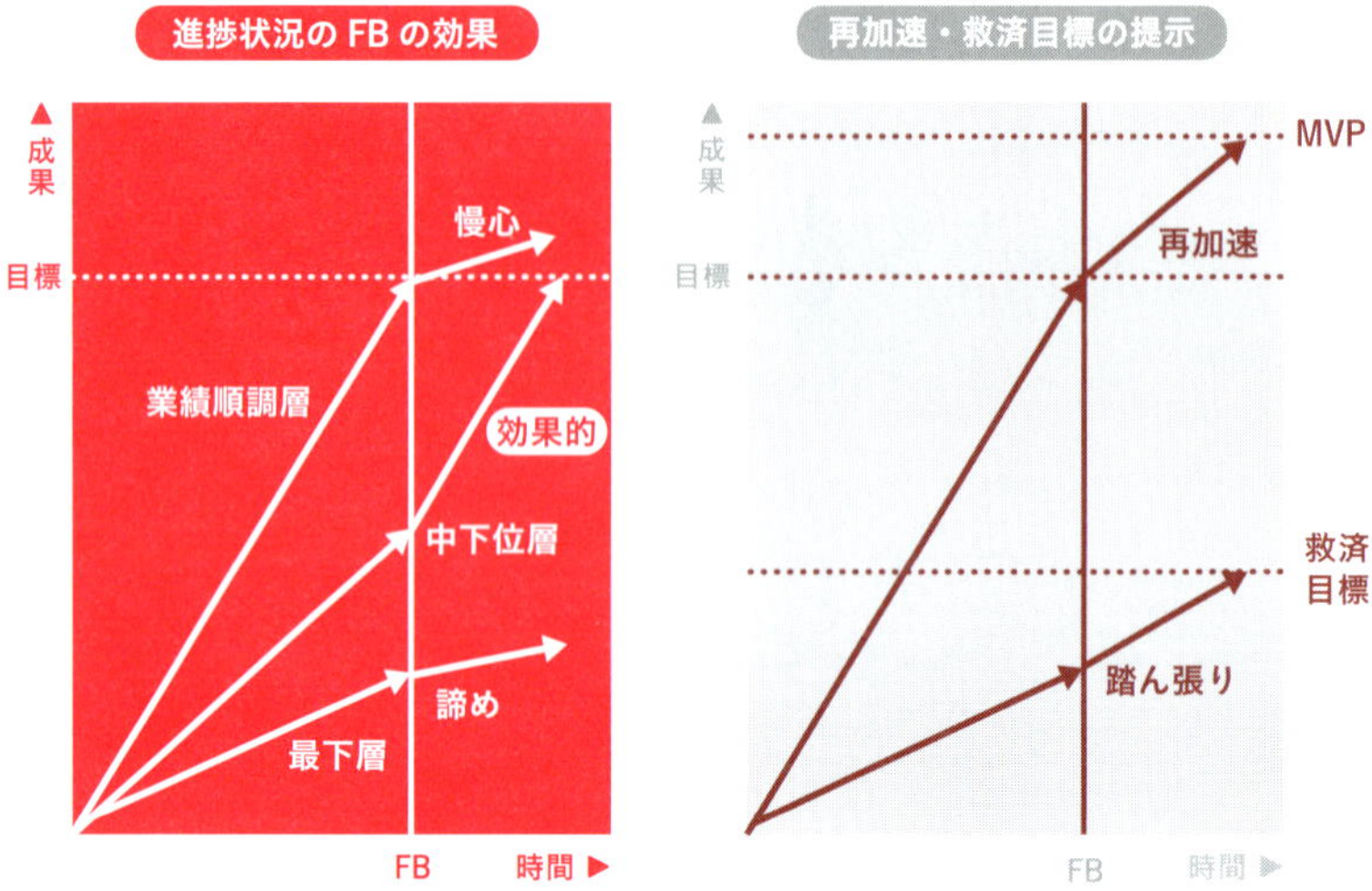


＊松井賚夫「モチベーション」より

## どの人にとって「ギリギリの線」か？

途中経過を報告した場合、デキのよい人、ふつうの人、デキの悪い人のうちで誰がいちばん、その後の数字を伸ばすでしょうか。

この研究をしたのが、松井賚夫です。研究では、「普通の人」「ややデキの悪い人」が数字を伸ばすことがわかっています。

理由は、前章のエドウィン・ロックの理論からも説明できます。人は「できるかできないか、ギリギリの線」を提示したときにいちばん頑張ります。

デキがよすぎる人にとっては、いまの状況から楽に目標達成が可能なので手を抜いてしまう可能性があります。

デキが悪い人にとってはその逆で、目標が難しすぎて絶望的という状況になっています。中~下位にいる人にとっては「ギリギリの線」の目標なので、以後数字を伸ばしていくことになるのです。

さて、あなたが営業課長もしくは支店長であったら、この場合どんな工夫を行うでしょうか？　たとえ営業経験がなくても、会社に勤めたことがある人ならどうすべきか想像がつくでしょう。

そうです。**デキのよい人と、デキの悪い人に対しては、計画を変更して、新たな目標を設定する**のです。

たとえば、デキのよい人には、「ＭＶＰレース」「社長賞」「特別ボーナス」などが新たな目標となります。

一方、デキの悪い人には、「努力目標」などを提示し、そこまでをクリアすれば、査定の時に「業績点は上げられないが、行動点は通常を維持できる」などと話してモチベーションを保ちます。さらにいえば、課や支店などのグループ目標を別に設けておき、その数字の達成を目指して、個人目標以外でも頑張らせるのが一般的な方法です。

図表10）「チーム目標」という保険ツール

チーム目標×個人目標×ＦＢ効果

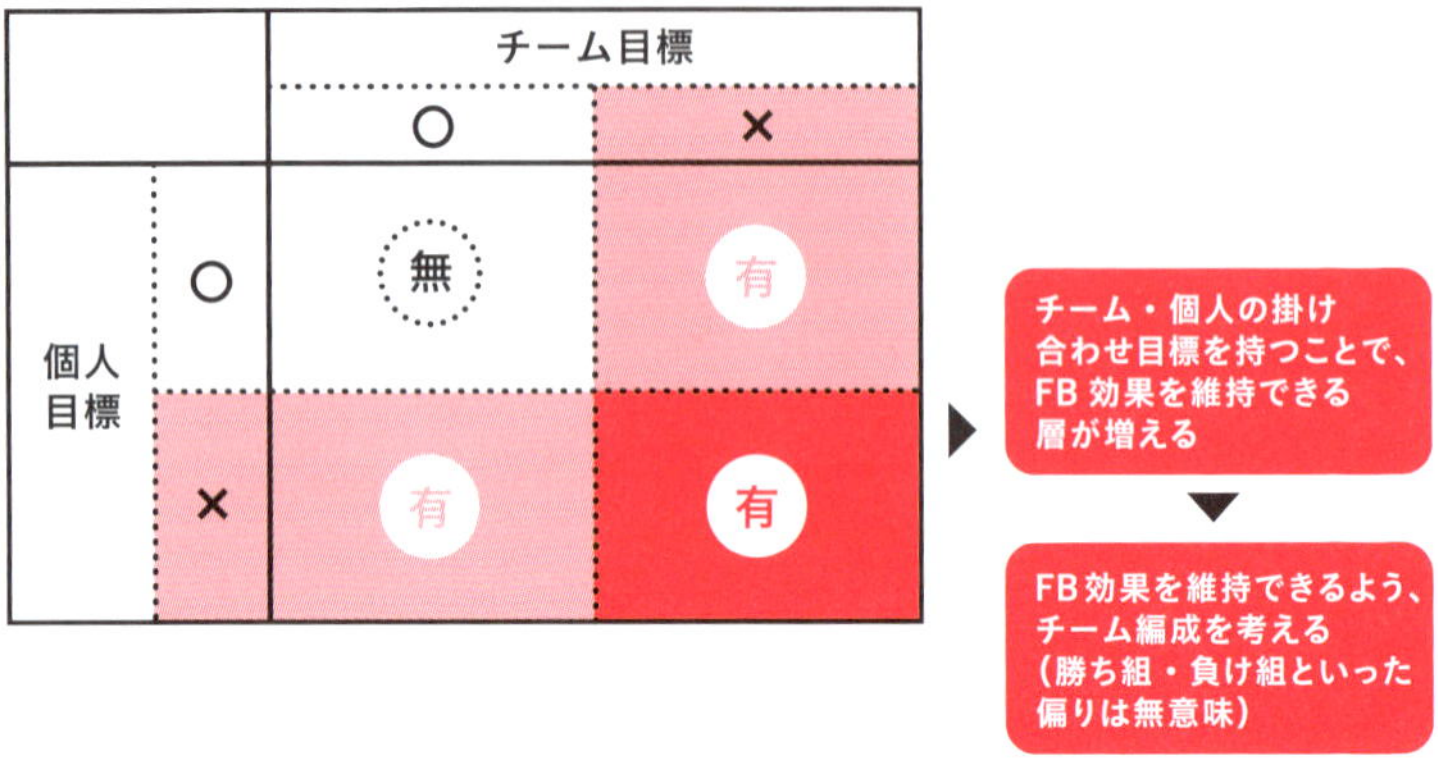
チーム目標
○
×
個人目標
○
×
無
有
有
有
チーム・個人の掛け合わせ目標を持つことで、FB効果を維持できる層が増える
FB効果を維持できるよう、チーム編成を考える（勝ち組・負け組といった偏りは無意味）

## 目標を随時変更して、ギリギリの線を保つ

ここで書いたことはルーティンワークにも等しい日常的なマネジメントです。多くの営業課長は言われなくてもこうした仕事をこなしているでしょう。しかし、あまりに当たり前すぎて、その裏にあるマネジメントの意義を見すごしている可能性もあります。

本当に大切なのは、次の2つです。

・与えた目標が簡単すぎたり、難しすぎた場合には、次の目標を再設定する。それも、本人がギリギリでできる線を考える。

・目標自体を個人だけでなく、グループでも設定する。そのどちらかが楽に達成できる（もしくは難しくて絶望的な）ものだったとしても、もう一方を適切なレベルの目標にすることで、慢心や諦めを起こさせないようにする。

営業数字のようなクリアな目標と違って、行動や能力形成などの目標となると、こうした調整は簡単ではありません。だからこそ、その根底にある**マネジメントの本質、「目標を随時変更して、ギリギリの線を保つ」ことの意味**を心に刻んでほしいところです。

同じことをやっているようでも、この意味が腹に落ちている人とそうでない人では、メンバーの力を引き出す能力に大きな差が出てきます。

# 見通しで、仕事を楽しくする

ハーズバーグやマズローから、大沢武志、ロック、松井賚夫といった、著名な先人たちの研究成果をひもときながら、マネジメントの基礎を学んできました。

モチベーションサイクルの入口＝機会の与え方とは、きわめてシンプルなことです。「**ギリギリの線の目標を与え、それを随時見直しながら、ギリギリを保つ**」。それだけです。

いろいろな難しい理論を考えるよりも、それだけで部下はやる気を保ち、そして成長していくのです。

このセクションでは「機会の与え方」以外の要素について、考えてみることにします。

次の問いでは実際にグローバルなハンバーガーチェーン店で行われている、店舗の人員配置について考察します。ここにも、部下のやる気を刺激する要素があるのです。

問5

## 周囲との関係とモチベーション

ファーストフードの店舗の、スタッフレイアウトです。ＡＢＣのどれが、いちばんスタッフのモチベーションが上がるでしょうか？

図表11）　**周囲との関係とモチベーション**

Q　ファーストフードの店舗の、スタッフレイアウトです。
ABCのどれがもっともスタッフのモチベーションが上がるでしょうか？

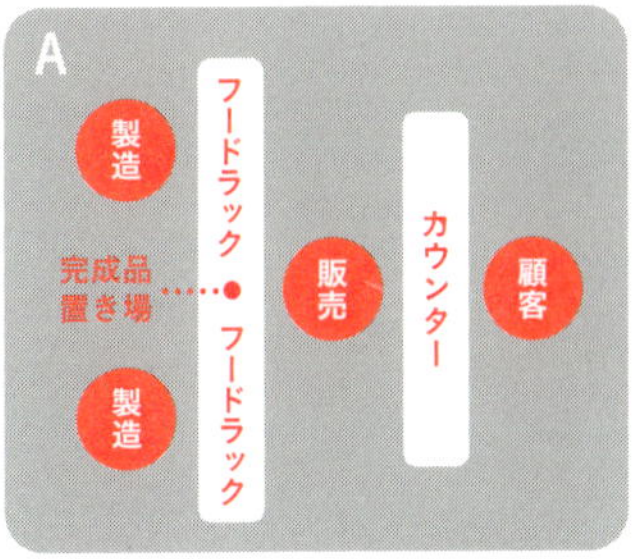


## レイアウトA

**並行型レイアウト**

カウンターとフードラックが並行に並ぶ。2つのフードラックのセンターに製作されたフードを置く

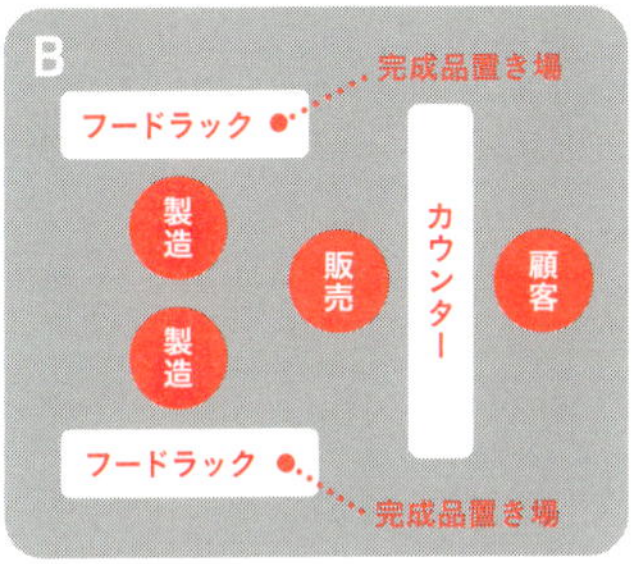


## レイアウトB

**縦型レイアウト**

カウンターとフードラックが垂直に位置する。フードラックごとにそのエンドに、製作されたフードを置く

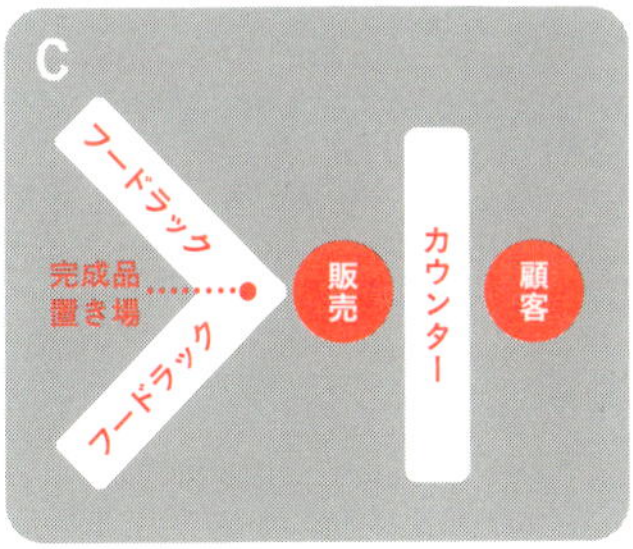


## レイアウトC

**ハの字型レイアウト**

カウンターとフードラックがハの字に位置する。2つのフードラックのセンターに製作されたフードを置く

## コンサル的な効率論とは異なるマネジメントの解

この問題を、業務生産性という意味で合理的に考えるならば、AかCが正解になります。AとCは、ハンバーガー類を製造したあとに、それをデスク上で滑らせると、販売担当スタッフの手元のラックに入るかたちとなっているので、業務導線的に効率がよいのです。Aになるか Cになるか。この違いは、奥行が十分ある店ならばAを、幅広で奥行がない店はCを、というのが想定される回答です。

ところが、そのチェーンで実際に行われているフォーメーションはBなのです。同社でもかつては多くの店がA型のフォーメーションを敷いていました。ところが、日本法人においてB型フォーメーションが生まれ、現在では他国でもB型が取り入れられているといいます。

なぜでしょうか? これは、業務効率や物流導線といった表面的な合理性ではわからない部分です。

ポイントは、バック（製造）スタッフから、お客や販売スタッフが見えるかどうか。見えるのはBだけです。逆に販売担当からバックヤードが見えるのもBだけです。

こうした状態だと、バックスタッフは、お客と販売スタッフのやりとりが手にとるようにわかります。自分が技量不足でかたちが悪いバーガーを出してしまったらどうなるか。もしく

図表12） 横（周囲との関係性）を理解し、仕事の意義を深める

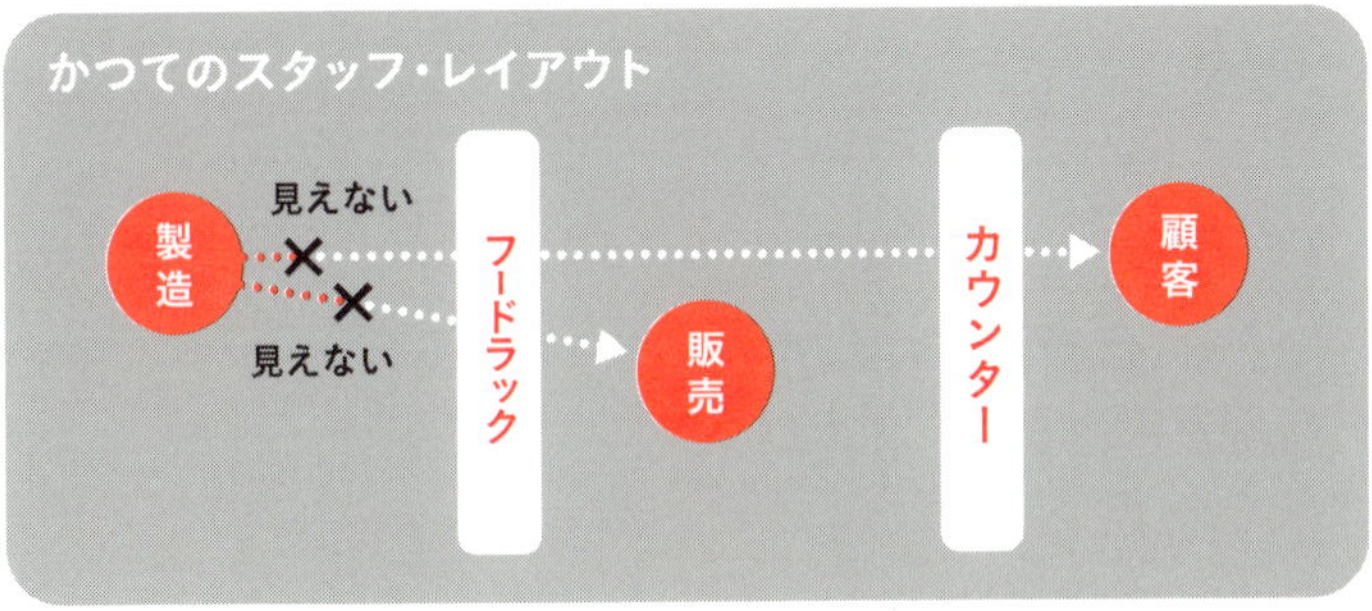


❶ 顧客接点が、バックスタッフから見えない

❷ 製造の遅れでお客が待たされ、販売にクレームが入っても、バックスタッフには伝わらない

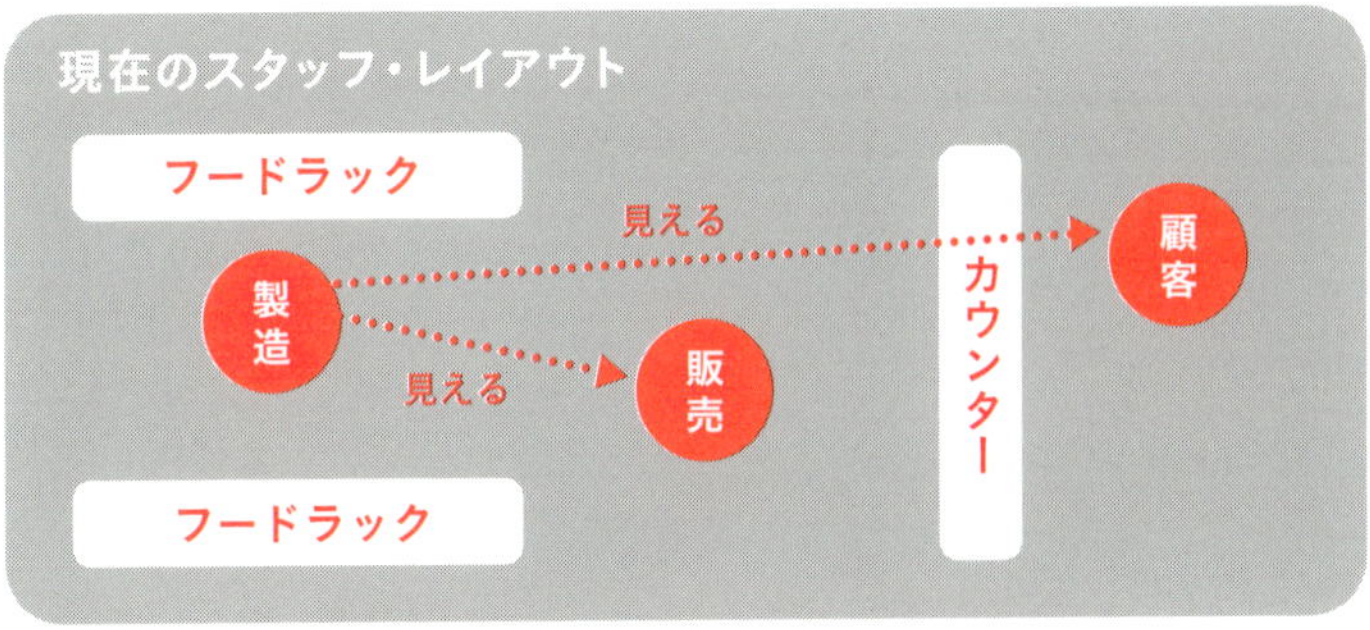


❶ 顧客接点を、バックスタッフにも見える化

❷ 2者が共同で、顧客対応を行う

❸ 助け合い・当事者意識が高まり、成長が促進

は、自分の製造スピードが遅いために、お客がイライラしてしまったらどうなるか。

いずれも、販売スタッフがその非を責められることになるわけです。

逆に、「急いで！」というお客に対して、ハイスピードで対応した場合、お客が満足そうな顔をし、販売スタッフが安堵で胸をなで下ろすでしょう。こうしたことをつねに肌で感じることで心が引き締まり、自分の仕事の意義を理解することになります。

このような理由から、バックから顧客接点が見えるBのフォーメーションが、マネジメント的にはいちばんよいわけです。

## まずは隣がよく見えるようにする

**周囲との関係を知ることで心が引き締まる**効果を、北九州市立大学の見舘好隆准教授は、ピア・プレッシャー（正確には「ポジティブ・ピア・プレッシャー」）と名づけています。

このメカニズムに対しても、マネジメント理論で説明できます。

モチベーション理論の中興の祖であるリチャード・ハックマンとグレッグ・オールダムは、部下が楽しく働き、習熟を積み重ねるためには、どのように仕事を設計すべきかという研究をしています。

そこで提示されたのが、「職務設計の中核的5次元」という考え方。

### 図表13）　職務設計の中核的5次元

**Ⅰ. 職務の多様性**
単純な業務よりも、よりスキルや熟練が生かせる仕事を

**Ⅱ. タスク・アイデンティティ**
歯車、ではなく、全体像のなかでの流れを知る

**Ⅲ. 有意義性**
やるべきことの背景や、やらねばならない理由などを知る

**Ⅳ. 自律性**
きっちり手順を定めすぎず、工夫できる自由度を用意する

**Ⅴ. フィードバック（FB）**
結果だけでなく、進捗途上でもしっかりFBをする

▶ **この5要素そろった職務設計をすることが部下の意欲と成長に寄与する**

＊ハックマンとオールダムによる

この5つの要素はどれも非常に大切です。効果的なフィードバック（Ⅴ）については前章で書きました。また、自律性（Ⅳ）については次章で詳しく触れます。

ハンバーガーチェーンの話は、タスク・アイデンティティ（Ⅱ）と有意義性（Ⅲ）に関係していると考えてください。

この2つはどちらも、自分の仕事の存在価値という意味では同じですが、その確認の仕方が異なります。会社の事業や仕事の流れなど、自分がかかわる仕事の流れがどうなっているか知ることがタスクアイデンティティとなります。一方、有意義性は自分が役になっているという感覚(自己効力感)です。タスクアイデンティティはフローチャートでも確認できるものですが、有意義性は他の人との関係性のなかでしか感じ取ることができない自分の役割です。

人は**「何のために働いているのか」がわかると、仕事への取り組み方に真剣度が増して**いきます。ただ、この「何のため」という話は、社会の福祉とか、人類の発展といった、日常生活とは関係を見出し難いような遠い目標の場合もあります。こうした高邁な目標は現実感に乏しく、社会奉仕的な欲求のある人とそうでない人によって、受け止め方も異なります。

ですから、あまりにも非日常的、あるいは高邁すぎる目標を掲げて、「このために頑張れ！」と言っても、なかなか仕事の真剣度は増さないものです。

近くの人たちとの関連性が見え、自分の出来・不出来が周囲に対してどれだけ影響を及ぼしているのかが感じられるような目標があれば、多くの人が仕事への真剣度を増すでしょう。

つまり、近くの人の仕事との連関をしっかり理解させること、**社外だけでなく、社内にもいる自分の連関者（＝社内顧客）をしっかり知り、その影響を理解させる**ことが大切なのです。

## お互いの要望を出すより、お互いの仕事をわかり合う

販売会社などでは、営業ラインと顧客が近く、顧客の反応を通じて身の丈に合ったやりがいが生まれます。ところが、その上流にある部門、とりわけ大手企業の本社などでは、どの仕事に携わっても、最終顧客が見えず、日常的には仕事の意義・意味が見えなくなりがちです。

そうしたときに、**部下のすぐ上手《かみて》・下手《しもて》にいる人たちとの意見交換の機会を持たせ、また、**

**多少、工程が離れる部署の人たちとも交流を行い、仕事の流れや意義を確認させる行為を、業務のなかに埋め込む**のが重要になってきます。

たとえば、自分の担当している業務が、何かのきっかけでとてもやりやすくなった、もしくは、ある特定の帳票だけ非常にスムーズに使うことができる。そんなときは、上流の誰かが、あなたの部署の業務を想定して、改善をしている可能性があります。

その「よかった点」を上手の部署に報告する。それだけで、相手と気持ちがつながり、お互い、仕事への真剣度が増すはずです。

歩留まりアップとか、仕組みの改善などというテーマで、上手から下手までの各部署をつなげるような合同研修を行うのもよいでしょう。その際、改善すべき点を挙げつらって、業務効率一点張りでお互いの都合を主張し合うのは逆効果です。まずは、**どんな流れで誰の仕事が誰とつながっているのか。そして、あのよくできた仕組みは、上手の誰がつくったのか**。そんな話をすることから始めましょう。

## 意外な「年次管理」の効果

タスク・アイデンティティには、もう1つの確かめ方があります。

それは、**いまの仕事が、自分の将来のためにどう役に立つのか**を問うという方法です。

図表14）　上司が部下に促す2つの「見通し」

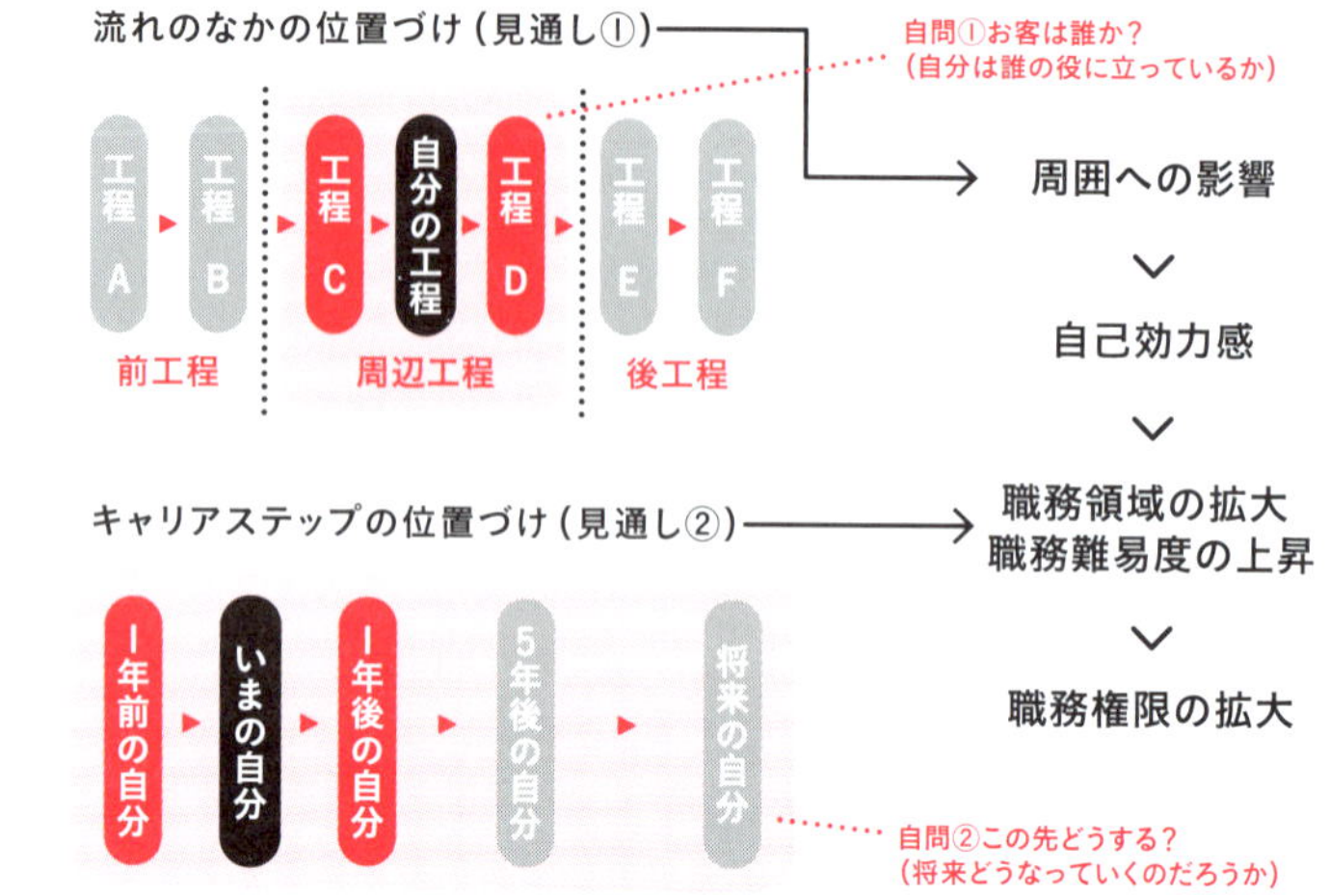


この点で、日本企業の「年次管理」というのは、非常にうまくできているのです。

新人時代の雑用に果たして何の意味があるのか。その時点ではわからないものです。ただ、2年後にはこんな仕事をしていて、5年後はこんなふうになっている、ということがわかると、いまの仕事の意義も見えてきます。

たとえば都市銀行に入社すると、1、2年目は、それこそ3カ月に1回のペースで簿記や行内資格の試験を受けさせられます。その間は、実務というと住宅ローンの個人向け営業などが主流となり、顧客説明会の運営などを任されるでしょう。

当然、「入社前に聞いていた、大手企

図表15）　**年次管理と職務アサイン、習熟の関係（銀行の場合）**

入社

| 年齢 | 職務 | 習熟すべきこと |
|---|---|---|
| 20代前半 | 個人営業＋資格取得 | 職務ルーティン　職務知識 |
| 20代中盤 | 中小法人営業 | BS　与信　社長と対等に語る術 |
| 20代後半 | 中堅法人営業 | 手形、CP、シンジケートローン |
| 30代前半 | 大手法人営業 | 社債や株式などの直接金融 |
| 30代中盤 | IPO、プロジェクトファイナンス、大企業の資金繰り | |

随時、同行などで先輩と接し、年次ごとのステップを把握できる

年代別にやることが見える（将来への見通し）、
＝いまの仕事の意義が理解できる

業相手のプロジェクトファイナンスの仕事はいつやらせてもらえるんだろう」という焦りや不満も出てきます。

ただ、こうして資格をとり、個人営業を重ねることで、金融の基礎体力、すなわち細かな書類をミスなく作成し、スケジュール通りに承認を得ていく力が身に付いていきます。

その後は、20代半ばで中小法人向けの営業に飛びまわり、実物のバランスシートを目にして与信の作業を行うようになるでしょう。さらに1、2年たてば、中堅企業を担当して、今度は期限の長い手形や、コマーシャルペーパーなどの「直接金融」に近い仕組みを知り、数行での協調融資（シンジケートローン）を学びます。

そうして、30歳手前で大手を担当するころには、社債や株式などの知識も身に付け、扱い額も2桁違うほど大きくなる。

その時々の「ギリギリの線」の積み重ねで時を過ごすうちに、いつの間にか入社時には想像もできなかったような高みに上っているという、まさにモチベーションサイクルの典型的な姿がここにあるのです。

このパッケージを「年次管理」という仕組みを通して見せられると、若手社員も「将来ぁぁなる」ということがわかって、現在やっている仕事の意味を理解するようになります。

## 会議のメモとりやカバン持ちはなぜ育つのか？

1つ目のタスク・アイデンティティが、「お客は誰だ？」ということなら、2つ目のアイデンティティは、「この先どうなる？」と言い換えるとわかりやすいでしょう。

どちらも、「全体的な流れのなかでのいまの仕事の位置づけ」ということになります。前者はそれが現時点での「周囲との流れ」であり、後者はそれが、将来を見据えた「自分の成長のなかでの流れ」です。

この「将来どうなる？」という点を強く認識させる行為としては、重要会議の議事録係や、社長や役員のカバン持ちなども効果的です。意思決定者の日常に密着することにより、そこで話される言葉や、意思決定のメカニズムなどをだんだんと理解していく。これによって現時点での会社の全体像が俯瞰でき、同時に自分の将来への視野も良好になるのです。

# 「思う存分やってくれ」ではなぜだめなのか

この章の冒頭でも書きましたが、だめな上司ほど「部下に考えさせる」「部下の自主性を重んじる」などと言い訳をして、自分では何もしません。

何度でも言いますが、明確な方針を打ち出せない上司は存在意義がありません。上司は、部下に「ぴったりな目標」を与え、「逃げ場をなくし」、「どうやったらいいか（Ｗａｙ）」を示し（＝支援）ていくのが仕事です。

ただ、手とり足とり部下の目の前に階段を用意し続けると部下は息苦しさを感じるでしょう。自由に考えて好きなようにさせる場面も大切です。ここでも基礎理論が役に立ちます。

問６

自律的に行動してくれる人は大歓迎。もちろん、会社でもそういう行動を奨励していると話すA社長は、自社の優秀な営業マンに以下のような指示を出しました。

わが社ではこれまで、地元の名産品であるミカンをもとにした食品の製造・販売を手がけてきた。ただ、昨今はミカンだけでは頭打ちになってきた。そこで、県の有力食材をもとに、新たな加工食品づくりに着手したい。

ミカンの新しい可能性でもいいし、カキ、モモ、ブドウなど他の果物もＯＫ。お茶や日本酒などの嗜好品でもかまわない。日本国内向けだけでなく、韓国、中国、欧米向けなどの新展開も考えられる。

豊富な営業経験を持ち、消費者のニーズに詳しいお前に任せた。しっかり考えてくれ。ヒット商品が生まれたら２階級昇進を考えよう。だめだったときはいままでどおり営業に戻って活躍してくれればいい。

思う存分やってくれ。


この指示の出し方には、大きな問題があります。

それはどこですか？

## 「制限なし」というマイナス

「好き勝手やれ」「自由に発想していい」「思いっきり暴れろ」など、社長や上司はとかく、「自由の押し売り」をしがちです。

これは部下にとっては二重の意味で迷惑であり、思考も決断も鈍くさせてしまうのです。

### 図表16）　自律と丸投げの違い

①「何でもOK」「自由に」という過誤

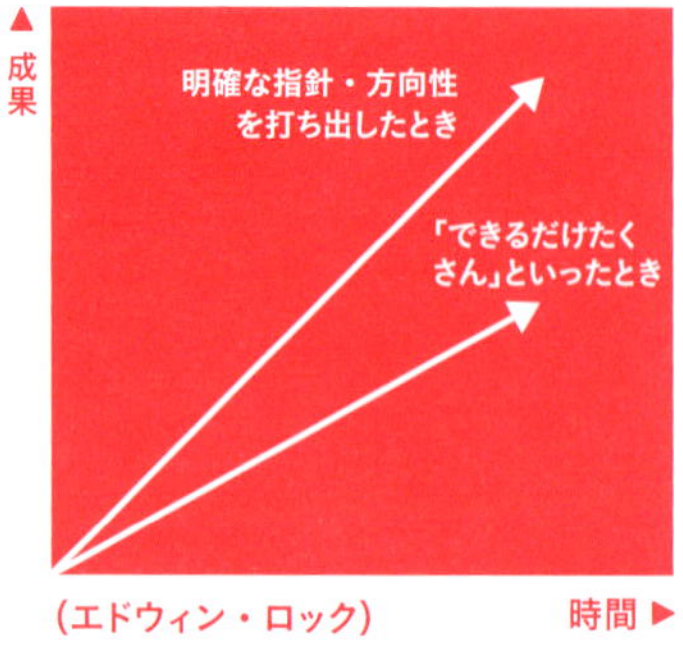


しっかりとフェアゾーンを示し、その中で「自由に」と言う

②上司のキャラ、会社の風土の問題

1. 日常マネジメントの要点
「失敗の奨励　安全策の叱責」
2. 失敗責任の所在
「責任は上司、尻を拭う」
3. アクション・ラーニング
「失敗から学ばせる」指導
4. アサーティブ対応
「自由発言の奨励」
「全否定の厳禁」
「まず、前向きに“イイね”」

自由に動けるような、風土づくりがまず大切

なぜでしょうか？　エドウィン・ロックの研究からこんなことがわかっています。

**人は「何でもやっていい」もしくは「思いっきりやれ」などと言われると、何をやっていいかわからなくなってしまう。**

それに対して、明確な指針や方向性を提示した場合、成果は上がりやすくなります。

しかし、結局それでは、「明確な指針や方向性」に沿って、言われたとおりにやるだけで、いつまでたってもそれ以上成長しないのではないかという疑問もわくでしょう。

それが違うのです。ここでいう「明確な指針や方向性」は、そういうことではないのです。

## 踊り場に上ったら、目の届く範囲で遊ばせる

ハックマンとオールダムの理論をもとに、大沢武志は、部下に指示を出すときには「2W2R」が重要であると指摘しました。2・1で書いたとおりです。この2W と2Rがそれぞれ「手とり足とり」と「自由・自律」を説明しています。

まず2W、すなわちWhat（W）とWay（W）で、懇切丁寧に目標とやり方を示す。これは何もできない人用の指示です。

続いて1つ目のR＝Reasonで根本的な考え方を示し、それに沿って応用してみなさい、と指示します。

さらに2つ目のR＝Rangeで**フェアゾーンを示し、そこの範囲でなら自由に動いてよい**、と指示します。

いわば2つのRは自律的に部下に行動させるためのガイドラインといえるのです。

組織では下の階層に行くほど意思決定の権限が限られます。管理職でない人間は、自律的に行動することに慣れていません。そこでまず、ルールとフェアゾーンを決めてあげるのです。

遠足で山登りをし、頂上についた生徒たちに、先生が出す「自由行動」の指示を思い出してみてください。

「お昼休みの間、柵のなかでなら遊んでいていいよ（Ｒａｎｇｅ）。そこなら、先生の目が届くから（Ｒｅａｓｏｎ）」

もちろん、このＲＲについても、部下の能力に応じて、「ぴったり」のＲＲを設定する必要があります。同じ新規事業の企画でも、30歳くらいの中堅社員と、50歳の役員に社長が出す指示では、ＲＲの質が大きく異なります。部下を見て、ＲＲもその人に合わせて出すことが大切なのです。

**問6**にあてはめるとこんな感じになります。

**ミカンは年によって価格変動が激しい。だから、値崩れした場合、加工食品の相場も大きく下がる。この不安要素を取り除くために、新事業を考えてほしい。**

ミカン関連の事業部で30歳になるまで営業を続けていた人間なら、この指示である程度のＲＲが見えるでしょう。その結果、たとえば次のように順を追って新規事業の企画を具体化していくことが可能です。

値崩れしたときの自社の売上ダウン額（たとえば1億円）を取り戻せる程度の規模の事業だ。ミカンと同じサイクルで値崩れが起きないような産品、理想的にはミカンと豊作不作のサイクルが真逆になる産物がいい。でもそこまでぴったりなものは少ないから、次善案として、毎年安定的にとれる産品か、希少性が高く値崩れが少ない産品がいいだろう。

もちろん、習熟度が低い若手相手なら、ＲＲについても、もっと細かい説明が必要です。

## 風土に反する指示は、迷惑でしかない

ハックマンとオールダムが説いた「明確な方針・方向性」という言葉には、もう１つ含意があります。それは、風土です。風土自体が、部下たちを「そっちの方向へと自然と向かわせる」一種の方向性となっているのです。

上司が「責任は俺がすべて持つ」「尻は拭く」などという言葉を連発しても、普段からそうした姿勢を示していない場合、部下は信用しません。たとえば、次のような風土では、誰も自由に発想などできないでしょう。

- 失敗すると厳しく怒られる
- 従来は安全策を唱え、事なかれ主義だった
- 責任は部下に押し付けられる
- 周囲の意見や発案を前向きに受け止めない

風土・土壌を無視していきなり「思う存分やれ」などと言われても、部下は戸惑うばかりです。これが2つめの迷惑です。

**「自律的に」「自発的に」「創造的に」などという言葉は従来からそうした風土のあるなかで発せられなければ意味がありません。上司は言葉を発する前にまず、その下地である、風土を整えなければならないのです。**

2・6

# 階段を刻み、踊り場で遊ばせる

## ギリギリの階段で鍛える

ここまで部下のやる気（内発的動機）を高め、その結果、業績を上げるという仕組みについて、書いてきました。これはハーズバーグの説いた、「機会〜支援〜評価〜承認＝成長」のサイクルをつくり続けるということに他なりません。

第2章をまとめると次のようになります。

2・1 Ｗｈａｔだけでなく、Ｗａｙも伝える
2・2 できるかできないかギリギリの線を提示し、逃げ場をなくす
2・3 部下の状態を日々よく見て、ギリギリの線を保ち続ける
2・4 周囲とのつながり、将来の展望のなかで、いまの仕事の意義を確認させる
2・5 その仕事の意義・本質を伝え、どこまでなら自由にやっていいか明確にする

この5つは、どれ1つとして簡単なことではないので、サイクルをまわすところまでたどり着くには時間がかかることもあります。

そこでこの5つをまとめて、「マネジメントとは何か」について、説明しておきたいと思います。この5つのツボは、せんじつめれば2つのことを話しているだけなのです。

1つは、**「階段を刻む」**という行為です。

上司と部下の間には、年齢や経験の違いからくる「実力差」があります。上司から見れば簡単なことも、部下の目からはとてつもなく難しく見えているでしょう。

たとえるなら、建物の2階くらいの高さの崖の上から「ここまで上って来い」と指示を出しているようなものです。部下は、「そんなの無理……」と尻込みし、「なんでこんな簡単なこともできないのか」と上司はイライラします。

こんな上下関係は最悪です。

実力が足りない相手に上司としてどう接するか。

そう、2階まで上ってこられるように、「ギリギリの歩幅」の階段をつくってあげるのです。そして、それを指し示す（What）だけでなく、どう上ったらよいか（Way）手ほどきをする。その階段づくりの方法を2・1と2・2で述べました。

ただ、上司がこれくらいなら上れるだろうと思った階段も、部下にとっては、一段一段が大きすぎたり小さすぎたりして歩幅に合っていないこともあります。ですから、部下の上り方を見て、日々、階段を刻み直す。それが、2・3で述べたことです。

2・4で書いたのは、階段を上ったあとには何が待っているのかを見せてあげること。これは、元気に上り続けるよう意欲を喚起するための行為です。

## 自由に腕試しさせて伸ばす

もう1つは「踊り場をつくり、遊ばせる」ことです。

部下が、階段を順調に上ったら、今度はどうするか。新たにまた階段をつくればいいのですが、階段ばかりだと疲れてしまいます。階段の途中には「踊り場」が必要なのです。

部下は階段を上ってかなり実力アップしています。身に付けた力を指図されずに自由に使ってみたいとうずうずしているに違いありません。そこで、新しい階段を上らせる前に、踊り場で遊んでもらう。

ただし、踊り場の大きさは大したものではないので、好き勝手に遊んだらケガをしてしまうでしょう。壁にぶつかったり、段を踏み外したりしないような注意が必要です。遊び方のルールづくりが、2・5で述べたことです。

まずは、なぜその仕事をしているか（Ｒｅａｓｏｎ）を理解させ、その延長線上で好きに遊ばせます。それでも走りすぎると踊り場を出てしまうので、どこまでなら遊んでいいか（Ｒａ

図表17）　階段を刻み、踊り場で遊ばせる

nge）を指示します。

「ここまでおいで」と階段を刻み続け、上れたら踊り場で遊ばせる。遊びに飽きたころに、また新たな階段を用意する。それがマネジメントの極意なのです。

## マネジャーには2つのタイプがある、が学界の定説

マネジメントの研究では、上司はどんなタイプであるべきか、という分類を示した理論がいくつかあります。

そのうち有名なところを2つほど書いておきます。

## ①ダグラス・マクレガーの「XY理論」

これは、2つの人間観をマネジメントの世界に持ち込んだものです。

1つは、「人間は本来なまけものであり、自分の生理的な欲求に尻を叩かれて働く」という考え方です。この人間観に従えば、目標を提示して厳しく管理し、仕事がこなせたら、その分対価を支払うことで人は動くことになります。これがX理論です。

もう1つは、「人間は本来前向きであり、社会的な欲求や自分の志向にしたがって働く」という考え方です。この人間観に従えば、仕事の意義や魅力を伝え、本人の前向き姿勢を喚起することで人は動くことになります。これがY理論です。

いずれもマズローの欲求段階説が基礎にあり、低次元の欲求をもとにしたのがX理論、高次元の欲求をもとにしたのがY理論です。

これを企業実務的に意訳して、「アメとムチ」のX型上司、「信頼して任せる」Y型上司などととらえる向きもあります。

XY理論が提唱された1950年代後半はアメリカが工業社会から脱工業化社会へと脱皮する途上にありました。工場での定型的作業ではX理論がよくあてはまり、ホワイトカラーのような非定型業務ではY理論が役立つので、産業の交代期に合わせて、頃合よく提唱されたと考えられるでしょう。

ただしマクレガーは、このＸＹの２軸だけではマネジメントは説明しきれないと考え、さらに他の軸を探していたようです。その新たな軸に何を用いるか悩み、軸を追加するよりも、ＸＹのグラデーションで説明しようかとも模索しながら、結論を出せずに終わりました。

ＸＹの次に来るのはＺですが、Ｚ理論という言葉は、１９８０年代にＷ・Ｇ・オオウチが提唱した日本型組織の特徴を指す言葉として知られています。

そこで論じられているのは終身雇用を前提として、企業と労働者が信頼の絆で結ばれた状態です。日本企業とアメリカ企業の比較考察としては非常にオリジナリティの高い研究として、高く評価されています。

ただし、この「信頼の絆のＺ軸」を、マクレガーのＸＹ理論に続く第３軸であるとは私は考えていません。マクレガーはマネジャーのタイプ分類として２軸をつくり上げているのに対して、オオウチは、企業と個人の関係を説いているからです。企業統治のかたちに根差すＺ理論はマネジャー単体の特質ではどうにもできない話なのです。

## ②三隅二不二の「ＰＭ理論」

こちらは管理者のタイプを次の２つに分類しています。

P（パフォーマンス）型

「目標達成」を志向する。目標設定や計画立案、メンバーへの指示などにより目標を達成する能力。合理的であり目的思考が強く、ともすると冷徹ととらえられがちな指揮をするタイプ

M（メンテナンス）型

「集団維持」を志向する。メンバー間の人間関係を重視し、集団としてのまとまりを維持するタイプ

マクレガーがXYを独立した2つの軸で、ともすると2つのタイプが「相容れない」ように説明したのに対し、三隅は、PとMが一人の人間のなかに混在すると考え、以下のような4つの補足分類を示しています。

PM型（P、Mともに大きい）

目標を明示し、成果を上げられるとともに集団をまとめる力もある理想のリーダー

Pm型（Pが大きく、Mが小さい）

目標を明確に示し、成果を上げるが、集団をまとめる力が弱い

**pM型**

成果は上げるが人望がないタイプ

（**P**が**小**さく、**M**が**大**きい）

集団をまとめる力はあるが、成果を上げる力が弱い

人望はあるが、仕事はいまひとつというタイプ

**pm型**

（**P**が**小**さく、**M**も**小**さい）

成果を上げる力も、集団をまとめる力も弱い

リーダー失格タイプ

この理論は1960年代後半に発表されています。マクレガーのXY理論とは15年程度の時代差がありますが、それがそのまま、日米の産業交替期の年代差ともいえそうです。

## 2つのタイプが存在する理由

さて、なぜこんな小難しい話をしてきたかというと、古くから、マネジャーには、2つのタイプが存在しているという見方が強かったことをわかっていただきたかったからです。

この対照的な2つのタイプがなぜ存在し続けるのかを、私なりに解釈してみます。そのこと

図表18）　2種のマネジャーと、「階段」「踊り場」

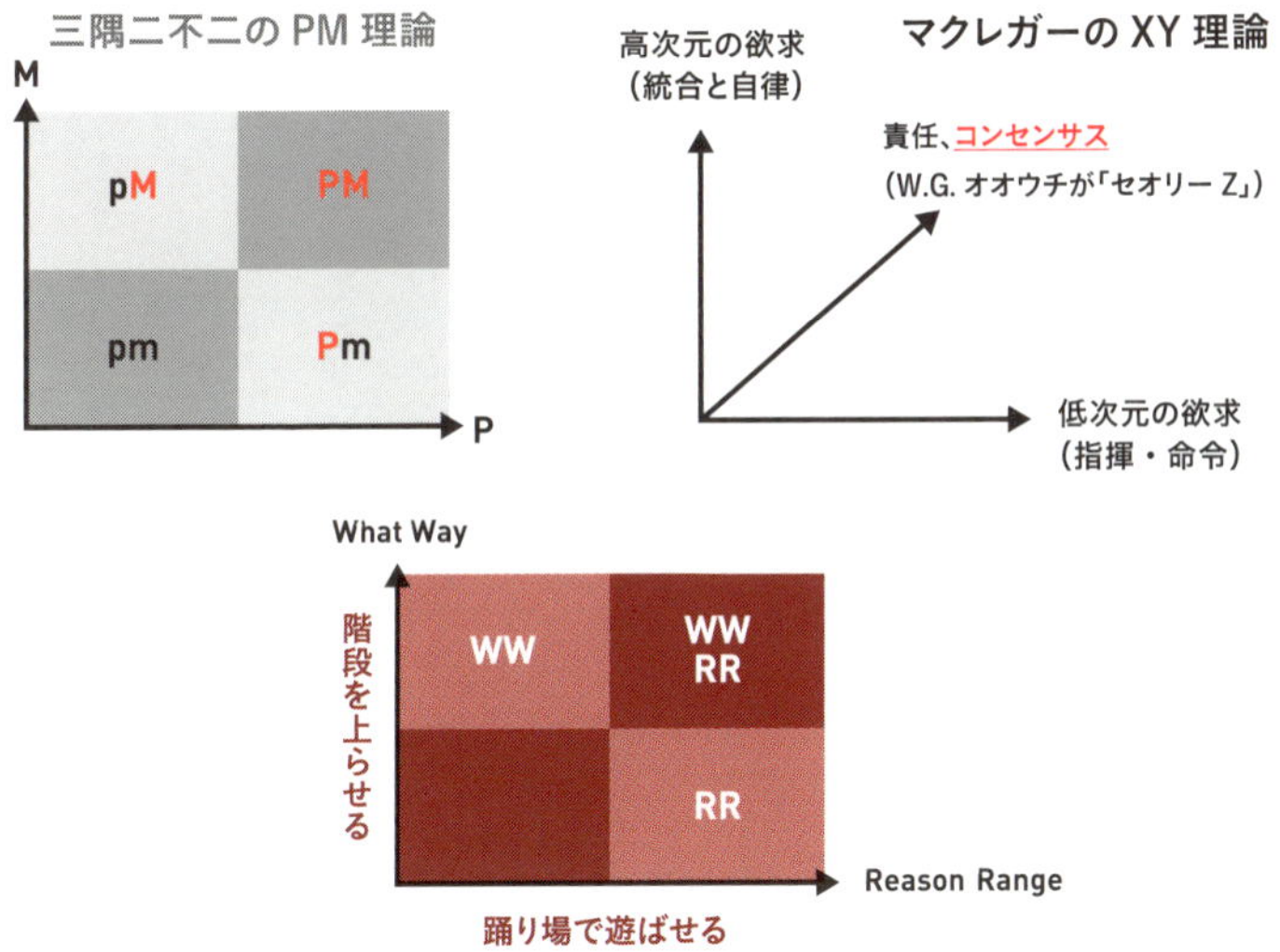


によって、２・２で書いたことがさらに深く理解してもらえるでしょう。

先に、マネジメントは、「階段を刻んで上らせる」局面と、階段を上って実力がついたら「踊り場で遊ばせる」局面の両方が必要だと書きました。階段を上らせるためには、ちょうどよい目標を具体的に提示し（What）、それをどうやるか事細かに手ほどきすること（Way）が必要です。こうした行為が得意な上司のことを、マクレガーはXタイプ、三隅はPタイプと呼んだ。そして、仕事ができるようになったら、遊んでいい範囲（Range）を決め、そのなかでのルール（Reason）を提示して、羽を伸ばさせる。この行為が上手な上司を、マクレガーはYタイプ、三隅はMタイプと呼んだ――ということではないでしょうか。

これは私のオリジナルな見方ではありません。マクレガーの後続論文やフレッド・フィドラーによる実証研究などで、X理論は「混沌として停滞期にある組織」に効き、Y理論は「順風満帆でうまくいっている組織」に効くという話が示されています。その「組織」を「部下」に置き換えると、ここで述べた話と相通じます。X理論は迷える部下、Y理論は力を持て余している部下、と考えてみてください。

ずいぶん多くの理論を一気に紹介してきましたので、最後にもう一度、まとめを書いておきます。


階下にいる部下を引っ張り上げるにはどうすればいいか。

**ちょうどよい階段を刻み続ける（2W）**
少し上がってきたら、
**踊り場をつくって遊ばせる（2R）**

要は、これだけのことなのです。

こうした理論の核心をズバリと言葉にできる偉大なリーダーもいます。戦前、日本海軍一の名将と謳われた山本五十六の教育訓です。

『やってみせ、言って聞かせて、させてみせ、ほめてやらねば、人は動かじ』
『話し合い、耳を傾け、承認し、任せてやらねば、人は育たず』
『やっている、姿を感謝で見守って、信頼せねば、人は実らず』

みごとに、モチベーションサイクルも2W2Rも、そしてZ軸まで含まれています。

マズローもハーズバーグもハックマンもオールダムもオオウチも、彼らが研究を始めるはるか以前に、こんな言葉があったことを知ったら驚くことでしょう。

## 大沢武志（1935～2012年）日本の心理学者、経営者

リクルート社の草創期に同社に参加し、産業組織心理学の研究をもとに、アセスメントや研修などを開発。また、アメリカの先端研究を日本の企業経営に多数持ち込んだことで知られています。日本リクルートセンター（現リクルート）では、取締役テスト部長、専務取締役、組織活性化研究所長などを歴任。89年に人事測定研究所（現HRR）を設立し代表取締役社長。その後、流通科学大学教授に就任。

ハーズバーグやハックマン、オールダムの理論をリクルート社の人事管理に持ち込み、自由度のある職務領域設計や、イベントなどにより随時業務に刺激を与えながら自律性を促す「カオス理論」をつくり上げました。SPIという日本の適性テストのデファクト商品を開発するなど、ビジネス実績に裏打ちされた研究活動を行い、企業経営者としても成功をおさめました。

## エドウィン・ロック（1938～）アメリカの心理学者

盟友のゲイリー・レイサムとともに、目標設定理論を打ち出したことで知られています。

意識的かつ適切に設定された目標が人を動機づけると説き、これらを大きく4つの要素に分解・定義しました。

**①目標の困難度（困難な目標が高い成果を生む、ただし達成の可能性がある高すぎない目標という条件つきである）**
**②目標の具体性（数値目標や期間などの具体的なもの）**
**③目標の受容（一方的な指示ではなく個人が主体的に設定する）**
**④フィードバック（目標達成過程で成果の水準の情報を開示する）**

マズローが人間ならではのモチベーションを提唱し、ハーズバーグがそれを仕事の世界に持ち込んで2要因に分け、ハックマンとオールダムがその2要因も経営者の創意工夫でいくらでも変えられると進化させてきた流れのなかで、ロックはそれを具体的なマネジメントツールに落とし込みました。

## 松井賚夫（1922〜）日本の心理学者

専攻は産業組織心理学。東京大学文学部心理学科卒業後、人事院を経て、明治大学、立教大学、駿河台大学法学部などで教鞭をとりました。主な著書に『リーダーシップ』『モチベーション』などがあります。『管理者のための行動科学入門』（K・H・ブランチャード）、『目標が人を動かす』（エドウィン・ロック、ゲイリー・レイサム）などのマネジャー向けの書籍を翻訳して日本に紹介しました。立教大学名誉教授。

**リチャード・ハックマン**（1940～2013年）と**グレッグ・オールダム**（1947～）アメリカの心理学者

職務特性理論を提唱したモチベーション理論の中興の祖。これ以前のモチベーション理論は、業績・成果・成長が基本にありました。しかしこれだと個人の職務内容がステップアップしていかなければ、働く人のやる気を引き出し続けることが困難になってしまいます。そうではなく、自分の仕事が周囲に与える影響や自分の将来を知ることによって、また同じ職務のなかでも創意工夫の余地、職掌範囲、中間でのフィードバックなどがあるかないかで、個人の満足度合いは変わることをハックマンとオールダムは説きました。これが職務特性理論です。

この理論によれば、同じ業界にあっても、そこにいる人のモチベーションは、職務の設計の仕方や上司のマネジメントにより変化させることができます。このような考え方が出てきたため、経営の創意工夫次第で会社は大きく変えられるという認識が広まっていきました。

**ダグラス・マクレガー**（1906～1964年）アメリカの心理学者

著書『企業の人間的側面』に登場するXY理論が有名。アブラハム・マズローが先に唱えた欲求段階説を基にして2つのリーダーシップ要素を説明したのがXY理論です。X理論は低次元の欲求（生理的欲求、安全・安定の欲求）を多く持つ人間に対して有効なマネジメント理論であり、Y理論は高次元の欲求（所属・愛情欲求／社会的欲求、自我・尊厳の欲求、自己実現の欲求）を多く持つ人間に対して有効なマネジメント手法と説きました。

すでに低次元の欲求が満たされている人に対してはX理論は無効であるとし、低次元の欲求が満たされていた1960年代のアメリカではY理論にもとづいた経営方法が望ましいと主張しました。一方で低次元の欲求が満たされた人は、同一報酬をより短時間もしくはより楽に獲得できる有利な労働を希求するという考えもなりたつはずですが、そうではなく、高次元の欲求に移行すると考える点が、マズローやハーズバーグと同様、研究の根底に、人間は可能性を持って成長する生き物という考え方があります。

### 三隅二不二（1924～2002年）日本の心理学者

リーダーシップの要素をパフォーマンス（業績を重視）機能とメンテナンス（組織の和や関係性の健全さを重視）機能の2側面でとらえるPM理論を1966年に発表。

ダグラス・マクレガーのXY理論がマズローの世界観にやや傾きすぎて実務的な示唆が乏しいのに対し、PM理論は実際のマネジメント手法として、業績中心か組織衛生中心かという非常に現実的な示唆をしています。継続研究の結果、リーダーには、PM両方が重要ですが、どちらか1つだけとる場合、短期利益追求にはPが、長期的な利益や組織の安全確保にはMが奏功することがわかっています。

## W・G・オオウチ（1943〜）アメリカの経営学者

日系3世のUCLA（カリフォルニア大学ロサンゼルス校）経営大学院教授。日本企業の強さの秘密を経営学的見地から分析したことで知られています。80年代の日本企業全盛期に、その成功の秘密を、いち早く理論化しました。

日本企業は終身雇用で昇進が遅く、キャリアは非専門的であり、意思決定は集団で行い、人に対する全面的関わりを特徴とするので、共同体的に社員が親密に結びつき、同質性・安定性があるとオオウチは説きました。そして、日本企業における経営者と労働者が信頼関係で結ばれた長期持続する相互関係を「セオリーZ」と名づけました。ただし、これはあくまでも集団的な外形論であって、上司部下といった個別のマネジメント理論にはあてはまりません。

## フレッド・フィドラー（1922〜）アメリカの心理学者

オーストリアに生まれ、16歳でアメリカに移民し、シカゴ大学に学んだフィドラーは、1

964年にリーダーシップの有効性に関するコンティンジェンシー理論（条件適合理論）を発表。この理論は、リーダーシップがどこでも万能なものではなく、企業や職場の置かれた環境により、最適なものが異なってくるとしたことがポイントとなっています。

フィドラーはまず、リーダーシップ・スタイルは、（1）タスク中心・指示的なスタイルと、（2）人間関係中心・非指示的なスタイルに分けました。この考え方は、XY理論やPM理論と近しいといえます。従来の研究では、どちらのスタイルの方がより有効であるかという議論がなされてきたましが、フィドラーは、どちらのスタイルも状況しだいで有効であると説いたのです。ここでいう「状況」とは、（1）リーダー×メンバー関係、（2タスク構造、（3）職位パワーの3次元で示され、それが良いか悪いかを、状況好意性と呼んでいます。この3次元で、現況が、非常に好意的な状況から、非常に非好意的な状況まで、順に並べられる。状況がリーダーにとって非常に好意的であるか、非常に非好意的かのいずれかの場合には、タスク志向的リーダーが有効であり、状況がとくに好意的でも非好意的でもなく中間のときは、人間関係志向的リーダーが有効であるというのが、フィドラー理論の骨子です。簡単に言い換えれば、逆境や順境のピークにいるときは、業績に厳しいタスク志向型のリーダーが適し、混乱を過ぎて上り調子の時期には、人間関係重視のリーダーが適しているということです。

# それでも部下がやる気を出してくれないときは

日本には、新卒一括採用という仕組みがあるため、何も知らずに社会に飛び込んだ未経験者に、入社後たった1年しただけでもう「後輩」ができてしまいます。

中途採用が主流の他国とはそこが異なります。23、24歳で後輩指導を任されてから、何度も失敗しては学び、後輩と接する腕前をそれなりに磨いてから本物の管理職に上っていきます。

ですから、試行錯誤の結果、それなりに正しい上下関係が、最終的に身に付いている人が多いといえるでしょう。そういう人は、この本を新たな知識の獲得のためではなく、過去の自分の経験則を整理するためにご利用ください。

ただ、経験豊富なマネジャーからはこんな声も聞こえてきそうです。

「ほとんど書かれているとおりにやっているんだよね。それでも、やる気を出してくれない部下がいる。そんなときは、どうしたらいいのかな？」

そこでまた問題です。

**機会は与えている。職務もちょうどよい難しさの階級にしてある。ＦＢや支援もよ**

いタイミングで行っている。評価もきちんとし、報酬も与えている。ただ、そもそも、「昇進などしたくない」「できれば楽な仕事」「安定的に長く働きたい」という安全志向の若者が多すぎる！

**問1**　こんな部下はいましたか？

**問2**　こうした部下がいるとしたら、その原因は何でしょう？

**問3**　どうしたら、こうした部下を育てられるでしょうか？

## モチベーションの源は人それぞれということ

こんな部下は持ったことがない、というのはとても幸せな上司であるか、もしくは、部下をよく見ていないかのどちらかでしょう。

管理職の経験者であれば、誰でもこういう部下の面倒をみた経験があるはずです。

そんなときこんな言葉が出そうになりませんか。

甘やかされていたんだろう

苦労していないんだ

最近の若いやつは……

つまり、「育った環境が違う」「世代が違う」ということで、早々に諦めてしまっていませんか。こうした問題は古くからあることで、いまの人だけが、「最近の若いものは」と言っているわけではありません。

多くの人がうまくモチベーションを保てている環境でも、一部の人はまったくやる気を出さない。その理由を、組織心理学者のヘンリー・マレーが解明しています。

マレーによれば、人の心を揺り動かす要因（動因）としては、6つに大別される28の要素があり、たいていの人はそのどれかで、心が動かされます。

何にも興味を示さない人間など、世の中には多くありません。あなたが手を焼いているその部下も、あなたの知らないところで、心が躍るような興味関心の対象があるのです。そしてそれはけっしてつまらぬことでも、よからぬことでもありません。ただ、あなたと興味の対象が異なるだけなのです。

マレーの言葉でいうなら、部下とあなたは動因が違うのです。あなたが「これならやる気が出る」と思う要素が、彼には響かないのは、それが原因でしょう。

## 図表19）　28の動因

### マレーの心理発生的要求リスト

社会的動機といわれるものの種類はきわめて多く、その分類もいろいろと試みられている。

| 大分類 | 小分類 | 詳細 |
|---|---|---|
| A 主に生きていない対象と結びついた要求 | 獲得(acquisition) | 所有物と財産を得ようとする要求 |
| | 保存(conservation) | いろいろなものを集めたり、修理したり、手入れしたり、保管したりする要求 |
| | 秩序整然(orderliness) | ものを整頓し、組織立て、片づけ、整然とさせ、きちんとする要求 |
| | 保持(retention) | ものを所有し続け、それを貯蔵する要求；かつ質素で、経済的で、けちけちとする要求 |
| | 構成(construction) | 組織化し、築き上げる要求 |
| B 大望、意志権力、成就欲、および威光に関係する要求 | 優越(superiority) | 優位に立とうとする要求、達成と承認の複合 |
| | 達成(achievement) | 障害に打ち勝ち、できるだけうまくかつ速やかに困難なことを成し遂げようと努力する |
| | 承認(recognition) | 賞賛を博し、推薦されたいという要求；尊敬を求める要求 |
| | 顕示(exhibition) | 自己演出の要求；他人を興奮させ、楽しませ、扇動し、ショックを与え、はらはらさせようという要求 |
| | 不可侵性(inviolability) | 侵されることなく、自尊心を失わないようにし、"よい評判"を維持しようとする要求 |
| | 屈辱回避(infavoidance) | 失敗、恥辱、不面目、嘲笑を避けようとする要求 |
| | 防衛(defensiveness) | 非難または軽視に対して自己を防衛しようとする要求；自己の行為を正当化しようとする要求 |
| | 中和(counteraction) | ふたたび努力し、報復することによって敗北を克服しようとする要求 |
| C 人間の力を発揮し、それに抵抗し、あるいはそれに屈服することに関係のある要求 | 支配(dominance) | 他人に影響を与え、あるいは統制しようとする要求 |
| | 恭順(deference) | 優越者を賞賛し、進んで追随し、喜んで仕えようとする要求 |
| | 模倣(similance) | 他人を模倣、または真似ようとする要求；他人に同意し、信じようとする要求 |
| | 自律(autonomy) | 影響に抵抗し、独立しようとする要求 |
| | 反動(contrariness) | 他人と異なった行動をし、独自的であろうとし、反対の側に立とうとする要求 |
| D 他人または自己に障害を与えることに関係する要求 | 攻撃(aggression) | 人を攻撃したり、傷つけたりしようとする要求；人を軽視し、害を与え、悪意をもって嘲笑しようとする要求 |
| | 服従(abasement) | 罪を承服甘受しようとする要求；自己卑下 |
| | 非難の回避(avoidance of blame) | 非難、追放または処罰を避けようとする要求；行儀よく振る舞い、法に従おうとする要求 |
| E 人間間の愛情に関する要求 | 親和(affiliation) | 友情と絆をつくる要求 |
| | 拒絶(rejection) | 他人を差別し、鼻であしらい、無視し、排斥しようとする要求 |
| | 養護(nurturance) | 他人を養い、助け、または保護しようとする要求 |
| | 求援(succorance) | 援助、保護または同情を求めようとし、依存的であろうとする要求 |
| F その他、社会的に関連した要求 | 遊戯(play) | 緊張を和らげ、自分で楽しみ、気晴らしと娯楽を求める要求 |
| | 求知(cognizance) | 探索し、質問し、好奇心を満足させる要求 |
| | 解明(exposition) | 指摘し、例証しようとする要求；情報を与え、説明し、解釈し、講釈しようとする要求 |

図表 20）　**モチベーションの源は、人によって異なる**

**チャンスや機会のかたちがワンパターンではないか？**

上司は、自分の思考に沿って「与えるべき機会」を単純化しすぎてしまう

Ex　売上の大きな仕事、まったく新しい仕事、
他の人ができなかった仕事、自分がひと皮剝けた仕事等

**人間の「もっとやりたい」と思う気持ち（動因）には、28 の型がある（図表 20）**

出世したいと思わない人でも、その人なりの「認められたい」分野はある

Ex　誰かに奉仕したい、仲良くして愛されたい、
誰かに服従したい等

**誰でも、28 の動因のどれか 1 つは必ず持っている**

↓

**28 の動因に沿って、部下がどの動因に響くかを考え、機会を与える**

上司は「自分の考えを押し付ける」のではなく、「部下の気持ちになって」考える

## 部下を見続け、彼にぴったりの階段を刻むこと

とすると、まず、あなたが自らのやり方を点検するべきではありませんか？

たとえば、あなたが部下に提示する「チャンス」や「機会」のかたちが、ワンパターンになっていないか。あなたは、自分（もしくは多くの先輩）が心躍るような機会だったから、同じことで部下も、と考えてしまっている。ただ、それは必ずしも彼の動因にはなりえないのです。

大きな仕事をしたいとか、影響力を持ちたいとか、多くの人を動かしたいという動因と、誰かの役に立ちたい、仲良くして愛されたい、誰かの言われるがまま

に過ごしたいという動因は真反対のはずですね。

それらはあなたとは違うけれど、彼なりには立派な動因なのです。とすると、彼はあなたと動因のかたちが違う。それがどんなかたちなのか、だったらどんな機会を与えればいいか。やはり、上司はつねに部下を見ていなければなりません。

あなた流の「既製服」を着せるのではなく、彼用に仕立てる——それが「ぴったりの階段」を刻むという行為です。

「部下を見続ける」ことと、「ぴったりな階段を刻む」ことの大切さを再度強調しておきたいと思います。

第3章

# 組織をイキイキとさせる古典的理論

前章では、あなたが上司として1人の部下に接するときにどうしたらよいかについて書きました。それは役職者でない（たとえば、入社3年目で新人の教育役を任されたような）人にもほぼそのままあてはまる内容です。

この章では、もう少し立場が上の、部や課といった集団を任されている人のとるべき行動について、考えていきたいと思います。いまそのポジションにいない人も、「将来自分がなったらどうするか」を考えながら読んでいただければ発見があるでしょう。

どうやったら組織はイキイキとして、生産性を上げるのか。

会社という大きな集団のなかで、部や課は、どのような役割を受け持つべきなのか。

この2つについて、マネジメントの古典理論と、最近の経営実務の両面から説明していくことにします。

3・1

# 部長と課長と係長の役割分担ができているか？

## なぜ、組織には階層ができるのか

これまでは個人のモチベーションをどう上げるかという話でしたが、第3章では、個人が集まって集団になった「組織」について考えていくことにします。

組織は大きくなると、階層構造を持つようになります。経営者一人で、その下に何万人も部下がいたのでは、とても面倒が見きれないからです。そこで、ピラミッド型の組織階層をつくり、課長はメンバー10人の面倒を見て、その上の部長は10人の課長の面倒を見るというかたちをとります。

組織に階層ができてくると、社長は末端の何万人もの部下を動かそうとしても、その間に、役員、事業部長、部長、課長と何人もの人が入るために、なかなか声が届きません。単に時間がかかるだけでなく、伝言ゲームのなかで、発言の趣旨が誤解され、まったく別物になってしまうことさえあります。

こうした伝言ロスが起きないようにするためには、どうしたらよいでしょうか？

つまり、階層ごとに伝言ゲームをするときに、上と下のそれぞれのリーダーはどう振る舞えばよいか。そして、それぞれの役割をどう分けるか。

この2点についてここでは具体的に考えていくことにしましょう。


それでは問題です。

ここでは場面を戦争に設定します。会社や日常生活に近いと、普段の自分の習慣から答えが見えにくくなるからです。

軍隊の組織では、50人くらいの集団を中隊と呼んでいます。これは組織ではちょうど、部の大きさにあたるでしょう。だから、中隊を「部」、中隊長を「部長」と置き換えて考えてみてください。

軍は中隊の下に、小隊があります。こちらは10人くらいの組織で、それぞれ小隊長がいます。こちらは、「課」「課長」にあたります。実際の軍隊の構成とは少々異なるのですが、ここに出てくる中隊は、機能別に5つの小隊が合わさったものとします。

その構成は以下です。

・歩兵隊　3小隊（30人）　歩兵が銃と剣で白兵戦を仕掛ける
・砲兵隊　1小隊（10人）　大砲類の砲弾により相手陣地に打撃を加える

・工兵隊　1小隊（10人）　主に建設作業や破壊作業などを担当する

さあ、それではこの問題で、中隊長（部長）と小隊長（課長）の関係を明らかにしていきましょう。

問7

## リーダーとは何をする人か？

いま、戦争の真っ只中にいるとします。

あなたは1中隊50人を任される大尉です。この中隊は、本体から離れて敵の大部隊の「後方にまわり、奇襲をかけ、敵の注意を後方に引きつける囮《おとり》」の役割を課されています。

任務は次の4つです。

❶ 敵の陣形を後ろ向きに変える
❷ 広い範囲からまばらに攻撃をかけ、敵を拡散する
❸ 味方の本隊が前面から攻撃をかけるまで時間を稼ぐ（10時間）
❹ 任務終了後、損害少なく本隊に復帰する（撤収は素早く、損害は軽微に）

あなたの部隊は先ほど設定した以下のような人員構成です。

・歩兵小隊（突撃をする）　3小隊＝30人
・砲兵小隊（大砲で打つ）　1小隊＝10人
・工兵小隊（爆破や作道を担当）　1小隊＝10人

いま、あなたの中隊は、ようやく敵の後方に到達しました。途中の川で橋が小さかったため、渡河に時間がかかり、到達は想定より2時間遅れています。

そこに、「敵の斥候（偵察）がわが中隊の動きをとらえた」という連絡が入りました。状況的に1時間以内に敵がこちらに攻撃をしかけてくることになりそうです。

これは想定外です。本来ならこの場面で、2時間くらいかけて陣形を整えてから、佪攻撃を始めるはずでしたが、それが1時間以内に相手から攻撃が仕掛けられるというのです。

さて、あなたは、どうしますか。

図表21）　最前線で中隊長（課長）はどうするか？

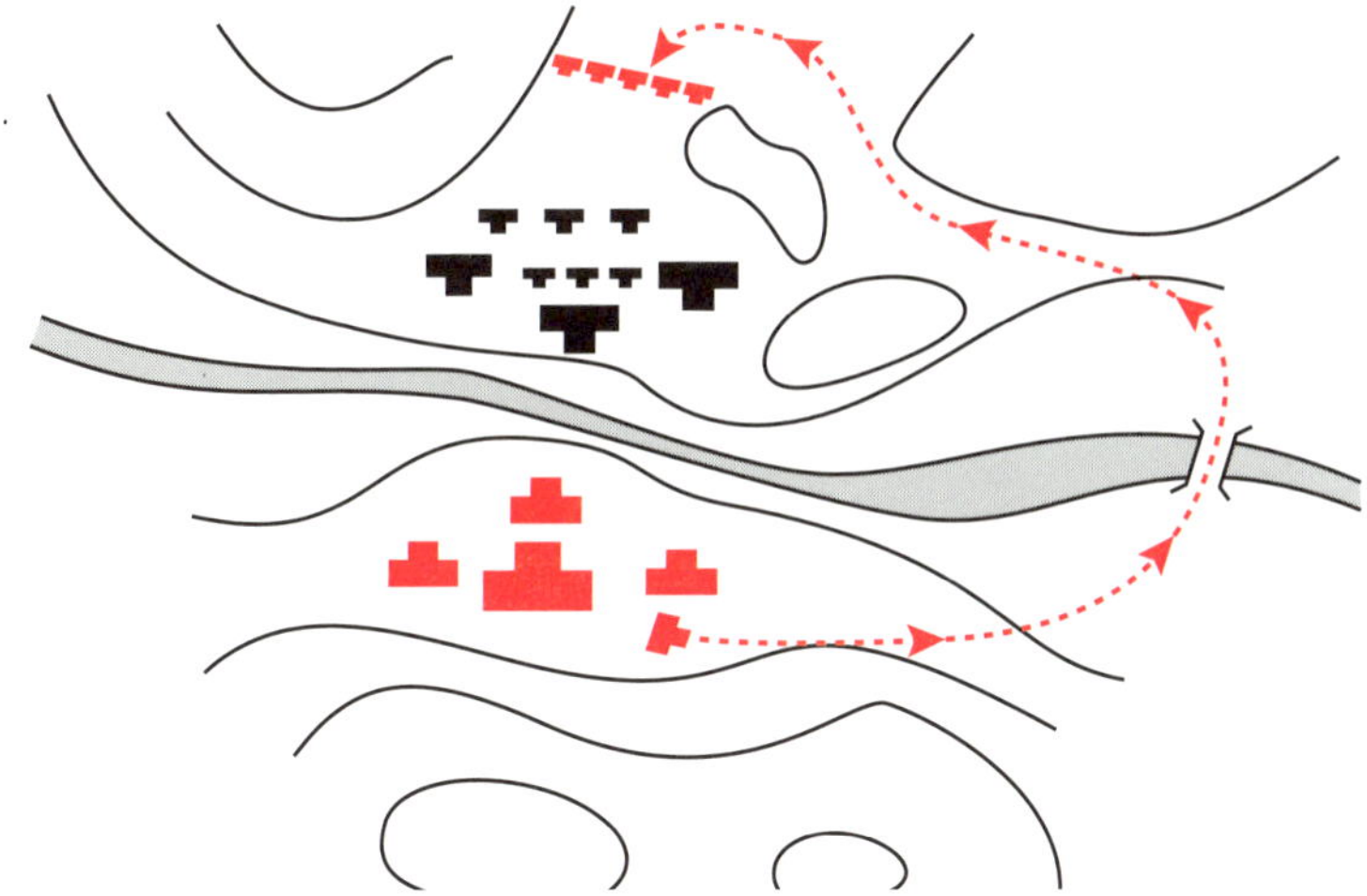

A　この局面でどのような戦術を考えますか？
B　それを部下それぞれにどう伝えますか？

## 極限状況で何を優先するか

状況を判断して最適な道筋を示す――それがマネジメントです。

企業で働いていると、昨日と同じことを今日も普通にしているだけの日が多いため、マネジメントの醍醐味を忘れてしまいがちです。とりわけ、役職が上がって現場から離れていくと、会議とレポートと捺印だけが仕事という毎日になっていきます。たまに、顧客クレームが入ると、嬉々として腕まくりするような上司がいるのはそのためです。

こうした日常と真逆の状態が「戦争」です。失敗すれば命がありません。しかも、随時状況判断をして、作戦を変更していかなければなりません。だからこそ、組織の機能や上司の役割などが見えやすいのです。

さて、あなたはどのような判断をしたでしょうか。

たとえば私なら、当初の4つの目的のうち、②の「広い範囲からまばらに攻撃をかけ、敵を拡散する」については遂行する時間がないから諦めるでしょう。そのうえで①の「敵の陣形を後ろ向きに変える」と③の「味方の本隊が前面から攻撃をかけるまで時間を稼ぐ」は必ず成し遂げる覚悟を持ちます。ただ、作戦遂行後に部下が命を落とすことは避けたいので、④「任務終了後、損害少なく本隊に復帰する」にも相当配慮します。

そうすると、こんな作戦が頭に浮かびます。

- 一カ所にいれば狙い撃ちされるから、短時間に隊翼を広げ（たように見せ）る
- スムーズな退却ができるよう、ボトルネックを取り除く

この2つを「目的」とし、そのために、5小隊を次のように再編する。

↓ 砲兵隊は重い砲台を抱えていて動けないため現状配置のまま
↓ 歩兵隊は、脚力ある若者で一小隊編成し、軽装で両翼に広がる指示を出す
↓ 歩兵のうち残った傷兵や老兵で一小隊編成し、砲兵隊の支援を行う
↓ 工兵隊は直ちに退却し、河川の橋梁の拡幅と、退却後の爆破用爆薬を装填する

## 伝言ロスが起きない骨太な指示で、細かいことは下のプロに任せる

さて、ここまで戦争気分に付き合っていただき恐縮ですが、私の戦術が正しいかどうかを検証することはしません。

はっきり言うと、**正しいか間違いかはどうでもいい**のです。

ここで気づいていただきたいのは、この状況で行ったマネジメントの特徴です。

まず、私は「小隊がどういう任務を遂行すべきか」という話しかしていません。その下の**個別の兵隊はまったく見ていない**のです。

続いて、私が考えたのは、**何をやるべきか（＝Ｗｈａｔ）だけ**。どうやるべきかはまったく触れず、そのＷｈａｔでさえ事細かに指示してはいません。

あれ？　部下の意欲を向上し、成長を促すためには、2W2Rが必要だと2章であれほど書いていたのに……と思われる方もいるでしょうが、**ここでの上司の目的は部下のモチベーションを高めることではない**のです。

上司が考えているのは状況変化が起きたときにどう対応するか、この一点だけです。一方で、ここで出した指示は**誤解する余地のないほど簡単明瞭**です。

こうした特徴をまとめて表すのが、**「骨太な方針」**という言葉になります。政治の世界でリーダーが好んで使う言葉ですね。どういう場面で、どういう効果があるのでしょうか。

多人数の組織の場合、それは、専門集団ごとの組織に分けて、その各組織に中間管理職を置き、統制をとります。集団全体のトップは、その下にいる中間管理職をしっかり使わなければならないのです。

**中間管理職は、それぞれの部署の熟達者で、彼らは、上に立つリーダーよりもその部署についてはよほど明るい**に決まっています。

だから彼らに任せるのです。

『7つの習慣』で有名なスティーブン・コヴィーは、この考え方が重要であると言っています。ともすると上に立つ者は、部下よりも自分のほうが現場や実務もよく知っていると思ってしまう。それにより健全な上下関係が崩れていくのです。

そうではなく、餅は餅屋で、方向や方針を明らかにしたうえで現場のプロに任せるべきなのです。だからあえて、Ｗａｙも事細かなＷｈａｔも語らず、彼らのもう一階層下にいる末端の部下にも指示を出さないのです。

ただ、組織のトップは中間管理職に指示を出すだけであれば、末端に至るまでの言葉のリレーとなり、連想ゲームよろしく、途中で誤解が入り込みがちです。そうしたノイズが入らないためにはどうすべきでしょうか。

その答えが、**「簡単明瞭」な指示**なのです。

難易度が高い問題や、一刻を争うスピードが要求される場合は、プロに任せる。だから方法（Ｗａｙ）は語らない。方法は下にいる「プロの中間管理職」が考えればいいのですから。また、指示が伝わる過程で誤解が生まれないために、事細かなＷｈａｔも設定しない。代わりに、誰が聞いても同じように理解できる、簡単明瞭な言葉とする。

それが「骨太」の意味です。

## 骨太方針への肉付けのリレー

**問7**は、本来組織とはどうあるべきか、そして階層ごとに何をすべきかを考えるために設定したものです。

組織には、社長―役員―事業部長―部長―課長―係長と階層ごとにリーダーがいます。

図表22） **階層とリーダーのあり方**

大企業の場合、社員は数万人にもなるので、それぞれの階層のリーダーにリレー方式で指示を伝達してもらうことになります。

そのリレーがスムーズに行われ、また、**中継するリーダーの専門性や現場勘により、骨太の指令が各階層・部署にふさわしいかたちに肉付けされていく**。これが理想です。

この流れのなかで、各階層のリーダーの仕事は基本的に同じです。

**上の人から来た「骨太な指示」に対して、自分の専門性・部署の特性を考えて肉付けをする**
**それをさらに下にいる人に「骨太で簡単明瞭な指示」になるようにして伝える**
**Ｗａｙや細かなＷｈａｔは、自分より下の人に肉付けをしてもらう**

この繰り返しで、骨太な大目的は保たれ、そして実行可能な詳細指令がかたちづくられていきます。

**大義（大元の骨太方針）を守る**
**自分の階層に合わせた肉付けをする**
**ただし、下から見ればその肉付けされた指示でさえ「骨太」で肉付けの余地がある**

これが、階層と階層ごとのリーダーのあるべき姿といえるでしょう。要は、「俺は上の言うことをわかりやすく言い直したから、あとはお前たちが細かく肉付けしろ」の連鎖です。

このリレーがスティーブン・コヴィーの説く「権限委譲（エンパワーメント）」です。

こうしたリレーができる組織は、経営の大目的がすみずみまで浸透し、しかもリーダーが細かな設計をする必要がないので、浸透のスピードが速い。さらにいえば、詳細な方針はつねに実務をよく知る下の階層に委ねられるので、現実感に富んだソリューションがつくられていきます。

**問7**でいえば、作戦の大目的は、「10時間踏ん張る」「全員で帰ってくる」という2つに絞られました。そのため中隊長は「5小隊のやるべきこと」を指示し、あとは「小隊長が詳細指示を出せ」ということなのです。

## 本筋は外さず、それぞれが最適な判断をする必要性

**問7**の状況では、中隊長は、本隊に意思決定を仰ぐことはできません。

川の橋が脆弱なことや、前面の敵の状況、周囲の地勢などは、本隊ではまったくわからないし、何より時間がないのです。だから中隊長が本隊の至上命令（10時間稼ぎ、相手の向きを変え、戦力の分散をはかり、損失少なく帰還する）のなかから、自ら状況判断のうえ、2つに絞

るという意思決定をしています。

このように、上の意思（骨太な指示）を下が自律的にとらえ直すかたちでリレーが進むと意思決定のスピードが増していく。現在のビジネスは複雑で、しかも変化が激しいから、こうした組織ごとの自律性が重要となるのは火を見るより明らかでしょう。

企業は、意思決定のスピードを上げるために、組織のフラット化を進めています。かつては係長→課長→部長→地域統括部長→事業部長→執行役員→役員→社長と階層が8～10段階にも及び、階層ごとに会議が開かれ、合議のうえで末端に指示が出されるという流れでした。

これでは変化の激しいビジネス環境にとてもついていけません。そこで、係長を廃止、地域統括部長も廃止、事業部長は執行役員が兼務、役員は経営ボードに入りレポートラインから外れるというかたちで、階層を4～6に減らすようにしています。これを組織のフラット化といいます。

こうしたフラット化が進むと、階層が減る分、階層あたりの人数は逆に増えます。たとえば、フラット化以前は、事業部長は4人の地域統括部長に指示を出し、地域統括部長はそれぞれ5人の部長に指示を出すというかたちでした。ところが現在だと、地域統括部長がなくなったため、事業部長はいきなり20人の部長に指示を出さなければなりません。フラット化には、階層が少なくなり、トップと末端が近くなる分、一階層の人数が増え、役職者の負担が増すという難点もあるのです。

しかも、かつては部長の下に、副部長、部長代理、部長気付け、部長心得、次長などの「部長もどき」が何人も座っていました。彼らが部長をサポートするため、それぞれの仕事は少なくなり、自分の担当する領域に関しては、課並みの細かい指示出しができたのです。ちなみに、課長のサポート役としても、専任課長、担当課長、課長補佐などの「課長もどき」が何人もいました。

ところが、フラット化によって部長もどきや課長もどきのような余裕ある役職も削減したため、いまの役職者は昔よりも仕事量が相当増えています。

こうしたなかで、上司が末端まで事細かな指示を出すことはもう不可能となりました。代わって、**骨太で誤解なく相手に伝わる方針と、それを受け取る人が自分の裁量の範囲で、指示をより詳細設計していく分業体制**が必要になったのです。

いま日本企業は、こうした変化の途上にあり、ハード面では組織体制をフラットにし、ソフトの部分では骨太な指示型のマネジメントに移行しようとしています。

これは大企業だけにあてはまる話ではありません。ビジネスの複雑さや変化スピードが増しているのは、どの規模の企業でも同じです。規模が小さい企業ではトップに何もかも集中し、社長が疲弊しています。骨太指示で、下に任せるリレーは、中小規模の企業でも重要です。

## 「肉付けした理由」を明確に示す

では、上層部のリーダーが骨太指示を出し、その下の階層のリーダーが肉付けする分業体制で、上下それぞれのリーダーに必要となるスキルや行動とはどのようなものでしょうか。

上層部のリーダーにとっては、簡単明瞭で誤解が生じない言葉で表現する力（＝骨太）が重要となることはすでに述べました。同様に、中下層では、骨子に肉付けをするだけの現場知識、専門性が必要になります。さらに大切なことがあります。

まず、**部下が物怖じせず、ものが言える上司であること**。そうでなければ階層ごとの人数が増えているなかで、部下は質問もできず、指示が埋もれたり誤解されたりします。昔は部長もどきや課長もどきが多数いて、理解不足を補い、不満を調整してくれましたが、いまはそのような存在がいないので、部下の言葉に耳を傾ける姿勢を上司自ら示すことが求められます。

2つ目は、**骨子の要点をとらえる力**。**問7**でいえば、目的の①③④が重要で、②はこの状況では捨てざるをえないということに気づくことです。②を守れば、①③④が不可能となるからです。上から示された骨子は簡単明快ですが、優先順位はあります。そこを見抜き、状況に応じて取捨選択する力が問われます。

最後が、**説明力＝アカウンタビリティ**です。骨太の指示に自分勝手に肉付けしたのでは、上司や会社は困ってしまいます。また、さらに下の階層の人たちも、上司がどうしてそんな肉付けをしたのか理由がわからなければ、自分たちがさらにどんな肉付けをしたらよいかわからなくなります。だから、肉付けした理由をきっちり説明する。第2章で出てきた2つRのうちのReason（理由）です。

**問7**のケースでいえば、なぜ、砲兵は動かさないのかという当然の疑問に対して、重装備で移動に手間取り、退避するときもいちばん時間がかかるから、帰路が短くてすむいまの場所にとどまるのがベストであるという理由を説明しなくてはなりません。

また、なぜ脚力・体力のある若者を両翼に広げるかという疑問も出るでしょう。それに対しては、作戦目的の②を捨てたとはいえ、なるべく陣形を広げて相手を拡散し、被害を最小限にとどめるという目的があります。軽装にしたのはその移動をより楽にさせるためです。

さらに、工兵隊をなぜ退路づくりに専念させたかという問いに対しては、往路で橋幅が狭いせいで渡河に時間がかかったので、退却をスムーズにするためには橋梁を広げる必要があるから、という理由を示します。**自分が肉付けしたことに対しては、このように必ず説明責任を全うする**のです。

部下の中尉は、連隊長の判断根拠をもとに、さらに詳細な計画の肉付けを行います。たとえば、工作隊の中隊長は11時間という制限のなかで対処すると意を決します。実際、橋の拡幅に着手して11時間では無理とわかれば、筏をつくるとか、近くの農家から水に強い家畜である水

図表23）「骨太⇔肉付け」リレーのルール

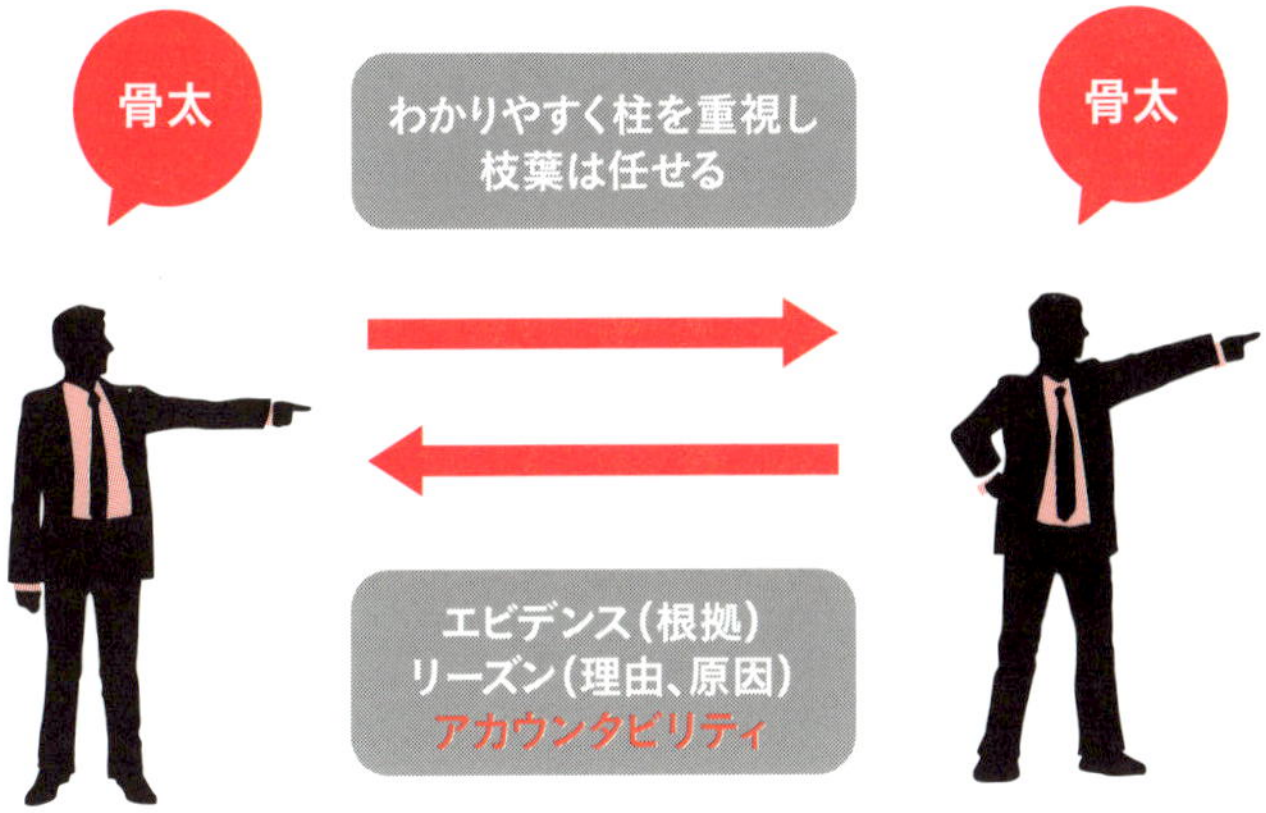


牛を調達するといった時間内で対処可能な代替案を考えるでしょう。それも11時間という根拠が示されているから可能になるのです。

大事なポイントをおさらいしておきます。

## 証拠と理由＝アカウンタビリティがマネジメントの質を上げる

**上司の骨太指示に部下が肉付けする**
**その間の交流は「アカウンタビリティ」を通して行う**

判断理由がしっかり示されていれば、結果が成功でも失敗でも、それは仮説のどこが優れていたか、または間違っていたかはっきりわかります。

それが、リーダーのとるべき思考法です。判断の根拠についてのコミュニケーションが徹底されると、部下からの報告を精査するのも楽になります。

雑多な事象を多々並べる部下は厳しく叱り、つねにエビデンス（根拠）とリーズン（理由、原因）をつかむ癖をつけさせる。そうすれば、情報はスリムになり、頭のなかに蓄積していけるので次に生かせます。このような日常のやりとりを通じて、上下ともに情報収集・整理力と判断力が磨かれていくのです。

ここで述べた上下関係は、欧米型組織の得意とするもので、日本人は苦手です。有能な上司に出会った部下が一方的に惚れ込んだり、優秀な部下を上司が依怙贔屓《えこひいき》したりして、説明責任抜きの馴れ合い関係が日本企業では醸成されがちです。これはまったく成長が望めないサイクルです。上司が出した骨太指示を部下に肉付けさせ、その過程で判断理由をしっかり説明させるというやりとりが日常的に繰り返されてこそ、将来の決定に重要な影響を及ぼすような事実や事例が共有され、各人の判断能力が増強されていくのです。

3・2

# 「任せたよ」「ほい来た」の上下関係はどうつくるか

## 組織活性化にも公理が存在する

前節でお話ししたような、「骨太の指示を出す」「それに肉付けをする」という上下分業が成立する条件とは何でしょうか。

スキルとしては上司には、簡単明瞭で誤解が生じないような、骨太の言葉を伝えるコミュニケーション力、部下には、実務に詳しく、現実的なソリューションを考えられるような専門性が求められます。さらに物怖じせずものが言い合える上下関係と、アカウンタビリティ（判断根拠の説明可能性）が明示されたコミュニケーションも欠かせません。

これらのスキルや環境とは別に、組織心理学上、もう1つ大切な大前提があります。それは、**「任せたよ」「待ってました！」という状態をつくる**ことです。

この「待ってました！」という下部階層を経営学の専門用語では「自律活性化した組織」などと呼びます。

会社という組織の末端は課という単位です。ここが活性化していれば、各階層のリーダーは、安心して骨太な肉付け作業をリレーしていけます。

では末端組織を活性化させる秘訣は何でしょうか？

個人については、第1章、第2章で示したとおり「内発的動機を高めるサイクル」という公理がありました。そこから、「階段を刻むこと」「踊り場で遊ばせること」が中間定理として導き出されます。

組織にもそうした公理のようなものが実はあります。

問8

## やる気の出る組織とは

あなたは、部下が15名いる少し大きめの東京営業課を任される課長です。

今回の経営計画で、東京営業課は、目標を一挙に20％上げるべきだ、という打診が出ています。そのかわり、経営からは、目標達成した場合は、ボーナスを20％アップするという交換条件も提示されています。

ところが、部下たちは現状でも目標数字が大きすぎ、オーバーワークでへとへとです。

こんな状態のときにあなたならどうしますか。

以下のなかからいちばん近いものを選んでください。

❶ 東京営業課は大企業担当チーム、中小企業担当チーム、代理店統括チームの3つに分かれている。このそれぞれのチームリーダーと意見交換し、彼らの意見も十分取り入れる

❷ 東京営業課は、情に厚いAさん、頭脳明晰なBさん、庶務のベテラン女性社員Cさんの3人が影のリーダーとなり、それぞれ派閥を率いている。この3人と意見交換し、彼らの意見も十分取り入れる

❸ 東京営業課の末端にいる社員のうち、ランダムに数人の意見を聞き、彼らの意見も十分取り入れる。同時に彼らと顧客先に赴き、顧客の意見にも耳を傾ける

## マネジメントのパラダイムチェンジとなったホーソン実験

結論からいうと、正解は②です。

長らく会社組織で生きてきた人には少々違和感のある答えではないでしょうか。

人事管理の鉄則として、ワンマン・ワンボスという定理があります。これは、部下はつねに自分の直接の上司から指図を受けるということであり、その上司を飛び越えて、さらに上の上司や隣の課の上司からは、指図を受けてはいけないというものです。

これに従えば、問8の課長は組織のなかでは「チームリーダー」を通して末端のスタッフに指図することになるわけで、このリーダーを差し置いて他の人と意見交換すべきではないと考えるのが普通でしょう。

また、先ほどまでの権限委譲のパートでは、上司はすぐ直下の部下に骨太方針を投げ、彼らが肉付けをして、その下にまたリレーすべき、とも書きました。その話からしてもやはり、この質問では課長は、その直下の3人のチームリーダーに骨太方針を投げるべきと考えられます。

とすれば、答えは①になるはずですね。

では、どうして②なのか。

答えの解説に入る前に重要な前置きをしておきます。

前章では、スムーズに戦略を肉付けしていく流れを書きました。今回ここで書いているのは、「ほい来た」と前向きに受け止める組織づくりについてです。この2つはまったく別次元の話なのです。問8は、上司のいうことを前向きに協力的に受け止める組織風土をどうやってつくっていくかについて考えていくためのものです。

問8は、じつは人事管理の世界では有名な「ホーソン実験」の結果を応用したものです。8年にわたり3回繰り返し研究が行われたこの実験は、マネジメントにコペルニクス的転回をもたらしたといわれています。

最初の実験は、1924年に、ウェスタン・エレクトリック社のホーソン工場にて実施されました。この実験の主幹研究者がエルトン・メイヨーです。

## 働く人の気持ちを左右するインフォーマルグループ

この実験のために、社内から優秀な多能工（複数の工程を担当できる人）が集められました。彼らは、ハンダ付→導線にカバーをかぶせる→検査という工程に分かれ、製品づくりを任されます。

当初、実験は、物理的条件を変えながら行われました。たとえば、温度を寒くする、暑くする、照明を暗くする、明るくする、休憩時間を短縮する、長くする、睡眠を短縮する、食事を少なくする、といった具合です。その結果、条件をよくしていくと生産性は上がっていくことがわかりました。

ここまでは、想定どおりでした。さらに実験を続ければ、最適環境にするためには温度や明度をどこに設定すればよいかがわかるはずでした。ということで、今度はその物理環境をどんどん悪くしていったのですが、生産性が一向に落ちなかったのです。

この予期せざる実験結果の裏にあったのは、**生産活動には働く人の心理的側面が大きく関わ**

っているということでした。効率的で無駄のない作業のやり方を提示し、きっちり休みをとらせ、快適な環境で仕事をさせれば生産性は高く保たれるはずなのに、逆に生産性が下がっていくことはよくあります。これは働く人の気持ちが後ろ向きになっているからです。

ただ、集団のなかでさぼるのは勇気がいりますから、サボタージュは個人の気持ちだけでは始まりにくい。働く人の気持ちを行動にまでかりたてるものは何でしょうか。

そこを調べていった結果、たどり着いたのが、「インフォーマルグループ（非公式集団）」というものの存在でした。

たとえば、会社のやり方に文句があるからといって、個人で組織に立ち向かう人は滅多にいるものではありません。たった1人でストライキを行うには、とてつもなく強い精神力がいりますし、そんな行動は無視されて終わるだけです。

ところが、気の合う仲間、感性が似た者同士が寄り添い、同じ不満をぶつけあう関係が続けば、集団の力を利用して、組織の方向に異を唱えることに対して相当ハードルが下がります。

このように、感性や愛情や畏怖などの「気持ち」を共有することで自然発生したグループで、構成員の相互に信頼感が保たれている場合には一致団結した行動をとるようになります。

こうした、人間関係を軸につながり、それが行動や思考、感情までをコントロールするようになった集団を、インフォーマルグループと呼びます。部や課といった会社の公式（＝フォーマル）な組織に対する言葉ですね。

ここまでを整理しておきます。

ホーソン実験が示しているように、物理的条件や、金銭などの外部誘因などで人々の生産活動をコントロールしようとしても限界があります。ホーソン実験では、条件を悪くしても生産性が上がるという、真逆の結果さえ見られました。

この状況を説明するために観察を続けた結果、物理的条件、外部誘因とは別に、生産活動には人々の心の状態が大きく関係していることがわかりました。

では、人々の気持ちは何によって左右されるのか。それには、そこで一緒に働く人間たちの相互作用、すなわち人間関係が大きく関与していました。

そこでメイヨーは、この人間関係というものを研究の対象とします。そうして行き着いたのが、インフォーマルグループだったのです。実験途上で工員たちは、何の指図も受けないのに派閥のような非公式組織を生み出している。そのなかで彼らは感情を吐露し、その場の空気から影響を受けて心の持ち方を変えている。**合理的条件や外部誘因などでいくら生産活動をコントロールしようとしても、インフォーマルグループのつくる空気には勝てなかった**のです。

この点について、第2章に出てきた大沢武志は、著書『心理学的経営』のなかで、次のように説明しています。

「組織という集団のなかでは、組織の論理にしたがって、人間は自らの考えを次第に押しとどめるようになってしまう。そうして没個性となった個々人が、人間性を取り戻すためには、インフォーマルグループが必要なのだ」

人間が感情の生きもので、それぞれがそれぞれの個性を持つから存在意義があるのだとすると、組織のなかでそれを回復させるためにはインフォーマルグループが必要不可欠になります。

一方で、インフォーマルグループは加入を強制されるような類のものであってはなりません。なぜなら、自らの意思とは関係なく加入した場合、それは会社の部課に配属される場合と同じで、処遇に対する不満がわいてきたり、受け身の姿勢が生じたりするからです。

インフォーマルグループは、あくまでも自発的にそこに加入すべきものであり、できれば、その組織に明確な目的が定められていないほうがよいのです。目的が定められていると、その「目的」に引っぱられてよく考えずに入ってしまうこともあるからです。

## インフォーマルグループとのよい関係づくり

会社のなかのインフォーマルグループには、代表的なものとして、「派閥」とか「同期会」などが挙げられます。

たとえば、営業部門には事務アシスタント的業務をしている女性が多くいます。彼女らは仲良しグループを形成して、庶務会・女子会的なものができるケースがしばしば見受けられるでしょう。

日頃から、アシスタントに無理難題を押し付ける課長に対しては、同じグループに属する多くの女性たちから反発が生じることがあります。こうした集団のなかでは、愚痴が共有され、相談がなされ、励まし合いが生まれます。これらのコミュニケーションを通じてそこに属する人の心や行動が大きく左右されます。

ホーソン実験は、会社のなかで自然発生的に生まれるこのインフォーマルグループが、働く人たちの心を大きく左右しているという現象を明らかにしました。**インフォーマルグループを健全な状態に保ち、経営の目指す方向と歩調をそろえられれば、そこに属する人の心は前向きになる**のです。

## 3つの条件でインフォーマルグループは健全化している

では、インフォーマルグループを健全な状態に保ち、フォーマルな組織と協力関係を築くにはどうしたらよいのでしょうか。

ホーソン実験を通じて、健全で前向きなインフォーマルグループの特徴がいくつか明らかにされています。

①**自発的に組織化**されている
構成員もそのなかの上下関係も、どこからの圧力も受けずに、個人の感情や意思によってつくり上げられていること

②**グループに属することに、誇りを持っている**
ホーソン実験では社内から優秀な人間が集められたという自負心。一大研究がなされているという意義。そして、その結果をみんなが注目しているという視線。グループ内に、こうした「誇り」を高めるような要素があった

③**公式な組織のリーダーから裁量を与えられている**
ホーソン実験はあくまでも実験だったために、部課のような命令系統が脆弱で、インフォーマルグループに組織運営の多くを委ねていたことが、生産性向上に寄与した

要は、**①自由意思で組織され、②誇りを持ち、③運営を任された集団は強い**ということです。
ここで**問8**を思い出してください。ホーソン実験の結果を踏まえてインフォーマルグループに働きかけるのであれば、正解は①ではなく②となります。

ホーソン実験以前は、ノウハウやマニュアルや生産計画の善し悪しや、給料やインセンティブ、もしくは上司の指導力といった、集団の外の条件（明暗などの物理条件もその1つ）が生産性を決める要素だと思われていました。ところが、ホーソン実験では集団を構成する人たちの心の持ち方と、そこから生まれるルールや作法が、組織の生産性を大きく左右しました。これ以降、マネジメント研究の関心は、「外の条件」から「中の関係性」へと主役交代がなされました。これがホーソン実験の意義です。

## 結局、リーダーが配慮すべきことは何か

ただ、組織内で自然発生的に生まれたグループにすべてを任せれば、生産性がもっとも向上するというのであればマネジメントは不要になります。しかし、インフォーマルグループはその名のとおり、自然発生的なもので、参加者の「心」には影響を与えますが、事業遂行能力を持つわけではありません。とすると、事業運営のイニシアティブはあくまでもフォーマルグループが持ち、インフォーマルグループには「心」の部分を委ねるというよき分業体制が必要となります。

そのためにリーダーは何をすべきでしょうか。

ホーソン実験の教訓を現実に着地させると、以下のようになります。

①部下を、**規則、ルール、計画で縛りすぎず、自律的運営ができるようにする**

②部下たちの声を取り入れるために、**インフォーマルグループとよい関係を築く**

③反発の強そうな方針を打ち出すときは事前に**インフォーマルグループに打診し、意見を取り入れていく**

つまり、健全なインフォーマルグループを支援し、彼らの意見を取り入れながら柔軟に部課の運営を行うべきなのです。部や課には必ずインフォーマルグループが生まれます。そうした存在にまったく無関心で、「部下は俺の言うことを聞け」ではうまくいきません。**インフォーマルグループを味方につけ、部下の本音を吸収し、また、こちらの指令の緩衝材にもなってもらう。そういう配慮が必要**なのです。

あなたは、自分の周りにどのようなインフォーマルグループが存在しているか、気づいていますか？

それらのグループの実力者は誰だかわかっていますか？

その実力者と、パイプを築いていますか？

## 経営、政治、外交、すべて「インフォーマルグループ」がカギを握る

将来役員や経営者になったときも、このインフォーマルグループを味方につけるということは重要です。

もっと視野を広げれば、政治の世界であれば「国対（国会対策）」という名のインフォーマルグループが党派を超えて調整役を引き受けています。国際関係の駆け引きでも、チャイナスクール（親中国派）やロシアンスクール（親ロシア派）などが水面下で攻防を繰り広げています。

「根回し」とか「下地ならし」などと呼ばれるこうしたインフォーマルグループを巻き込んだ調整、かけ引きはどんな世界でも必要です。

社内政治というとネガティブなイメージがありますが、それが人間関係を良くも悪くも、生産性をも左右するのです。

とはいえ、要望ばかりを突きつけるような身勝手なインフォーマルグループが相手だと、リーダーが彼らと協力関係をつくっても、マネジメントは機能しません。また、インフォーマルグループの実力者がよこしまな人物であれば、協力関係を築くこと自体が危険ともいえるでしょう。

さらに、たんなる不平不満のはけ口で、統率もとれていないようなインフォーマルグループとは協力関係を築く意義もありません。

これらのことには重々注意が必要です。

つまり、**協力に値するインフォーマルグループとそうではないインフォーマルグループがある**ということです。

## よいインフォーマルグループがないときはどうするか

では、よいインフォーマルグループがないときはどうすればいいのでしょうか。

ここで逆転の発想です。そういうときは、よいインフォーマルグループをつくってしまえばいいのです。

じつは会社が「よいインフォーマルグループ」をつくるような努力をしているケースもあります。その一例が、小集団活動です。

有名なのは、製造業の工場などで行われているTQC運動のQCサークルでしょう。他にも、たとえば経営提言活動や新規事業発案制度などを設け、そうした制度に応募するとき、1人ではなく、何人かのグループをつくらせる方法などもあります。同様に、会社の課題解決プロジェクトや、方針や理念を浸透させるプロジェクトに、自主的に小集団をつくって取り組ま

図表 24）　ホーソン実験は企業経営をどう変えたか？

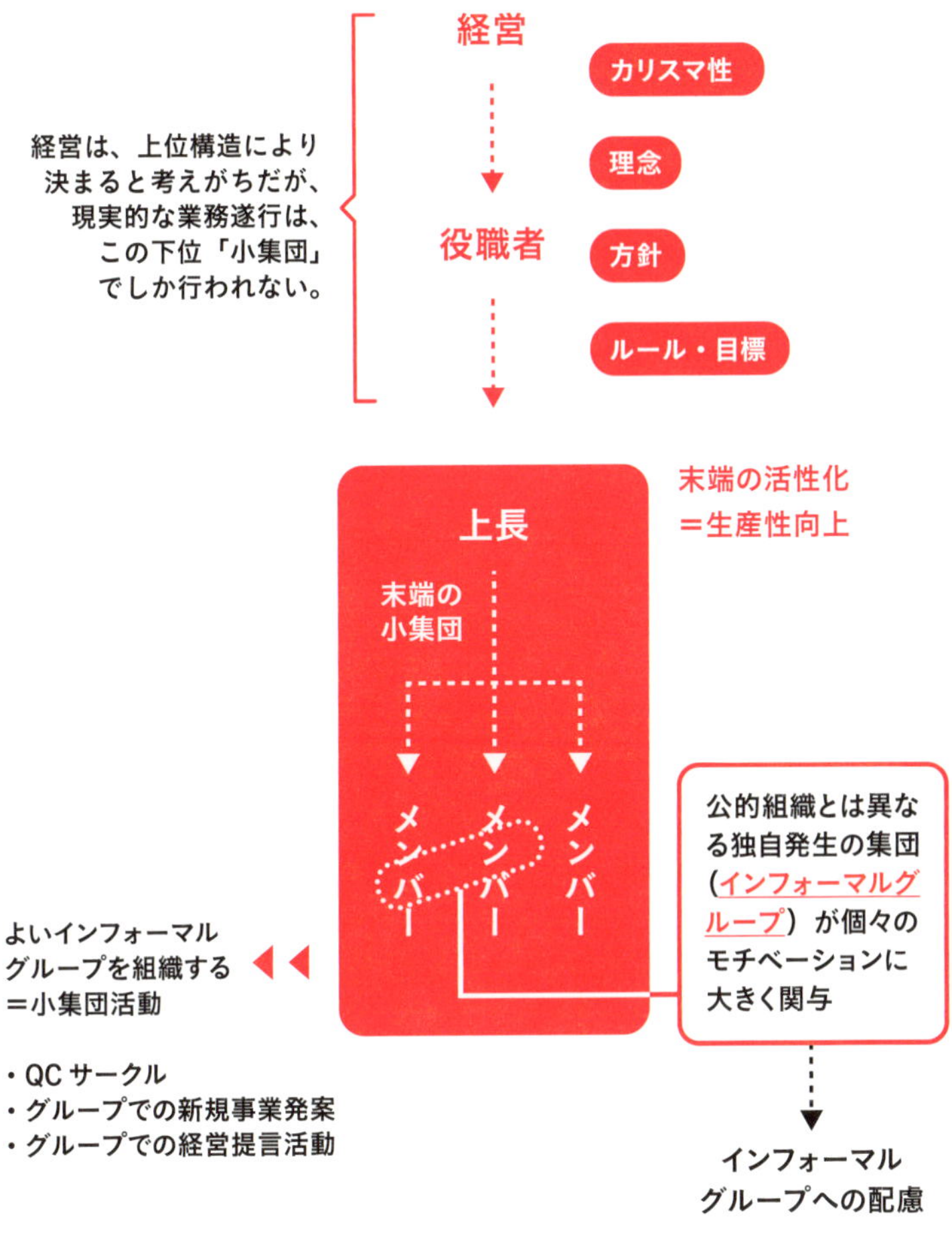
経営
カリスマ性
理念
方針
ルール・目標
役職者
経営は、上位構造により
決まると考えがちだが、
現実的な業務遂行は、
この下位「小集団」
でしか行われない。
上長
末端の
小集団
メンバー
メンバー
メンバー
末端の活性化
＝生産性向上
公的組織とは異なる独自発生の集団（インフォーマルグループ）が個々のモチベーションに大きく関与
インフォーマル
グループへの配慮
よいインフォーマル
グループを組織する
＝小集団活動
・QC サークル
・グループでの新規事業発案
・グループでの経営提言活動

せるケースもあるでしょう。

このように経営とベクトルのそろう小集団をうまくつくり、リーダーが彼らと協力関係を築いていけば、マネジメントはより機能するようになります。

ただ、最近ではこうした小集団活動の意義を半分しか理解していない経営が多いのも事実です。要は小集団の構成員がある方向に頑張ることで組織が活性化されることと、そこから成果物が出ることだけしか期待していないのです。

本当は、この集団とマネジメントがよい関係を築き、そこから部下たちの本音を吸収し、この集団に上司の本音や方針の骨子を伝えて、反応を見たり、意見を取り入れたり、そこで決まったことをさらに周囲へ伝えてもらうというもう1つの機能があるのです。これはすでにお話ししたことですね。

こうしたマネジメント手法はインフォーマルな、本線ではない、という意味で「バイパス管理」とも呼ばれます。

## 課長こそ、思いきりインナーグループを活用できる！

会社とは、経営が方針を決め、その枠組みのなかで、言われたとおりの行動をしなければならないと考えがちですが、現場に近くなるほど枠組みは緩くなり、実際にはかなり自由が認められています。

たとえば、部にいくつの課を設けるかは経営が決めます。同じように、課に何人のメンバーを配置するかも経営と人事が決めます。

ただ、課のなかをどんなチームに編成するかについては、課長に委ねられます。会社が決めるのは「課」という単位までで、それ以下についてはかなり自由に設計ができるのです。

ルールや制度などについても同じです。

たとえば、課長より上になると、提案、報告、意思決定、伝達などはすべて、課長会議、部長会議、事業部長会議などを通して行われ、そこでは定型のフォーマットに沿った書類が必要となります。当然、その会議のサイクルや承認の取り方なども事細かにルールが定められています。ところが、課内では会議や書類の形式は自由です。

お気づきでしょうか。

課長のリーダーシップにより、班のような組織分けも、提案・報告・合議の段取りも、日々のル

図表 25) 「ホーソン効果」は既存組織でも再現できる

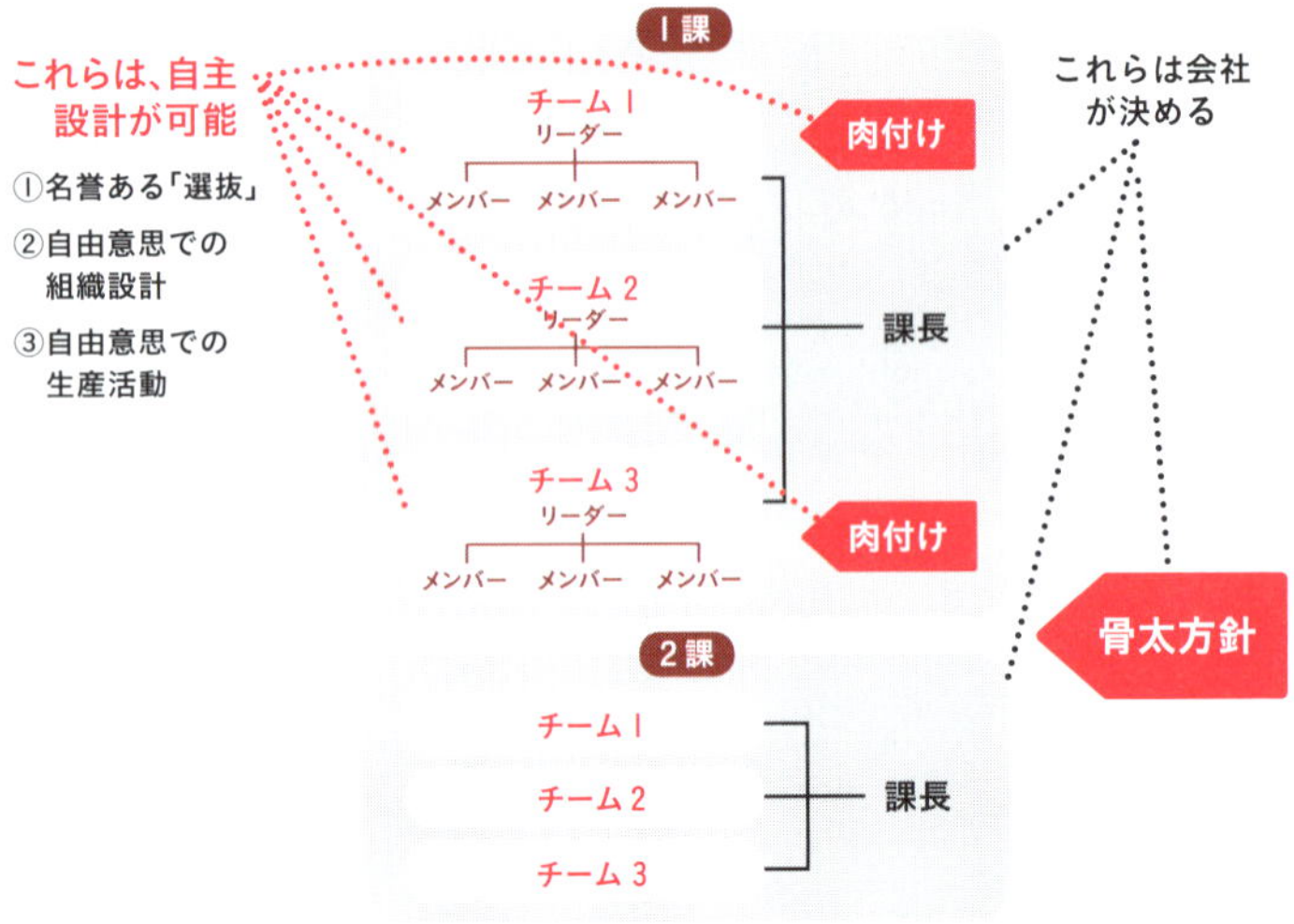


ールも、ほとんどが決められるのです。

課長が窮屈だと考えてしまうのは、隣の課や上の部長との関係であって、課内はまったく自由。班分けも業務ルールも会議スケジュールもすべて、課長次第なのです。こんな自由さを持つのは、組織のなかで経営者と課長くらいでしょう。

このことに気づけば、課長という立場で、その権利を十分に発揮しておかない手はありません。そこで柔軟な発想により課の運営に腕をふるった人は、経営層に入ったときも、その権限をうまく使えるでしょう。

課のマネジメントでは、まず、風土づくりが重要だと、第2章で書きました。部下に「自由に発想しろ」と言っても、ふだんから失敗に厳しいマネジメントをしていたらメンバーは萎縮して自由には動けません。自由な発想を促すために「新しい提案に対してはまず、いいね、と答える」などというルールをつくるのは課長の裁量で可能です。

続いて、課のメンバーに自発的に考え、動くのを促し、「任せた—ほい来た」の関係を実現することを考えてみましょう。そのためにはインフォーマルグループをフル活用するような、課の運営体制を構築するのが近道です。

たとえば、庶務のキーマンにパイプをつくる。営業の若手のエースを相談役にして、経営から打診された事項を精査してもらう。これらは誰の許可もとらず、すぐにとりかかれることです。

ホーソン実験では、自主的に出来上がった班に生産活動を委ねたところ、その生産性が向上していきます。つまり、インフォーマルグループそれ自体を、小さな組織にしてしまうと、業績が伸びるのです。

ならばそれも課のなかで実現してはどうでしょうか。

たとえば課内を顧客規模や作業手順などにより、いくつかの班に分け、そこに自由意思でスタッフが所属し、さらにその班長も自然発生的に生まれた人に任せてみるのです。

繰り返しますが、そういうことができるのは課長だけです。部長や事業部長は、配下の組織をすべて人事と経営に決められていて、自分の意思で自由にはできません。

課長のときこそ、組織を自由に編成するという練習を存分にしておくべきなのです。そうすれば、将来あなたが経営層に入るとき必ず役に立つでしょう。

## スティーブン・コヴィー（1932〜2012年）経営コンサルタント

1960年代までの古典的リーダー研究では、「偉人たちは、能力、性格、体力、体格などの人物特性でどんな共通点があったか」に注目が集まっていました。ただその結果、見出されたものは少なく、そこから「グレートマンズ・セオリー（偉人の法則）の破たん」が叫ばれ、リーダー研究は一時期、袋小路に入りこみます。

その後、70〜80年代は、特定の分野で成功するリーダーの共通性、企業の状況に応じてパターン化した成功するリーダータイプ、というように、条件を絞る方向に進みましたが、ここでもそれほど大きな研究成果は見出されませんでした。こうしたなかでコヴィーは、リーダーの人物特性ではなく、行動や努力、考え方などの共通性に着目しました。いまや古典ともいえる著書『7つの習慣』では「誰でも、7つの習慣を身に付ければ、リーダーとなれる」と説いた。そこに挙げられた習慣は誰もが容易に理解し、実践できるものでした。「人物特性ではなく、経験や習慣に共通性がある」という方向性は、モーガン・マッコールの「ハイ・フライヤー」（経験の共通性理論）にもつながっていると考えられます。

## エルトン・メイヨー（1880～1949年）とフレッツ・レスリスバーガー（1898～1974）オーストラリア出身の心理学者、アメリカの心理学者

ホーソン実験を行ったことで知られています。ホーソン実験とは、シカゴ郊外にあるウェスタン・エレクトリック社のホーソン工場において、1924年から1932年まで行われた一連の実験と調査です。

途中から当時ハーバード・ビジネス・スクールに在籍していたエルトン・メイヨーとフリッツ・レスリスバーガーらが研究に加わり、面接調査、バンク配線作業実験などの研究が行われました。その結果、労働者の作業能率は、客観的な職場環境よりも職場における個人の人間関係や目標意識に左右されるのではないかという仮説が導き出されました。また、メイヨーは集団内には非公式組織が存在すること、非公式組織内の仲間意識や規範が作業能率に影響を与えることを突き止め、ここから人間関係論が展開されます。大変有名な実験ですが、手法や解釈をめぐって批判や異論も多く、評価は定まっていません。とはいえ、このホーソン実験が経営管理に大きな影響を与えたことは否めないでしょう。

20世紀初頭にフレデリック・テイラーが唱えた科学的管理法（効率化、マニュアル化、統計管理など）は、長らくマネジメント理論の主流でしたが、ホーソン実験以来、人間関係論が注目されるようになります。科学的に合理的条件を見出し、マニュアル化することですべ

てが決定づけられるとする実証主義的なテイラーの経営管理の盲点に斬りこんだからです。

多くの社会科学的な学問は、テイラーのような実証主義的な合理的条件探索と、そのアンチテーゼとなるホーソン実験のような人間同士がぶつかる非合理的な人間関係研究との間で、弁証法的な進化を続けてきました。学問としては比較的新しい経営管理は、ホーソン実験が行われたころにようやくその第一ラウンドのゴングが鳴ったといえるでしょう。

この後も、マズローの登場で人間の欲求という合理性の対極にある概念が紹介され、それが実証主義的に批判されたり、逆に、客観合理的なリーダーの特性条件が否定されてコヴィーが説く経験・行動面に光が当てられたり、マイケル・ポーターの競合分析（合理的条件）にゲイリー・ハメルとC・K・プラハラードがコア・コンピタンス理論で対抗したりと、合理と非合理の2つのアプローチのせめぎあいは、本書登場の識者間でも多々織りなされることになります。

第4章

# 指令や判断の根源がコア・コンピタンス

マネジメントをテーマに、第1章と第2章では部下を持ったときにどう接するか、第3章では組織のなかでリーダーは何をすべきかを書きました。第3章について少しおさらいをしておきましょう。

階層構造になっている組織の結節点で上下の階層のリーダーが情報交換します。その際、つねに上からは「骨太＝間違いようのない簡明な指示」を出し、下はそれに肉付けをし、「アカウンタビリティ＝判断理由とその根拠」を示す。この繰り返しでさらに下の階層に対して骨太の指示を出し、下はまた肉付けとその説明をする。そのような情報のリレーが続いた最末端＝現場で指示が実行される。そこまでが第3章の前半でお話ししました。続いて、実行の際、現場の人間の心理が非常に大事になってくるので、ここを活性化する必要がある。そのためにインフォーマルグループを活用する。これが第3章の後半でした。

ざっというとこんな話でしたね。でもこれだけだと粗雑さを感じませんか？

こうして個人と組織が活性化すれば、企業はどの方向へも行けるのかといえば、それは無理です。組織には必ず得手不得手や癖があります。それらを無視して「骨太の方針」をいくらつくったとしてもそれは絵に描いた餅に終わるでしょう。

とすると、上司が示した骨太な方針が、そもそも組織の得手不得手に合っているかどうかが重要となります。それはどうやって判断するのでしょうか？

そう、すべての指令や判断の根拠となる「得手不得手」を考えねばなりません。これはいわば会社の存在理由ともいえるものです。それが「会社の強み＝コア・コンピタンス」です。

# 事業内容とコア・コンピタンスはまったく別物

ここからは、「会社の強み」について具体的に考えていくことにしましょう。
まずは次の質問にチャレンジしてみてください。

問9

## 強さの根源

台湾をはじめとした東南アジアには、日本発のコンビニエンスストア（ＣＶＳ）が数多くあります。もともとＣＶＳはアメリカで誕生した形態であり、東南アジアへの進出もアメリカ本部のチェーンが先行しましたが、現在は日本のＣＶＳが圧倒的な優位にあります。なぜでしょうか。

## 「日本型のきめ細かいサービス」は物足りない答え

研修やセミナーでこの問題を出すと、以下のような答えが多く見られます。

❶欧米のチェーンには、日本のチェーンのような地元密着型の商品開発力がない。季節や地域などを考えて顧客の嗜好に合わせた商品を提供する日本の強さ

❷アジアということで日本と国民性が近い。麺類、ご飯類、お惣菜などコンビニ食の大半が日本のメニューの応用でつくれる

❸物流網やPOSシステムなどの流通インフラに関しても、日本でのノウハウをまるごと提供するため、日本型が強い

❹フランチャイジーへの指導や支援が、日本のほうが充実している

整理すると、商品開発力、物流インフラ、指導・支援力といったハード面で日本のチェーンが有利であり、そこに、国民性が近いという「地の利」が加わって日本が勝っている、ということになりそうです。

実際、関西学院大学で流通サービス業の国際化を研究している川端基夫教授の著書などでもこうした指摘はされてきました。たとえば、某欧米系CVSが韓国に出店したときに、指導がほとんどされなかったために、その韓国の店舗オーナーたちは、日本のCVSに大挙して見学ツアーを組んだという話も紹介されています（『日本企業の国際フランチャイジング』）。それくらい③や④の面で日本のチェーンはきめ細かなサービスを提供しているということでしょう。

しかし、もしこれが強さの根源であったのならば、まったく同じ強みを持つイオンやイトーヨーカドーなどの日本の大手総合小売店（GMS）も、同じようにアジア中で欧米系を駆逐していたはずですが、こちらはそこそこで終わっています。

なぜCVSでは完勝だったのにGMSでは、つばぜり合いが続くのか。

それは、CVSには日本ならではの素晴らしい「強み」があったのに、GMSにはそれがなかったということになります。

## 「いつも便利」なのにお客がいなくなった

では、日・米のCVSの強みは、それぞれどう異なっているのでしょうか。もう少し細かく見ていきましょう。

アメリカのコンビニエンスストアの強みは「24時間いつでも便利」なことに尽きます。コンビニエンス（便利）という名称そのものが「強み」を示しています。しかし、このことを推し進めた結果、アメリカのCVSはどのように変化していったでしょうか？

「便利」だけが取り柄であれば、夜中や早朝に、用事があったときに、さっと立ち寄るだけのお店になっていくでしょう。そうすると、店は開いているけれど、夜半過ぎにもなるとたまに人が来るだけの状態となってしまいます。その結果、強盗に狙われることが増えてきます。

そうすると、店側はどんな対策を講じることになるか。

まず、レジに硬質プラスティックで囲いをつくり、お金を出し入れする部分だけが窓になって開いていて、なかに容易に入り込めない構造にします。それはタクシーの後部座席と前部がプラスティック板で仕切られているのにも似ています。こうして客と店員とのコミュニケーションもほとんどなくなると、ますますお客は買い物を終えたらすぐ帰るようになります。その結果、店に店員しかいない時間が長くなるので、強盗はさらに盗みを働きやすくなります。そうすると店はさらなる対策を考えます。たとえば、外から見てなかで何が起きているかすぐわかるよう、ガラスに貼ったデコレーションのステッカーを剥がす。すると店内は殺風景で殺伐とした雰囲気になります。そのため、ますます人が遠のく。そこで、また強盗に狙われやすくなる……。

つまり、「便利」を強みとした結果、こんな悪循環に陥ってしまったのです。

## ＋αが好循環を生む

一方、日本のＣＶＳはどうでしょうか。

「いつでも便利」は当たり前ですが、日本のＣＶＳにはもう１つ大きな柱があるのです。それは「何か楽しい」ということ。

・マチのほっとステーション（ローソン）
・あなたと、コンビに（ファミリーマート）
・毎日を、もっとうれしく、もっと豊かに（セブン-イレブン）

3大チェーンのブランドフレーズを見てみても「ほっと」「コンビに」「うれしく」という言葉が並んでいます。

アメリカのコンビニエンスストアは用をすませたらさっさと帰る、もしくは用がなければ行かない存在ですが、日本では夜中一人で寂しくなったらとくに用はないけれども行きますし、夜道を歩いていて不安や恐怖を感じたら駆け込む場所でもあります。そんな心のよりどころとしてコンビニが定着しているといえるでしょう。

じつは日本のCVSはこうした存在になるためにいくつもの工夫を施しています。

まず、本や雑誌が置かれたレーンは通路の幅が若干広がっていることに気づきませんか？ 床をよく見ると、ビニールテープで線が引いてあり、そこから外の分が広くなっているのです。

これは、立ち読みをしやすくするためです。

そして、トイレは自由使用が可能なように開放されています。さらにイートインスペースが

図表26）　同じ事業でもコア・コンピタンス次第で発展の仕方が異なる

アメリカ
いつでも便利
必要がなければ行かない。人が少ない。ホームレスが集まる
犯罪が横行する
レジカウンターに防犯用の囲い、外から見えるように、外壁ガラスのデコレーションをとる
殺風景で殺伐とした雰囲気
ますます人が遠のく
日本
＋何か楽しい
サービスを設計しなおす。（立ち読みスペース、トイレ開放、喫茶スペース、照明UP……）
夜、寂しいときにフラッと立ち寄る
人が集まる
犯罪が減る。売上が増える
このモデルは、世界中で通用するので、アジア各国を中心に、日本のコンビニが発展

どんどん拡充している。そうしてトイレ利用や立ち読みやイートインでおしゃべりしているときに、店内放送が流れてきます。

地元のおいしい食材を利用したその地域ならではの惣菜。有名食堂とコラボでつくったお弁当。大手メーカーがテスト販売している期間限定の即席麺……。

そんな放送を聞くと、つい購買意欲がそそられる——寂しいときにフラッと立ち寄る人たちを、優しく迎え入れ、そのまま長居してもらう構造が、事業のなかに組み込まれているのです。その結果、いつでも人がいるので、犯罪は起きづらく、ますます「安心感」が増していく。

さらには、店内滞在時間が増え、その結果、売上アップにもつながるという相乗

効果が生まれているのです。

## 同じ日本のCVSでも詳細な強みはそれぞれ異なる

会社の強み、それを少し難しく言うと「コア・コンピタンス」という言葉になります。ではCVSの強みは何でしょう。「24時間いつでも便利」でしょうか？

しかしそれはその業態であるかぎり当たり前のことで、それだけでは他社と差別化ができません。それでも生き残れる場合、何か他にも「強み」があるのです。

アメリカとの比較で、日本のCVSの強みが「24時間便利」ではなく、「何か楽しい」ということにあるのだと気づきました。では日本のコンビニチェーンはすべて同じでしょうか？

そうではありません。

「24時間いつでも便利」な業態、「何か楽しい」、さらにその先に各社個別の強みがあります。

日本のCVSチェーンは、大手流通業を母体とする企業と、大手総合商社がバックにいる企業の2つに大別されます。流通業を母体とするCVSは、物流網の構築がうまいこと、ドミナント（店舗配置の最適化）に長けていることなどの強みを持っています。

そして、巨大な販売網をもとに、プライベートブランド（PB）を立ち上げ、顧客の望む商品をリーズナブルな価格で独自につくり上げることにも長けています。さらにこうしたPB群があることと、グループ内のGMSを含めると大きな購買力があることとで、商品を納入するメーカーに対して、値段や製品開発の面で交渉力があることも強みとして挙げられます。

## 母体の違いで強みも異なる。無理にそれを真似るのは×

一方、総合商社がバックに控えるCVSには、違った強みが存在しています。

商社は、取引先同士を束ねることが上手なので、これがCVS経営にも生きてくるのです。たとえば、店舗内の専用端末でチケット販売をいち早く手がけたり、メーカーと組んで、試験販売や期間限定品、専売品などを随時つくるのが上手です。有名飲食店のライセンス食品などの開発も得意です。

また、先ほど書いたような立ち読みスペースやトイレの開放、店内放送での購買意欲喚起なども総合商社がバックにいるCVSが他を先駆けたといえるでしょう。さらにいえば、CVSに他の事業を合わせた複合的な業態開発にも長けています。たとえば自然派食品を中心にしたCVS、100円均一型のCVS、店内にファーストフードや弁当店、クリーニング店などを併設するジョイント型CVSなどが挙げられます。

同一業種とはいえ、それぞれに強みは異なるということがおわかりいただけたと思います。

さらに大切なのは、こうした強みはそれぞれの会社の歴史や成り立ちとも結びついているので、よそのモノマネを一朝一夕にできないということです。

たとえば、アメリカのＣＶＳが日本型の「何か楽しい」を打ち出そうとしてもなかなか難しい。同様に、総合商社がバックにいるＣＶＳが流通発のＣＶＳのような対メーカー戦略をとることはできないし、その逆に流通発のＣＶＳが、業態開発を望むことも言うは易しです。このことを理解せず、ＳＷＯＴ分析などを使って相手の強みを取り入れようとすると失敗してしまうのです。

4・2

# 本当の強みを知る

## 強みを思い出して復活した企業

会社の強み＝コア・コンピタンスについて、もう少し深掘りをしておきます。

じつは、表面上の強みと、本当のそれは異なります。そこを見誤って業績を落とし、その後、本質に気づいて、業績が回復した事例を１つ紹介しましょう。

その会社はメガネブランド「ＪＩＮＳ」を運営し売上本数日本一となったジェイアイエヌという会社です。

この企業は、もともと、メガネ業界の「消費者無視の構造」に一石を投じることから業績を伸ばし始めました。かつてメガネは１本２万〜３万円以上するものがふつうでした。そのため、メガネを複数持つという発想はなく、一回買ったら最低でも4〜5年程度はかけ続けるというのが常識でした。当然、５年もかけるから、流行などは意識しないファッション性の低いデザインが主流となります。

そんななか、ＪＩＮＳは「メガネを着替える」という提案を始めました。ファッション性の高いメガネを低価格で販売し始め、1回買ったら数年間はつけっぱなしではなく、TPOや気分に合わせてメガネをかけ替えよう！　という新たな常識を提案したのです。

さらに、「納品までに時間がかかる」という問題にも挑戦し、基本はお会計終了から約30分でお渡しというルールを徹底しています。

そうして、早い・安いという原則で、メガネのディスカウンターとして急成長していきました。

ところが、売上本数が業界2位になり、大証ヘラクレス（現JASDAQ）に上場したのち、2008年から業績が伸び悩むようになりました。不調は続き、2009年には2期連続最終赤字、株価は39円で倒産さえ危ぶまれる状態に陥ってしまいました。

## 本当の強みは、安売りではなかった

さて、JINSは事業運営で何を間違ったのでしょうか？

「安売りが強み」と勘違いしたことにあると私は考えています。安いだけが強みであれば、日本全国にくまなく出店した後には、それ以上の業績伸長が難しくなるのは当然です。あとはさらに値下げをして、タコが自分の足を食べるように、利益を減らしていくほかありません。

JINSはそこで、自分たちの本来の強みはそうではなかったと気づくのです。

彼らが行った提案は、**価格破壊ではなく、「メガネの常識破壊」**だったと。

そこから次の一手が見えてきます。

まず「メガネをかけるすべての人に、よく見える×よく魅せるメガネを、市場最低・最適価格で、新機能・新デザインを継続的に提供する」をブランド・コミットメントとしました。

ここからＪＩＮＳは猛烈な常識破壊を起こしました。値段は、フレームと高品質な薄型非球面レンズで４９００円、５９００円、７９００円、９９００円の4プライスのみに設定。さらに業界の本質的な問題、ちょっとしたオプション注文（たとえば、度数が強いレンズを使うとか、薄くするといった）で、値段がどんどん高くなるという悪しき〝常識〟にもメスを入れました。こうしたオプションは一切無料としたのです。

新たな戦略が奏功し、ＪＩＮＳの業績は底を打ちます。さらにＪＩＮＳは大胆に「常識破り」を提案し続けます。それは、**「眼のよい人にもメガネを！」**というまさに常識破壊でした。用途に応じて、視力がよい人もメガネを必要としているのです。たとえば、春先に花粉を防げるメガネ、目の乾燥を防ぐドライアイ対策メガネ、パソコンのブルーライトから目を守るメガネ……。

次々にＪＩＮＳが開発した数々の製品を、みなさんもご存知でしょう。言われてみれば「確かに花粉もドライアイもパソコンも、目がよい人だって困っている」ことはわかります。

ところが、メガネは目の悪い人がかけるという「常識」が邪魔をして、ＪＩＮＳが提案するまで、そのことに誰も気づけなかったのですね。

これがコア・コンピタンスというものの意義です。

「安売り」ではなく「常識破り」こそがＪＩＮＳの原点であり、コア・コンピタンスでした。

それは、事業の表面だけを見ていたら気づきにくいことです。

## コア・コンピタンスの5条件

ここで、この章に関係のある「コア・コンピタンス」理論について触れておきたいと思います。この理論は古典というほどの歴史はなく、１９９４年にゲイリー・ハメルとＣ・Ｋ・プラハラードによって提唱されたものです。

企業独自の強みは次の５つの条件を備えていると彼らは言います。

①他社にはない希少価値（Scarcity）
②容易に真似られないその企業のオリジナリティ（Imitability）
③簡単には廃れない（Durability）
④反発しない方向へなら徐々に変えていくことも可能（Substitutability）

## ⑤他への転用可能性がある（Transferability）

希少価値、オリジナリティについては当然ですが、「簡単には廃れない」というのは、技術、人、取引関係などをこの強みに従って構築すれば容易には廃れないということです。また、「反発しない方向へなら徐々に変えていける」という話は、あとで日本のＣＶＳの例を出してもう一度考えることにしましょう。木に竹を接ぐような唐突な変容は無理でも、自社の強みをよく理解し、新たな方向へゆっくりと歩を進めることは可能なのです。

最後の「他への転用可能性」というのは、強みを生かした新製品、新事業の開拓です。強みは、何度も言いますが「技術力」とか「商品開発力」といった表層上のスキルではありません。たとえば「何か楽しい」（日本型ＣＶＳ）、「改善し続ける力」（後述のトヨタ）のように、もう少し抽象的な概念であるため、かなり適用できる範囲が広くなるのです。

**その強みに従って、新たな商品や事業をつくった場合、いまいる社内人材からは「これならわが社の強みが生きる」と納得を得られ、既存の購買層からも「さすが、○○社！」とブランドの一貫性が受け入れられる**わけです。自社の強みをよく認知し、その強みに従ってなされた顧客提案は顧客の期待に応えます。

ＪＩＮＳの復活劇はまさにそれです。一時ＪＩＮＳが陥った「安売り」という表層上の強みは、コア・コンピタンスの条件を満たしていません（①も②もまったくあてはまらない）。にもかかわらず、ここに力点を置いてしまったために業績が急激に悪化しました。本物の強み、すなわち「常識を破壊する」に気づき、それにもとづいて新製品をつくったところ、顧客が戻り、新しい顧客層も開拓することができました。これが、コア・コンピタンスの特徴そのものです。

## 同業と同じことを言うのでは「強み」とは言えない

自社の強みを定義するのは非常に難しいことです。

たとえば、メーカーに聞けば「技術力」や「優秀なエンジニアがいること」を強みと言うかもしれません。

また、製造直売型のアパレル量販店であれば、「顧客ニーズを読み取る力」「商品開発力」が強みと認識しているかもしれません。

でも、これは強みではありません。なぜならそれは**「自社だけの強み」ではなく、同業とほぼ同じ、当たり前の一事象**だからです。アメリカのCVSと日本のそれは、ともに「24時間いつでも便利」という共通性があります。ただ、それだけでは自社の強みにはなりえません。加えて日本のCVSには「何か楽しい」という要素がありました。ただ、これでも日本の国内においては何の差別化もできないでしょう。そこで、流通系CVSは「PB商品の開発」「メーカーとの交渉力」などで優位性がありました。一方、総合商社系では「ジョイント」や「業態開発」という強みがありました。

メーカーの例であれば、「なぜ、自社は技術力を高く保てるのか」をさらに探ってみてください。そうすると、「人材教育に投資をしているから」と答えが出てくるかもしれません。しかしそれだって他社でもやっていることでしょう。それよりも「なぜ、そのヒット商品ができたのか」を考えてみてください。そこから企業ごとの特色＝強みが見えてきます。

同じ技術力といっても、大切にしている部分がメーカーによって異なるでしょう。私が勝手に言わせてもらうなら

・トヨタ＝改善力＝徹底的にPDCAサイクルを回し、改善する力
・（かつての）パナソニック＝広い流通網と高い基礎開発力で、「後追いでも」すぐに市場を奪い返す力
・（かつての）ソニー＝荒削りながら誰も考えつかないような奇抜な製品を出して、消費者を揺さぶる力

パナソニックは、松下幸之助の「水道哲学」がその昔は事業の端々まで行き渡っていまし

た。大量・安価・広範・安定的に市場に製品を供給することを旨とし、そのために技術力を磨く。それは、決して市場をあっと言わせるエポックをつくることを旨とはせず、二番手でもいいから、すぐに流行をキャッチアップして、他社のできない安価・大量攻勢をかけることでした。当時の松下は「マネシタ」と揶揄されていましたが、それこそが強みでした。

この根幹がやや薄れ、ともすればソニーやアップルへの憧憬が始まり、同時に、選択と集中などGE的な経営刷新が始まったころから、パナソニックの経営には行き詰まり感が漂い始めます。その間隙を縫って、かつての水道哲学を臆面もなく再現したのがサムスンではないでしょうか。アップルがリードしたスマートフォン市場をあとから凌駕していったさまは、かつてのソニーと松下の関係を彷彿とさせます。

## 選択と集中は、コア・コンピタンスの先細りを生む

「強み」により他社と差別化することで、ある領域で優位な経営を行うことが可能となります。**この強みに従って人も組織もブランドも蓄積していくこと。そして、ひとたび風向きが変わったときには、その強みを「新たに生かせる領域を探す」**ことが会社のあるべき姿です。

一昔前に「選択と集中」という言葉がはやりました。事業領域を広げすぎた巨大企業が、利益を優先するために、不採算事業を切ることを指します。俗に「ターン・アラウンド」と呼ば

れるコンサルティングファームが大好きなこの方法で、短期的に業績を改善することは可能です。

「選択と集中」とは、一見、無駄な枝葉を切り落とし、本業に回帰せよという意味で、コア・コンピタンス経営を勧めているようにも見えるのですが、少し違います。たんに利益創出のために、儲かっている事業ばかりに投資すると、コア・コンピタンスの次の生かしどころが見えなくなるからです。

少々離れた新規領域にも、コア・コンピタンスがそのまま生かせることがあるのですが、「選択と集中」をやりすぎるとそういう領域まで切ってしまうことになりかねません。少し離れてはいるけれど、適応のできる場所を見つけておくと、業界全体に向かい風が吹いたときでも、新たな領域で生き延びることができます。

ただ、計画的・戦略的にそれを見つけ出すことはたやすくはありません。だからこそ、多少の無駄は覚悟で、網を広げておく必要があります。

そう、**会社が永続的発展を続けるためには、コア・コンピタンスが生かせる新たな領域を見つけるために、多事業に分散投資をしておくことも重要**でしょう。

東レなどの化学メーカーが、その好例ともいえます。かつては、その名が示すとおり（レは、レーヨンのレ）化学繊維メーカーだった同社が、現在はたとえばスマートフォンのパネルに使用するフィルムのような、真新しい領域にて成功を続けています。むやみに選択と集中をしなかったことが成功の要因ではないでしょうか。
選択と集中というのは、一見、強みをより強くするように見えますが、それは、明日を育む畑を放棄し、儲かるからとコメばかりつくるようなことにもなりかねません。
ここで、あなたの会社の強みを真剣に考えることにしましょう。

問10

## 自社の強みを振り返る

いま、あなたは、3人の人（①あなたの両親・妻・子ども、②会社に応募した新卒の大学生、③会社の取引先）に向かって自社のよさを話そうとしています。それぞれに対して、ライバルの会社とくらべて、どこがどうよいか、またどこが劣るか、まずは考えてみてください。

以下を参考にしてください。

・家族に向けて　気軽に自社の自慢、愚痴などを書いてみてください。社風やそこにいる人間の特徴、魅力、欠点なども入れてください。
・応募者に向けて　貴重な応募者を相手にしたとき、ライバルと比較して自社についてどう説

図表27）　**自社の強みを振り返る**

| | 想定する競合（　　　　　　　　　　　） | |
|---|---|---|
| | 自社の強み | 自社の課題 |
| 家族 | | |
| 応募者 | | |
| 取引先 | | |

明しますか。具体的な技術やブランド、現在・過去の成果、プロジェクトなどをベースに、気づいたことを書いてみてください。経営方針、戦略の浸透など、入社希望者が気にするような経営的なポイントも含めてください。

・取引先に向けて　自社の商品の強み、特徴、取引先へのサポート、支払いや請求の緩さ厳しさ、秘密の公開、などを交えて書いてみてください。

問11

## 社風や会社の価値観を知る

続いて、会社がどんな風土・価値観を持っているかを知るためのワークです。社風や価値観が表れる3つの場面に対して、各項目に対して10個の軸を用意しています。

左に書いてある言葉と、右に書いてある言葉のどちらに近いか、5段階のいちばん近いものに、直感的に○をつけてください。

迷った場合は、身近にあった具体的な事例やケース、データなどを思い浮かべるとわかりやすいでしょう。

## 図表 28) 社風や会社の価値観を知る

1) 人事・処遇場面

| | | 強く・ | やや・ | 真ん中 | やや・ | 強く・ | |
|---|---|---|---|---|---|---|---|
| 昇進 | 早い | | | | | | 遅い |
| 昇進 | 能力別 | | | | | | 一律的 |
| 評価 | 分散化 | | | | | | 中心化 |
| 評価 | 客観的 | | | | | | 主観的 |
| 評価 | 短期視点 | | | | | | 長期視点 |
| 評価 | 全人格 | | | | | | 業績 |
| 評価 | 信賞必罰 | | | | | | 事なかれ |
| 待遇等 | 年功重視 | | | | | | 能力重視 |
| 待遇等 | 福祉拡充 | | | | | | 給与主体 |
| 待遇等 | 終身雇用 | | | | | | 随時流動 |

2) 職務遂行場面

| | | 強く・ | やや・ | 真ん中 | やや・ | 強く・ | |
|---|---|---|---|---|---|---|---|
| 指令・指揮 | 臨機応変 | | | | | | 首尾一貫 |
| 指令・指揮 | 抽象的 | | | | | | 具体的 |
| 指令・指揮 | 権限委譲 | | | | | | 中央集権 |
| 指令・指揮 | 現場重視 | | | | | | 上意下達 |
| 職務 | 柔軟 | | | | | | 固定 |
| 職務 | 割当 | | | | | | 希望 |
| 職務 | 難 | | | | | | 易 |
| 職務 | 多い | | | | | | 少ない |
| ワークライフバランス | 残業多 | | | | | | 残業少 |
| ワークライフバランス | 同一行動 | | | | | | 個人行動 |

3) ブランド広報場面

| | | 強く・ | やや・ | 真ん中 | やや・ | 強く・ | |
|---|---|---|---|---|---|---|---|
| 採用 | 将来性 | | | | | | 即戦力 |
| 採用 | 異能 | | | | | | バランス |
| 採用 | 優しさ | | | | | | 強さ |
| 採用 | 素直さ | | | | | | 自律 |
| 採用 | 好奇心 | | | | | | 継続性 |
| 待遇等 | スピード | | | | | | 正確さ |
| 待遇等 | 情 | | | | | | 理 |
| 待遇等 | 協調 | | | | | | 競争 |
| 待遇等 | 安定 | | | | | | 挑戦 |
| 待遇等 | 思考 | | | | | | 行動 |

この2つのワークの結果をまとめて、あなたがいる会社の強みや、風土特性などをじっくり考えてみてください。

## 他社の強みを、自社に合うように変えて取り入れる

経営者は、事業がうまくいかなくなったとき、どのようなことが原因と考えるでしょうか。放漫経営のようなわかりやすい原因ばかりではないでしょう。

まず、人材の問題があります。これに対しては第1章、第2章を中心にマネジメントの基礎をもう一度鍛え直すことが必要です。

続いて、組織の問題があります。それは第3章を参考に、上下の役割分担や、インフォーマルグループを利用した末端の活性化を考えてみてください。

人と組織の問題が解決されても会社がうまくいかない場合はどうしたらよいでしょうか。

経営陣が出す答えは、以下のようになるでしょう。

①業界自体が縮小傾向だ。新たな業界に軸足を移す

②同業の好調企業のやり方を導入する

ただ、こうした結論と同時並行で、以下のことを点検してほしいのです。

## 自社のよさは何だったのか
## いまはそのよさを見失っているのではないか

「よさ・強み」に関しては、ここまで書いてきたように、「技術力」とか「商品開発力」とか「人材」といったどこの会社でも当たり前に言う言葉ではすまさないで、もっと根本的にライバルと差別化できていたポイントを挙げてください。そうして、それがどうして機能しなくなったかを考えてほしいのです。

原因としては、「強み」をないがしろにしていることがよくあります。ならば、まずはここに手を入れるべきなのかもしれません。あるいは、ビジネス環境的に「強み」が生かしにくくなっていることが問題の場合もあります。その場合、いくつかの方向を考える必要があるでしょう。まず、「うまくいっているライバルの強みを真似る」こと。ただこれは一朝一夕にはできません。先ほどのCVSの例でいえば、それぞれの母体に総合商社と総合流通業という違いがあります。そこが異なるのに、相手の強みをそのまま取り入れることなど無理でしょう。

たとえば流通を母体とするCVSの「オリジナルブランド開発力や購買量をバックに、メーカーと有利な交渉を行う」力が、総合商社をバックに持つCVSに欠けていたとしたら。これは競合としては致命的です。だからといって、むやみに相手を真似て、急にオリジナルブランドを増やすのは無謀です。ならば商社母体のCVSは「タイアップする力」を生かし、店舗をメーカーのテスト販売に利用できるよう便宜をはかることで、その分仕入れを下げる、などという戦略をとるべきでしょう。

他社の強みをやみくもに社内に押し込んだりすると、もともとの強みとの間に軋みを起こして、ますます社内が疲弊していくということになりかねません。**どのようにすれば新たな強みを自社の強みと融合できるか、そのソフトランディングを考える**べきでしょう。その結果、真似る相手のオリジナルな強みよりも、さらに自社のよさがアレンジされた、より一層の強みになる可能性があるからです。それが、ゲイリー・ハメルの説く「代替可能性(Substitutability)」の意味です。

## 創業者が社長に返り咲く大手ベンチャーが多い理由

世の中には、目に見えにくいものを「ない」ものだとし、数字や業務フローに落としやすいものだけが「存在する」と考える人がけっこう多いものです。

そうした人たちからすると、コア・コンピタンスや強みなどの目に見えないものには、まさに重きを置く必要がないことになりがちです。

それよりも、競合を分析して、その成功要因を見出し、それを徹底的に社内で再現するといった、マイケル・ポーターのポジショニング戦略などに傾倒する経営者はあとをたちません。こうした経営者はコンサルティングファームの指揮のもと、最適なポジショニングを探し、そこにノウハウがない場合はM&Aで補完し、あとは不採算事業をターンアラウンドで切り捨てていくといった道をたどります。これで企業が簡単に業績を回復できるのであれば、これほど簡単なことはないでしょう。

私は、初代創業者が退き、スマートな2代目経営者を外部から招聘して思いきりロジカル経営に振ったあとで、業績が思うように上がらず、最終的に創業者が経営に復帰したケースも多く目にしてきました。たとえば、ファーストリテイリングや、カルチュア・コンビニエンス・クラブもそうした企業でしょう。

創業経営者は、何よりもコア・コンピタンスをよく知っています。それをどう鍛え直し、そして、それが生かせる新たな領域をどう探すか、と彼らはきちんとコア・コンピタンスの本意どおりに考えるのでしょう。

## マイケル・ポーター（1947〜）アメリカの経営学者

経営戦略論の大家。まだよちよち歩きの若い学問だった経営戦略論は、20世紀の後半には著名な学者の場当たり的な研究により、何度も当時の経営者に判断ミスを与える悪影響を及ぼしました。たとえば、投資効率の最適化から始まったポートフォリオ理論は、経営戦略への応用の過程で不可思議な結論を導き出します。それは、高い市場占有率を持つ事業と、低い市場占有率を持つ事業、両方が高利益を生み出し、中間的な市場占有率を持つ事業の利益がよくない、というものでした。この研究により、当時のアメリカの大企業は、自社の市場占有率の高い産業と低い産業に分散投資をし、結果、シナジーのない多事業を展開することで、体力を落としていきました。

こんなボタンのかけ違いで失われた経営学に対する信頼を取り戻したのがマイケル・ポーターです。ファイブフォースやバリューチェーンなどの真新しく腹落ちしやすい概念を提唱し、それまでの経営学の理論に欠如していたロジックの空白を埋めていきます。

たとえばファイブフォースとは、5つのディメンションで事業を再点検するべきであるという考え方です。具体的にいうと「新規参入障壁・代替品（間接競合）・供給業者（取引先）・買い手（顧客）・競争業者（直接競合）」であり、「5つの要因が結集して、事業の究極的な収益率、すなわち、長期的な投資収益率を決める」ことになると指摘しました。高占有率の事業のみならず、低占有率事業でも高い利益率が示された理由は、この理論で説明が可能です。市場占有率が低くても生き残れるような「5つの要因」から見た事業ポジションが、業界内にあったのです。これをニッチといいます。ポーター以降、5つの要因から見てどのような事業戦略をとれば、企業は競争優位性を保てるか、という考え方が経営戦略の基幹をなすようになります。

彼の研究アプローチは、ポーターの独自性と想像力に富んだ研究アプローチは、行き詰まっていた先行研究を救ったといえるでしょう。ただし、研究によってもたらされた結論自体は経営者の創造力やオリジナリティを伸ばすものではありませんでした。平たく言えば「業界を詳細に分析して、いちばんおいしい位置を獲得しろ」という話で、あまりにも実証主義的で外形論にとどまるのです。たとえば、アップルの事業領域は、マイクロソフトにくらべて優位性を獲得できるニッチ的存在であり続けたと説明できますが、その領域が確定されたとしても、スティーブ・ジョブズのような天才がいなければｉＰｈｏｎｅは生まれません。

それが経営戦略論の限界です。

## ゲイリー・ハメル（1954〜）、C・K・プラハラード（1941〜2010年）経営学者、コンサルタント

物理学者から経営思想家に転身したプラハラードと国際的なコンサルティング会社ストラテゴスの創設者であるゲイリー・ハメルが1994年に出した共著『コア・コンピタンス経営』は、世界的なベストセラーとなりました。マイケル・ポーターの実証主義的なアプローチに対して、ハメルとプラハラードの説く理論は、対照的で企業の神秘性を認める内容となっています。

たとえば、前述した競争優位性について、ポーターは5つのディメンション的に優位な状態にある場面で生まれると説きましたが、コア・コンピタンス論は、その状態に身を置けば誰でも優位に立てるのではなく、その状態を維持できる企業には、その企業だけに備わった独自の真似できない力があると考えます。

高収益を保つ企業の優位性の根源には何があるのか。

一見優位と思えるような力も、それは多くの競合が持っているものであり、また、独自性があっても大して経営に寄与していない場合もあります。それをはっきりさせるために、ハメルとプラハラードは5つの観察手法を用意しました。そして、その力が明らかになれば、現在の主戦場にとどまらず、さらにそれを転用できる周辺領域へと事業を拡張させるべきだと説きました。

1990年代後半にかけて、ルイス・ガースナー率いるIBMが、汎用機で培ったクライアントの事業分析力を生かして、コンサルティングを新たな事業の主軸に据えて業績をV字回復をさせたケースはその好例といえます。

第5章

5・1

# 見栄えのいいメソッドよりも錆びない基礎理論を

## 「階段を刻み」「その先が見える」日本型組織

欧米と日本では働き方がまったく異なるというのはご存知ですか？

こう書くと、欧・米でも働き方は大きく異なる、という突っ込みが予想されます。あえていえば、中国もインドもアフリカも含めた世界のほとんどの国とくらべても日本型雇用だけが大きく異なっている点があります。

それは、日本では、「人に仕事をつける」という考え方をすること。対して、日本以外の多くの国では、「仕事に人をつける」という考え方をします。これは、労働省（当時）の田中博秀氏が労働研修所長時代の１９８０年に刊行した『現代雇用論』のなかで初めて紹介された言葉なのですが、実に的を射た表現です。独立行政法人労働政策研究・研修機構の濱口桂一郎氏は、この田中氏の考え方に影響を受けた「ジョブ型」社会と「メンバーシップ型」社会という対比によって日本型雇用システムの本質を説明しています。

ところがこの意味を多くの人がきちんと理解できていません。

ここをしっかり押さえ、日本人の働き方がどうなっているか、ぜひ、わかってもらいたいところです。

まず、「働く」とは日本では、一般的には会社に入ることを指します。欧米では異なります。「欧米は職種別採用だから、営業とか経理とか、専門ごとに分かれて採用するんだよね」という話はよく耳にすると思いますが、それも正しくはありません。

欧米の採用はもっと細かいのです。

たとえばここに、自動車のディーラーがあったとしましょう。日本なら、その会社で働くことが入社を意味しますが、欧米だとそうではなく、労働契約は、その会社の**東京支店**で、**営業1課（大衆車担当）**の**ヒラ社員**という条件で結びます。だから彼はこの仕事以外では、原則会社とは結びついていないのです。

もちろん、経理にも異動はなく、大阪支社にも異動はありません。それどころか、同じ都内の世田谷支店への異動もないし、同じ支店内の営業2課（高級車担当）にも異動はしづらいのです。そして、役職のない雇用契約なので、リーダーやサブという一格上のポストへの「昇進」も自動的には行われません。

職種別採用とは、職種は決まっているけれど、そのなかでぐるぐると異動があるという「日本的」な限定採用です。本物の欧米型は、職種ではなく「ポスト」を指定して、そこでしか雇

図表29）　**日本人と欧米人の「仕事観」の違い**

**日本の会社**　　**アメリカの会社**

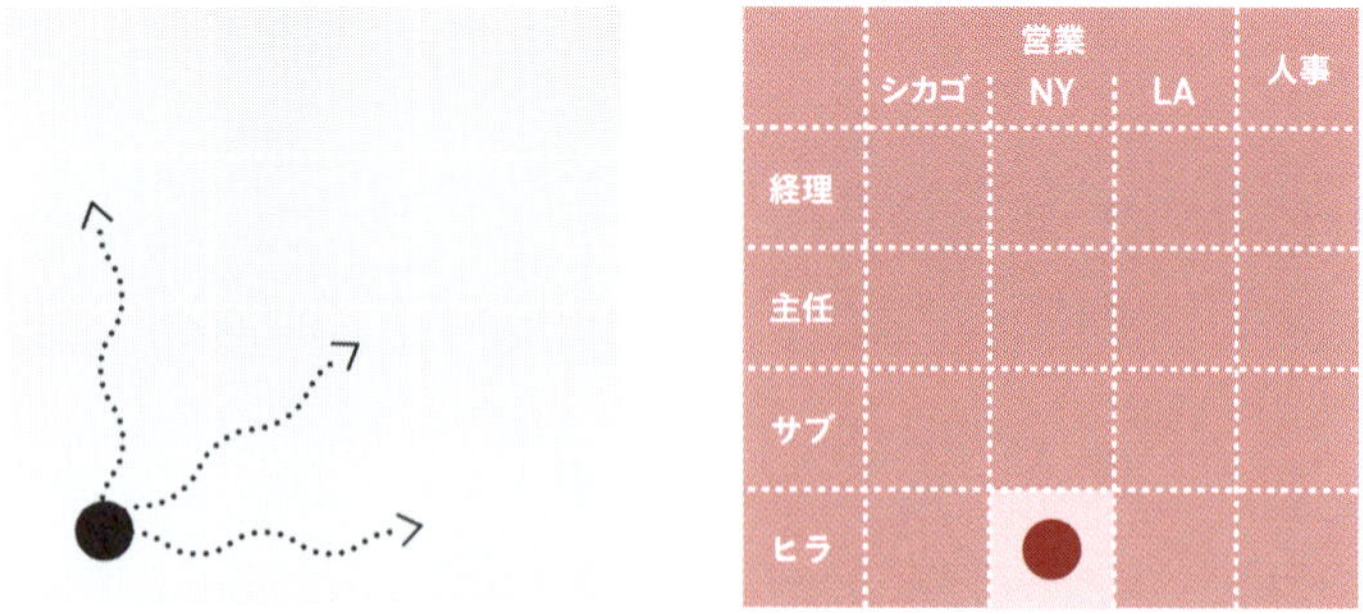


会社という「大きな箱」に入る。

会社とはポストでのみつながる。

用契約を結ばない仕組みです。

ですから、すぐ隣の営業2課に異動する場合でさえ、労働契約の変更が必要です。また、昇進するときでも労働契約の変更が必要になります。

では、どういう場合に、こうした異動に類する行為が行われるのでしょうか。

それは、退職や増員などでポストに空きが生じたときです。その空きポストを社内で公募して、その公募に本人が応募し、会社が応募者のなかから「彼が適任」と判断した場合、初めて労使合意のうえで労働契約の書き直しが行われるのです。

つまり、物理的に決まった数のポストが社内にはあり、そのポストに空きが生じたときに、公募というかたちで契約の洗い替えが起こるということです。

これが「仕事に人をつける」という意味です。

まず、会社にはどんな仕事をするか、明確に分かれたポストがあり、そのポストの人数も定められていて、そこに欠員が出たとき、最適な人を社内外から募る。そういう仕組みです。

## 欧米型は、働く仕事・役職が契約で決まっている

欧米の、「ポストに人を張り付ける」という雇用の仕組みだと、若い未経験の人材は会社に入りにくく、入社後も、やる気のある優秀層以外は育成が難しいといわれています。もっとも、欧米型にもよい点はあります。優秀層はスピーディに育つこと、自分の希望ベースでポストにつけること、各ポストの登用条件が明確なこと、整理解雇がしやすいことなどです。そうした面で日本型はマイナスがある分、未経験を受け入れやすく、知らぬ間の習熟でボトムアップができるよさがあります。

「ポストに人を張り付ける」という雇用の仕組みで人が育ちにくい理由は何でしょうか。

それは、職務に欠員が出た場合にのみ採用を行う（日本のように、新卒学生を一括で何百人も採用することはありません）ため、未経験の学生が応募すると経験者と同じ土俵で比較されてしまうのです。

たとえば、経理でいま、財務会計のリーダーと、管理会計のサブリーダーと、債権管理の末

端社員に空席が生じたとしましょう。会社はこの3つのポストで社内外に公募をかけます。

そこには、ポストにぴったりな経験者が応募するはずです。そうしたなかで、未経験の学生が応募しても、なかなか採用に至りません。これが欧米の若年層は日本に比べて失業率が高い理由でもあります。

ちなみにこの3つのポストであれば、債権管理の末端は、未経験者でも比較的採用されやすいでしょう。この仕事は督促や入出金管理、未払金の回収など業務そのものは難易度が高くありませんが、給料も高くありません。熟練者がやりたがらない仕事です。欧米ではこんな若手が入りやすい仕事を「エントリーレベル」のポストと呼んだりしています。

学生時代にインターンで経理を経験していたりすれば、こうしたエントリーレベルのポストに採用されることはあるでしょう。しかし、しばらくするとこんなポストにいつまでいても、経理として一人前になれないと思うはずです。でも、隣の財務ポジションに移ろうにも、空席がない。空席ができて応募しても、そこにはそのポストにふさわしい社内外の経験者も応募する。だからなかなか登用されないのです。これが、ポストに人をつける仕組みの難点です。

## 「少し手が空けばすぐに難しい仕事を」という日本型階段

日本の場合でも新卒学生だとやはり経理では債権管理にまわされることが多いでしょう。でも、ここで債権管理の仕事をフルにさせられるわけではありません。何もできない若造なので、他部署からも「誰でもできそうな雑用」を振られ、それを黙々とこなす日々になります。たとえば、財務からは伝票の整理・保管、管理会計からは日報の数字記載、税務からは精算伝票の読み合わせなどの雑用が降ってきます。債権管理というポストは名ばかりで、経理部のあらゆる雑用を切り出して、新人のレベルに応じてやらせる。これが「人に仕事をつける」ということです。

しかしこうした雑用も3カ月もすれば、大体慣れてしまいます。するとそのタイミングで簡単な仕事を減らし、少々難しい仕事が与えられます。たとえば、伝票の仕訳などです。慣れてきて余裕ができると、次々に仕事が難しくなっていく。この追いかけっこなので、いつまでたっても、残業が減らないという悪循環も起こります。

そうして、1年もすると、債権管理は次の新人に任せ、伝票整理で覚えた財務会計の仕事に異動をする。そこで支店決算程度までわかるようになると、今度は管理会計へと徐々に難易度を上げて、5年もすると本社決算に携われるような人材にいつの間にか育っているのです。

会社はボランティアでこの新人の育成スケジュールを組んでいるわけではありません。無駄飯を食わすことはもったいないから、少し手が空けば、難しい仕事をやらせる、という営利行動が彼を育てているだけです。

お気づきでしょうか。この間彼は、ずっと肩書も権限もない経理部の一社員です。それなの

## 図表30）日・欧米の採用・育成の違い

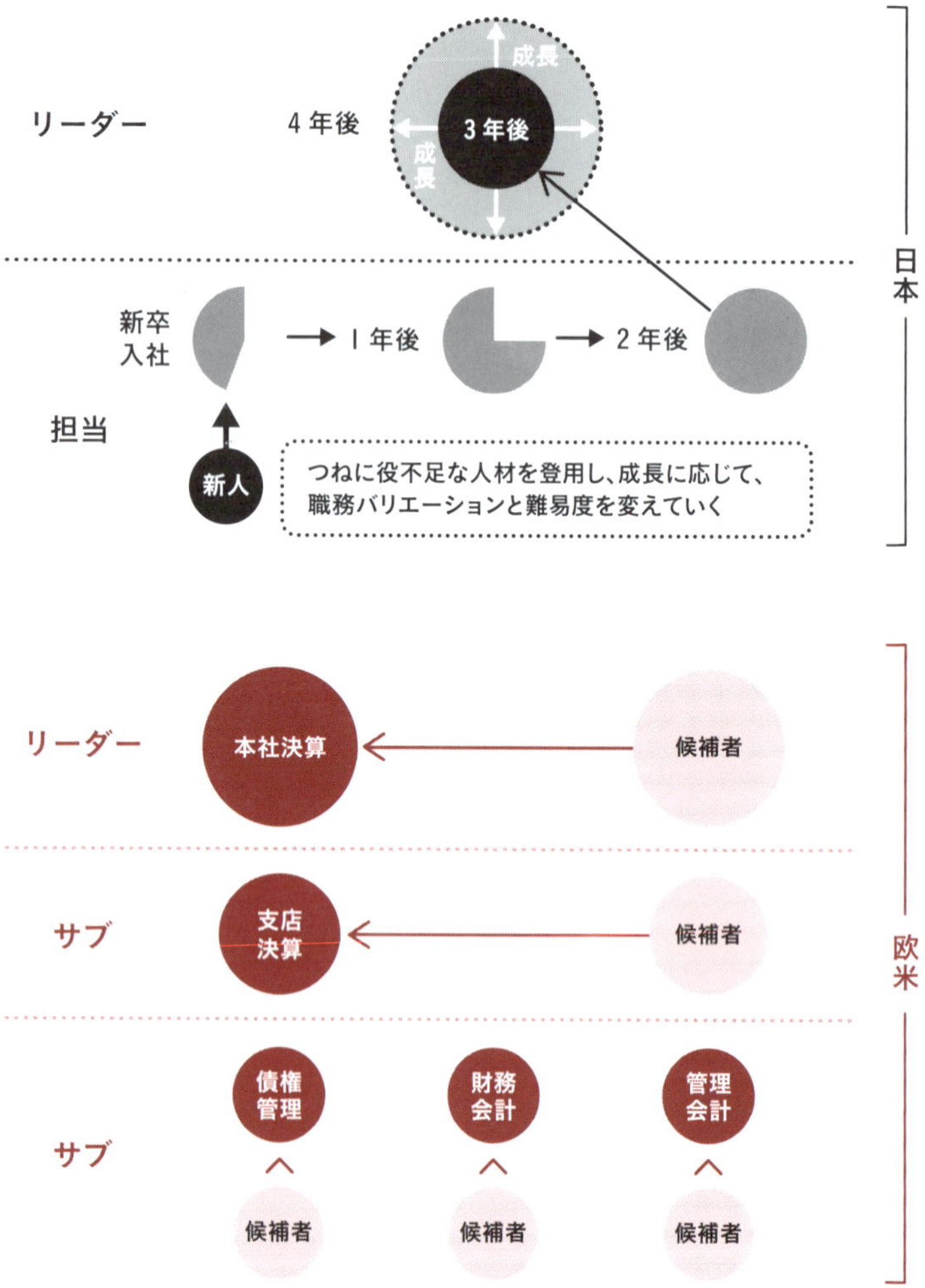

にやっている仕事の種類もレベルもどんどん変わります。人に仕事をつけているからです。

欧米企業でこうしたかたちの育成をしようとしても、仕事はポストでしっかり決まっているので、債権管理の人に、財務の雑用を任せることはできません。ただ、やる気のある人は独学で簿記などを学ぶでしょう。しかしそうやって財務の初歩を覚えたとしても今度は、ぴったりな時期に財務のポストが空かない。空いたとしても登用されないので、なかなかスムーズにはラインに乗れないのです。

それでも、一部の優秀者は、チャンスをうまく生かして、ステップアップしていきます。そこに年功は不要で能力さえあれば、登用されるというよさがあります。そして、一度そんなラインに乗ると、「あいつは優秀だ」ということで重点的に彼の希望が通りやすくもなります。

ただ、それはあくまでも一部の優秀者の話です。大多数のふつうの人は、なかなかスムーズに階段を上れません。考えてもみてください。末端の気の遠くなるほどの大量の社員たちに、ぴったりな時期に、ぴったりの職務が空き、そこに応募して、登用されることは確率的に難しいし、何よりすべてが自主応募の世界なので、企業側がそこには介入できないのです。

## 偶然の産物とはいえない日本型のキャリア構造

日・欧米の働き方の違いが見えてきたところで、日本型を振り返ってみましょう。

## 習熟すれば、暇をさせず、一格上の難題が与えられる
## その積み重なりでステップアップしていく様子が、年次管理によりわかる

そうです。「ギリギリの線を与え続ける」ことと、「将来の見通しがクリア」なこと、というモチベーションサイクルの基本がそのまま、キャリアパスの下敷きとなっているのです。これが偶然の産物なのか、それとも日本企業の歴代の経営者が計算ずくで、こんな仕組みをつくったのか。どちらでしょう。

じつはかなりの部分、意図的なものなのです。

この話だけで1冊本が書けてしまうほどですが、以下、簡単に日本型経営の成り立ちについてご説明します。

「日本型経営」と言われるものにそれほど古い歴史はありません。そのかたちが大体見えてきたのが１９５０年代の終わり。それが完成するのが、１９７０年代前半。つまり、古めに見ても60年弱の歴史しかないのです。

ではなぜ、１９５０年代末に日本企業の礎《いしずえ》ができ上がったのか。

そこにはそれ以前の20年にわたる、日本企業がたどった複雑な歴史があります。

## 曲折を経て「青空の見える」人事制度が生まれた

日本の会社も、戦前は欧米同様、出世する人（一部のホワイトカラー）と、なかなか上に上がれない人（多くの工員）に分かれていました。戦前だと旧帝国大学を出た新卒入社のホワイトカラーが、熟練工の3倍もの初任給をもらっていたのです。そのくらい差のある階層社会でした。

1940年代に入ると、産業報国会という名の戦争協力体制のなかで、ますます無理を強いられ、権利も生活も脅かされていきます。その反動が戦後、GHQによる解放政策のなかで爆発し、生産管理闘争などの過激な労働運動と化していきます。

このころ、大企業の重役は「戦争加担者」ということで、経営から追放されていました。まだ40代の課長クラスの人たちが、いきなり経営を担わざるをえない状況になったのです。若い彼らには、手に負えない状況でした。労働者たちの反発を肌で感じながら、彼らは経営の術を学んでいくことになります。

その後、過激になった労働運動に対して、行きすぎを感じた労働者たちが、第2労働組合をつくり、経営と協調して利益を分かち合う方向へと歩み寄りを見せ始めました。

それが1950年代の前半くらいのことです。

ちょうどそのころには、戦後、いきなり役員に上り詰めた彼らも、ようやく地に足をつけて、経営を司れる年代になっていました。もう、戦前の階層社会も、戦中の国家総動員体制も、戦後の労働運動もまっぴらごめんだという気持ちになっていたのでしょう。しかも、歩み寄りを見せた労働者に背を向けることはできません。そこで、「資格制」という日本型人事の卵のような仕組みが発案されました。

一工員として雇われても、年限を積み、腕を磨くと、資格が上がり、給与はきちんと増えていく。そして、その資格が上級になると、工員の人たちもホワイトカラーの職務への移行が可能になる。そう、総合職的な社内異動を可能とする制度です。

日本鋼管の当時の専務取締役、折井日向は、この仕組みのことを「青空が見える労務管理」と名づけました。そこには、階層社会で天井が決まっていた工員に、空の高みを見られるようなチャンスを用意したいという気持ちがあったのでしょう。

## 1950年代の大企業には、後の名研究者が多々

習熟に応じて次々に難易度が上がる（それが資格となる）、というスタイルの片鱗がここに生まれることになります。

ただ、当時の経営者はこれに飽き足らず、先進的な経営の仕組みを貪欲に取り入れようとし

ていました。当時は、本書にも出てくるマズロー、ハーズバーグ、ヘンリー・マレー、本書には出てきませんが、モチベーション理論で知られるアメリカの心理学者、デイビッド・マクレランドらが頭角をあらわし始めた時期です。こうした最新情報をキャッチアップしていこうと、日本企業の経営者は、社内に経営や心理の研究者を積極的に迎え入れていたのです。

いまでは信じられないことですが、たとえば、日本を代表する経営学者、野中郁次郎（一橋大学大学院名誉教授）は当時、富士電機の人事部に勤務していました。同様に、後に明治大学学長や産業・組織心理学会会長となる故山田雄一は富士製鉄に籍をおいています。心理アセスメントの大家であった佐野勝男もこの時期に企業勤めをしています。

そして、私が薫陶を受けた故大沢武志博士は、社会人の振り出しが日立製作所でした。

こうした風潮のなかで、理解ある経営と若き日の大研究者が一体となって、最新理論を日本企業のなかに組み込んだ歴史があるのです。

## 50年たっても通用する基礎理論

1950年代当時には、この本で取り上げた基礎理論だけではなく、CCS講座(1)、TWI(2)、MTP(3)などの経営者・職長・ホワイトカラー管理職向けの、スキルやメソッド教育なども、アメリカから積極的に取り入れられています。TWIとMTPの2講座だけでも1950年代に

350万人もが受講しています。当時はまだ自営業や農業など非会社組織での就労が一般的であったために、企業内の常用雇用者は、中小企業まで合わせても1434万人（1953年）でした。そのうちの4人に1人が受講した計算です。

ただし、こうした表層上のスキル・テクニックに関しては、いくら浸透しても、大した評価は受けずに、すぐに誰も見向きもされないものとなってしまいました。

ここにもまた、1つの教訓があるといえます。欧米から来た、見栄えのよいマネジメントのツールは、いつの時代でも日本人の心をくすぐります。いまでもハーバードのリーダーシップ関連のツールやメソッドは多くの人が飛びつくでしょう。でも、少しすれば見向きもされなくなっている。

そんな流行りものよりも、50年たったいまでも本質は変わらず効力を失わない「基礎理論」のほうが、真剣に学ぶ価値があると私は思っています。

（１）ＣＣＳ講座、

ＧＨＱの一部局であった民間通信局（CCS：Civil Communication Section）が、日本の電気通信工業関係会社の経営者を教育するために作成・実施したもの。１９４９年、東京、大阪で開かれ、通信機関係のメーカー19社の経営責任者が参加した。

（２）ＴＷＩ

Training Within Industry（企業内職業訓練）の略で、工場の現場監督者向けに、①仕事の教え方、②改善の仕方、③人の扱い方を教える定型化教育。第１次大戦中にアメリカで開発され、それがイギリスに渡り、第２次大戦後、日本、旧西ドイツに普及した。

（３）ＭＴＰ

Management Training Programの略で、アメリカ極東空軍でつくられた監督者訓練教育をその原型とし、日本では、企業のミドルマネジメント向けコースとして紹介された。管理者が果たすべき５機能（計画・組織・指令・調整・統制）と、先のＴＷＩの３項目を40時間の講義にまとめたもの。

5・2

## 課長たちよ、マネジメントの王国を築け！

本書で学んだことを確実にアウトプットにつなげていただくために最終課題を用意しました。自分の管轄する部署が国であり、そこで王様になったと仮定し、国を統治するために法律をつくるというエクササイズです。この本に書かれた基礎理論で、比較的ルールにつくり替えやすいものを6つ選び、「最終ワーク」として次のページに示しました。参考にしてみてください。

法律をつくる目的は、部署の活性化が進むこと、よりよいマネジメントが実現することの2つです。

これは、第3章にも書いたことなのですが、会社というのは組織もルールもガチガチに決まっているようで、案外ユルユルです。日常的なやりとりの方法やルールはその部署のリーダーに委ねられているといってもいいでしょう。

とりわけ、課長というポジションは、意外なほどに自由度が高いのです。なぜなら、会社組織の最小ユニットが「課」であり、それより小さい単位はないからです。

たとえば会議です。部長であれば、課長を束ねる定期的な「マネジャー会議」などが公的なルールで決められ、そこでの発言がすべて議事録に残されます。ところが、課のなかであれば

## 図表31） 最終ワーク◎マネジメントの王国づくり

あなたはこれから自分の管理するチームに、「自分なりの法律」をつくります。
基礎理論をあなたのチームにどのように埋め込むか、考えてみてください。

① 指示がWhatだけだったときの罰則（cf 問②）

法律案

② 関連部署とのつながりを見えやすくする（cf 問⑤）

法律案

③ 自由・自律を支える風土づくり（図表16）

法律案

④ 2つのRで「目の届く範囲で遊ばせる」（図表17）

法律案

⑤ 「骨太⇔肉付け」ルール（図表22、23）

法律案

⑥ チーム編成でホーソン実験を再現（図表24）

法律案

日時も自由に決められ、議事録をとるのもとらないのも課長の自由であることがほとんどです。

経営から見ると、「何でもやろうと思えばできるのに、何もやらない課長が多すぎる！」という思いがかなりあります。そうした思いを知ってか知らずか仕事のできる課長は、自由を利用して、せっせと「王国の発展」に汗を流しています。そんな努力をしている課長は、おのずと注目されます。

この本は読むだけで終わらせず、ぜひ自分流の「マネジメントの王国」を設立してほしいと思います。それは将来あなたが役員や社長になって、社を動かせるようになったときのための予行演習になるでしょう。もちろん、起業を考えている方には言わずもがな、でしょう。

# おわりに

　私は、社会人の大半をリクルートグループという人材ビジネスを営む企業にて過ごしました。私のようなリクルートに長く関わっている人間にとっては、２０１３年という年は忘れられない１年となっています。前後して２人の巨人が亡くなられたからです。１人は、江副浩正氏。この方についてはあらためて説明の必要もないでしょう。そう、グループを創業したその人です。もう一方は、大沢武志氏。産業組織心理学会などの研究の世界では名高い人ですが、一般ビジネス社会では、江副さんほどの知名度はないでしょう。

　この大沢さんへの餞《はなむけ》として、私は本書を書きました。大沢さんはリクルートグループで、教育事業やアセスメント事業などを育成し、その部門のトップとして、適性検査のデファクトともいえるＳＰＩなどの製品を世に出しました。

　そして、リクルートの企業内の人事や教育や制度設計などもリードし続け、かくて野武士集団として、何をするかわからないような破天荒な生きのよさをグループ内に植えつけたのも大沢さんです。人材輩出企業として、ベンチャー社長や政治家や文筆評論業で活躍するリクルートＯＢ、ＯＧが多々いるのは、大沢流の風土醸成術がこの会社に浸透していたからでしょう。さらに、彼は、組織心理学の大家と目される優秀な研究者でした。彼と彼が育てた研究者たちが、リクルートの研修やアセスメントをつくり、また世界最先端の理論を日本に紹介していま す。人材タイプを見るときに使うＭＢＴＩや、本書中にも出てきたコヴィー研修（７つの習慣）、適職診断のＣＡＰ、キャリアカウンセリング資格のＣＤＦなども彼らが世界の先端を日本に持ち込んだのです。

30歳も年の差がありましたから、私から大沢さんは雲の上の存在に見えていたものです。その距離が縮んだのは、大沢さんが亡くなる直前の２０１１年でした。私が編集長を務める『ＨＲｍｉｃｓ』という雑誌の特集で大沢さんを取材した際、編集部の手落ちで、紙面構成に問題が生じてしまい、大沢さんにはたいそう叱られました。私は当時、大沢さんの著書、とくに『心理学的経営』（ＰＨＰ研究所）を教科書のように熟読し、本のすみずみまで、暗記していました。怒られながらも私は、憧れの大沢さんに対して、ご著書の細部の理解できなかった点を何とかいま聞いておこうと、頃合を見ては質問しました。

そんなやりとりがあってからお亡くなりになられるまでの2年間で5回ほどお会いし、電話やメールを通じて親しくおつきあいをさせていただきました。拙著『日本人はどのように仕事をしてきたか』（中公新書ラクレ）でも『心理学的経営』の一部を収録したところ、大いに反響があり、復刊の相談をしていた矢先に急逝されたのです。

最後にご同席したときに、赤坂のステーキハウスで神戸牛200グラムを平らげ、ワインを片手に、マネジメントの極意を語っていたのをいまでも思い出します。階段を刻むこと、踊り場で遊ばせること、ルールやマニュアルで縛りすぎないこと、ブラックボックスをあえて許して、混沌（カオス）を残すこと……。

「そうやってきたから、リクルートは世間から注目される、やんちゃぞろいで、ほかの会社じゃうまくいかない異能者が生かせたんだよ」

私も大手メーカーからリクルートグループの小さな子会社に入社したときに、「こんなに楽しい世界があるのか」とあまりのギャップに胸をときめかせた一人です（いまのリクルートにそれがあるかどうかは、正直心許ないのですが）。大沢さんがお亡くなりになり、『心理学的経営』の復刊が頓挫したいま、その遺志を継いで私はこの本をしたためています。これが本家である『心理学的経営』復刊の露払い役になればこれほどうれしいことはありません。

# 解説

一橋大学教授　守島基博

## 経営という行為

極めて大雑把に言えば、企業経営には二つの側面がある。一つは戦略論である。企業や組織のあるべき姿を描き、達成すべき目標をたて、目標への道筋を描くことに関する一連の議論が戦略論であり、これがすべての出発点である。世の中で企業経営が話題にのぼる時、戦略論が議論されることは多い。

もう一つが組織論と呼ばれる側面である。組織をつくり、人を配置し、配置した人たちに指示と支援を与えながら、目標達成へ向けて進んでいくプロセスに関する議論である。当たり前のことだが、どんなに優れた戦略があっても、それだけでは絵に描いた餅であり、人を動員して、目標達成へ向けて進んでもらわないと何も達成されない。逆に少々戦略がピンボケでも、組織がしっかりしていると目標が達成される。そのため、経営を語るうえで、戦略論と組織論はペアで考えることが必要だ。

幸運なことに、戦略論については、最近多くの人が理論や基礎知識を勉強するようになってきた。本書にも出てくるマイケル・ポーターの考え方や資源ベース論、さらには最近話題になったブルーオーシャン戦略など、思考のためのフレームワーク、つまり理論や枠組みと呼ばれるものは数多く存在し、人々がそれを学び始めている。戦略をたてるには、複雑な経営環境を読み解き、それを自社に適用することが必要だからだ。直感に頼っていては心配だし、失敗した経験もある。だから理論や知識を学ぼうと思う人が増えてきたのだろう。

だが残念なことに、(少なくともわが国では)未だ組織論、特に人と組織のマネジメントに関しては、理論なしの直感による実行が主流であり、基礎的な理論や知識を殆ど持たずに、自分の直感と経験だけで、組織と人を動かそうとする傾向がある。本書の言葉を使えば、「経験と勘」だけを頼りに組織動かそうとする上司やリーダーが多いのである。組織を率いて、人を動員する作業(普通、マネジメントと呼ばれる作業)は、戦略を構築するという行為と同等か、またはそれ以上の複雑さと難しさを備えているにもかかわらず、多くの人が基礎知識なしで挑んでいる。一人ひとりが勝手につくり上げるから、マネジメントには本人の個性が強く反映されるし、また、自分のやり方に自信が持てずに悩み、逆に過信が起こったりもする。

海老原氏は本書で、そんなことはないのですよ、人や組織をマネジメントするという経営行為にもちゃんと学問的な積み上げがあり、基礎的な知識があるので、それを学び、使うことで、みんな一定レベルのマネジャーになれるのですよ、と言っている。読めばわかるように、本書は、組織論のなかでも人と組織のマネジメントについて蓄積されてきた膨大な基礎的・学問的知識を、わかりやすく実例を使って解説した本である。特徴的なのは、それが単に紹介に終わらず、ここに書かれたことを学び実践することで、誰でも一定程度までは人と組織のマネジメントのプロになれることを目指した本であることだろう。

その意味で、本書は単なる教科書ではなく、一種の教本である。人を動かすための手引きだとも言えよう。この本があることで、多くの人はようやく現場での人と組織のマネジメントに関する基礎課程を学ぶことが出来るようになったのである。類書がみつけにくいタイプの本である。

## 組織行動論という分野

ただそうは言っても、本書は組織論やマネジメントに関するすべての領域や立場を網羅しているわけではない。研究者の間で「組織行動論」と呼ばれる分野を基礎にしている点がもう一つの特徴である。組織行動論は「組織や企業の中の人間行動」を扱う学問分野であり、経営学のなかに置かれたことで、今は、企業や組織でマネジメントを行う人が、部下など他者を効果的に動かすための学問分野となっている。実際、欧米ではかなり一般的な学問領域であり、ほぼすべてのビジネススクールでカリキュラムの一部となっている。またアメリカ経営学会には、現在約一万八〇〇〇人のメンバーがいるが、その約三分の一（約六〇〇〇人）が組織行動部会に所属しており、部会として最大の規模を誇っている。

また、日本でも広く普及はしてこなかったものの、力のある先達によって紹介をされてきた経緯がある。本書にも名前が出てくる松井賚夫先生や三隅二不二先生などは、こうした理論の紹介者・翻訳者であるというだけではなく、日本発の研究で海外でも知られた研究者である。海老原氏が本書を餞としている大沢武志氏もこうした先達の一人と言えよう。私もアメリカで勉強したときには、この分野を学び、またカナダで得た最初の職でも、組織行動論の授業を担当していた。

組織行動論という分野は、他の経営の分野とは異なる顕著な特徴を持っている。それは、組織行動論という分野が心理学を主な基盤にしており、その結果、マネジャーや企業が何をするべきかを導くにあたって、常に働く人の気持ちや心理の視点から考えるという点である。本書もその特徴が色濃く出ている。例えば、冒頭で出てくる「内発的動機づけ」という考え方。経営サイドから見た場合、もし動機づけという現象が働く人が一所懸命に仕事をするためのエネルギーを意味しているのだとすれば、その人が何を求めて出しているエネルギーなのかは問わなくてもよいかもしれない。それがお金であっても、上司の褒め言葉であっても、仕事そのものに対する興味や達成から得られる喜びであったとしても、特に問題はないはずである。とにかく何かを原動力にして頑張ってくれればよいのだから。そのような考え方から、経営では往々にして、人のやる気を高めるために、お金や褒め言葉などの、いわゆる外発的動機づけに頼る傾向がある。そのほうがすぐに結果がでやすいという理由もある。

だが、組織行動論では、何を原動力（組織行動論では、モチベーションの源泉と呼ぶ）にするかで、やる気には「質の違い」があると考える。本書にも書かれているように、仕事そのものへの興味や達成感を感じている場合は、お金や褒め言葉などの他人からもらう報酬を求めて仕事をしているときよりも、強く、かつ長期に持続するやる気が出ていると考えるのである。このことは直感的にも明らかであろう。やっていることが面白く、わくわくして仕事をしているときには、時間がたつのも忘れてしまう。内発的な動機づけは、企業が影響を及ぼすことは難しいが、うまくいけば強い動機づけの源泉となる。端的に言えば、お金や褒め言葉を期待して一所懸命働いている人をどこまで信用しますか、という話なのである。

こうした違いは、働く人の認知や心理まで深く考えないと見えてこないし、またこの違いを考えることで、マネジメントという意味では大きく異なった実践の仕方が出てくる。海老原氏が言う「機会〜支援〜評価〜承認〜報酬」サイクルも、部下が仕事に興味を持ち、達成感を知り、結果として内発的動機を持つために必要なステップを述べているのである。働く人の認識や気持ちまで下りて考える組織行動論的アプローチをとって初めて、長続きする強いやる気のためには、単に「評価—報酬」ではダメなことがわかってくる。

もう一つ例をあげよう。海老原氏が何度も言及しているハックマンとオールダムの職務特性理論（ちなみに、オールダム先生は、私のアメリカでの博士課程の師匠である）。職務特性理論とは、本書でも言われているように、人がやる気を持つための職務の設計をどうすべきかに関する理論なのだが、通常、職務設計というときは、仕事の範囲や手順などに関する議論が多く、よくても権限委譲や自由裁量範囲などのテーマが議論になるのが関の山である。

だが、職務特性理論が言う「職務設計の中核的5次元」のなかには、有意義性（仕事の意義）やタスク・アイデンティティ（仕事の全体感）が入っていることに注目してほしい。これらは、明らかに働く人の視点で見るからこそ出てくる要素であり、ハックマンとオールダムの主張は、このような働く人が心理的に大切にする職務要素を見ないと、モチベーションが高まる職務は設計できないということなのである。自分自身に置き換えて考えるとわかりやすいかもしれない。「この仕事いったい何のためにやってるんだ！」と言って放り投げたくなったり、「僕の仕事は、単に歯車の一部だからね」とため息を漏らしたりした経験は多くの人が持っている。組織行動論の知見がないと、職務設計でこれらの要素を「中核的」と呼ぶ発想は浮かんでこない。

同様のことが、インフォーマルグループ、目標設定理論、XY理論やここで紹介されているリーダーシップの考え方にもいえる。いずれも働く人の心理に寄り添って、その視点から人はどういうときにやる気を出し、成長するかなどを考えないとわからないという発想が根底に流れているのである。

## 他のマネジメント理論との違い

そして、この点が、例えばヘンリー・ミンツバーグなどのマネジメント論と、本書とを分ける大きなポイントでもある。ミンツバーグは多くの仕事を残しているが、そのなかで最も重要な貢献のひとつが『マネジャーの仕事』という本である。この研究で、彼はマネジャーという存在が何をする人々なのかを、実際のマネジャーに、「密着取材」をすることで描き出した。企業家、リーダー、フィギュアヘッドなど、ここから導き出されたマネジャーの一〇の役割に関する発見は有名だ。

もちろん、ミンツバーグも、組織行動論と同様に、極めて実証主義的（理論ではなく、実際のデータ重んじる立場）な研究を重視するが、彼の関心は実際のマネジャーが何をする人なのかにあり、それが部下や他のメンバーにどういう影響を及ぼすかを、部下やメンバーの視点から見るという発想は薄い。いうなれば、丁寧だが、あくまでも「有効なマネジャーの行動描写」なのである。

こうした立場から導き出される実践的アドバイスは、組織行動論からのそれと違うことは明白である。どちらがよいかは別問題として、発想の仕方が違うのだ。

## 経営へのつながり

本書は働く人やメンバーの視点からマネジメントを考える、組織行動論的色彩が濃い。ただ、難しいのは、こうした組織行動論的の枠組みは、企業経営という大きな話題になかなかつながっていかないということである。解説したような組織行動論だと、現場の上司が行うマネジメントへの提言という範囲内に収まってしまう可能性が高い。したがって、よいマネジャーの教科書はつくることはできても、優れた経営の教科書にはなりにくいともいえる。

よいマネジャーづくりを、優れた経営のための指南へ結びつけるために、組織行動論が編み出した概念や考え方が、本書の後半（第4章以降）で扱われている組織文化やコア・コンピタンスという概念である。本書では、社風や会社の価値観という言葉も使われている。

組織にとって、働く人が協働して一定の目的に向けて自発的に動いてくれればそれに越したことはない。自分で目標を設定し、上司や周りの支援を受けながら、仕事の意義を感じつつ自分でコントロールしているという感覚を持って動いてくれたほうがよいのである。もちろん、上からの指示命令や金銭的インセンティブで人を動かすこともできるが、それだと本書で指摘されているように内発的動機づけが失われる。でも、組織としては一定の方向に導きたい。

そうした問題を解決する組織行動論の考え方が組織文化やコア・コンピタンスである。優れた企業を見ればわかるように、組織文化が浸透しており、価値観が共有されている企業は、特に上から指示をしたり、金銭的インセンティブを与えたりしなくても、メンバーが一定の方向に動く。そして喜ばしいことに、そのなかで内発的動機づけは必ずしも失われないのである。

トヨタ、グーグル、ＧＥなど、多くの企業がこれまで強い組織文化をつくることで、競争力を維持してきた。こうした強い組織文化は、まさに本書で紹介されたハメルとプラハードのコア・コンピタンスの条件にぴったりである。本書に出てくるＪＩＮＳも、「常識を破る」という価値観を企業全体に浸透させることで、コア・コンピタンスを構築し、業績回復を果たしたと解釈できる。

## 人がその気になる組織

今の私は組織行動論を離れて、人材マネジメント論を専門にしている。そのため講演などをしていると、しばしば人材マネジメントとはどう定義するのかと聞かれるが、そういうときは、このように答えることにしている。やや聞こえはよくないかもしれないが、人材マネジメントとはつまるところ「人をその気にさせる」ことである、と。

人は自分で目標をたて、上司や同僚からフィードバックを受けながら、自分でコントロールしつつ、自力で何かを成し遂げたと感じるときに、最も大きな達成感を得て、そしてモチベーションが上がる。それが「その気になる」ということであり、本書の根底にある組織行動論から私たちが学んだことである。多くの従業員が「その気」になっている企業は、強い。

企業における、経営者の、マネジャーの、そして人事部門の務めは、できるだけ多く人にこうした状態になってもらうことである。人をその気にさせるために何が必要か。それを考えるのが人材マネジメントの本質である。

最近の人材ダイバーシティの高まりにつれて、背景のことなるさまざまな個人がチームとして働くことが日常となった。こうした多様な人材の個性を尊重しながら生き生きと能力を発揮してもらうために、人の心まで踏み込んだ人材マネジメントがさらに重要になってきている。同質性の高い組織における「直感の経営」の人材マネジメントでは立ち行かなくなっているのだ。その意味で、本書にあるような組織行動論のノウハウは現場のマネジャーに必須の内容といってもいいだろう。

そのため本書は、部下を持つ、または持つ可能性のあるすべての人に、また組織全体を動かす立場の経営者、人に影響を及ぶすことが仕事の人――教員や医師、サービス業で顧客に相対する人など――にも読んでほしい。入門書という意味では、学生にも読みこなせる内容である。

企業経営に限らず、人の視点を踏まえ、人の心理まで考えて、その人を動かすという場面は誰でも直面する現実である。また変革という意味でも、組織も社会も自分一人では変えられない。「人をその気にさせる」ことで、変革は可能となるのである。

# 参考文献


『心理学的経営』（大沢武志著、ＰＨＰ研究所、１９９３年）
『モチベーション入門』（田尾雅夫著、日経文庫、１９９３年）
『産業・組織心理学入門　第２版』（岡村一成著、福村出版、１９９４年）
『よくわかる産業・組織心理学』（山口裕幸・金井篤子編、ミネルヴァ書房、２００７年）
『産業・組織心理学エッセンシャルズ　改訂第三版』（田中堅一郎編、ナカニシヤ出版、２０１１年）
『マネジメントの心理学』（伊波和恵・高石光一・竹内倫和著、ミネルヴァ書房、２０１４年）
『人材マネジメント入門』（守島基博著、日経文庫、２００４年）
『企業の人間的側面　新訳版』（ダグラス・マグレガー著、高橋達男訳、産能大学出版部、１９７０年）
『現代の経営管理理論　第二版』（佐久間信夫・坪井順一著、学文社、２０１３年）
『経営学１００年の思想』（宮田矢八郎著、ダイヤモンド社、２００１年）

『経営学史叢書Ⅲ　メイヨー＝レスリスバーガー』（吉原正彦著、経営学史学会監修、文眞堂、2013年）
『モチベーション』（デイビッド・C・マクレランド著、梅津祐良・横山哲夫・薗部明史訳、生産性出版、2005年）
『ハーバードで学ぶ「デキるチーム」5の条件』（J・リチャード・ハックマン著、田中滋訳、生産性出版、2005年）
『ワーク・モティベーション』（ゲイリー・レイサム著、金井壽宏監修、依田卓巳訳、NTT出版、2009年）
『コア・コンピタンス経営』（ゲイリー・ハメル＆C・K・プラハラード著、一條和生訳、日経ビジネス人文庫、2001年）
『エッセンシャル版　マイケル・ポーターの競争戦略』（ジョアン・マグレッタ著、マイケル・ポーター協力、櫻井祐子訳、早川書房、2012年）
『日本人はどのように仕事をしてきたか』（海老原嗣生・荻野進介著、中公新書ラクレ、2011年）
『「いっしょに働きたくなる人」の育て方』（見舘好隆著、プレジデント社、2010年）
『日本企業の国際フランチャイジング』（川端基夫著、新評論、2010年）
『若者と労働』（濱口桂一郎著、中公新書ラクレ、2013年）

【著者略歴】

**海老原嗣生 Tsuguo Ebihara**

雇用ジャーナリスト。1964年生まれ。大手メーカーを経てリクルート人材センター（現リクルートキャリア）入社。以後20年以上、リクルートグループで雇用に関する取材、研究、提言をおこなってきた。現在、リクルートキャリア社の第1号フェロー【特別研究員】として同社発行の人事・経営誌『HRmics』の編集長を務める。経済産業研究所制度改革プロジェクトメンバー。広島県雇用推進アドバイザー。『雇用の常識「本当に見えるウソ」』『面接の10分前、1日前、1週間前にやるべきこと』『2社で迷ったらぜひ、5社落ちたら絶対読むべき就活本』（プレジデント社）、『なぜ7割のエントリーシートは、読まずに捨てられるのか？』『もっと本気でグローバル経営』（東洋経済新報社）、『女子のキャリア』（ちくまプリマー新書）など、著書多数。

**無理・無意味から職場を救う**
**マネジメントの基礎理論**

2015年4月4日　第1刷発行
2023年3月19日　第9刷発行

著 者　海老原嗣生
発行者　鈴木勝彦
発行所　株式会社プレジデント社
〒102-8641
東京都千代田区平河町2-16-1
電 話 編集（03）3237-3732
　　　販売（03）3237-3731
編 集　中嶋 愛
装 丁　漆崎勝也
組 版　朝日メディアインターナショナル株式会社
制 作　関 結香
印刷・製本　凸版印刷株式会社



ISBN978-4-8334-2122-5

Printed in Japan

# 目次

ここに〈砂の言葉〉がある。感触は匿名によって持ち去られている。ほとんど乾燥し、手で掬い取ろうとすると、さらさらとかすかな音を立てて滑り落ち、指先にはごく薄い層が残され、それを擦り合わせ擦り込んで、意味の片鱗なりと見出そうとするが、それも水泡に帰し、砂自体は何食わぬ顔でつぎつぎと形状を新たにする。目もなく、耳は塞がれ、美味いはらわたを嚙み砕き、液状化が精神との別離を成し遂げる。

今世紀の初めから取り組んできた大陸〈ユウラシヤ〉は、この〈砂の言葉〉で創られている。めぐりあう流砂の時間に流刑の黙示。多重人格の破鍋《われなべ》に、沸点のない空想のブイヤベース。海に囲まれ、大河が支流を張りめぐらせ、湖の先にはタイガを思わせる針葉樹林が広がる。氷原、熱波、砂漠、内戦に分断壁。多民族の競合と相克。そして国、その国と関わりがないかのような無名の町、その中の街、街角、街並み。三つの作品に姿をみせる女性たちは、今なおそこに暮らしている。〈ユウラシヤ〉は成長の過程にあるからだ。

一人目のミル（／キク）と二人目のリーランは大陸の創生期に姿をあらわし、そこへと私を導き入れてくれた「創作の恩人」である。それに対して三人目のアノオンナは形作られた大陸の真っただ中で、キフ人と呼ばれる小さな民族集団に紛れて不意に姿をあらわした。今でも私は彼女からの手術を受けている。それは能動的で革新的な内面の手術。麻酔も何も効かないが、言い表わしようのないその痛みがこの先も分け隔てなく伝えられていくのか不安になる。噴き上げるテロリズム、その文学的な水準において。

三つの作品は、〈ユウラシヤ〉の各地から浮かび上がった空中（／砂上）楼閣による、作者殺しのための合作にすぎない。手術は必ずや失敗する。私は殺害をおそれ、著作そのものの地下に潜って活動を続ける。

挿絵・風間博子

# 迷宮の飛翔

未開の声で、未公開の声に、

# I

## 変転（メタモルフォーゼ）

# 海に

# 1

その日も街は美しく、麗しいばかりに照り輝いていた。冬の入口に差しかかると、季節は疎ましいまでの未練を掻き立てられ、一頻《しき》り去りゆく秋の残り香にその場限りの心血を降り注ぐ。かいがいしくも移ろいやまぬ天然の営みをよそに、町は俗世の、あまねく俗界の鏡をもって自らを任じる。訪れる者にとってはかけがえもない故郷《クニ》の町を彩り、去る者にとっては何ものの故郷《クニ》にもなりえないという稀薄な町に禁断の街並みを誂えた。あまつさえとどまる者にとっては、どこにも区切りのない不在の市街地が延べ広がる。空白の時は至るところ昼夜を分かたず、惜しげもなく、軽やかな愛という名の憎しみばかりを繙いていった。詠み声は誰にも聞かれず、歌という歌はすぐにも掻き消され、耳を澄ますこともままならなかった。そんなにも根拠のない、録音不能な騒音の最中《さなか》に人間たちは住んでいた。ぬくぬくと住みつき、とうに住み慣れてもいた。だがかれらは、のみならずかれらが目にする全てのものは、この町を被う破れた呪文のような空一面に描かれた、一枚の紙切れにすぎなかったのである。

もう何年も前から、そこには二つの布告がなされてきた。共に侵すべからざる至上の命題であり、いずれも精緻な〈音声の文字〉で記されてきた。方向は問わず、吹き抜ける風の強さに合わせて器用に高さを転じる様《さま》はまことに床《ゆか》しく、眠りの中にあっても容易に忍び込めるので、市民たちの時々刻々の思いを連ねる、襞《ひだ》という襞の奥深くにまで滲み通ることもできた。二つの布告は、目覚めてもなおかれら自身の言葉となって迸《ほとばし》り、その重みを目一杯に携え、折節口ずさまれることにもなった。

曰く、

「殺《あや》めし者を殺せば、あるいは殺してこそ、殺められし者は蘇る」のであるとか、

「王者を殺めし者こそが、それに代わる真の王者たりうる」のであるとか。

奇怪なことに、口ずさんだ者にもそれを耳にした者にも、それらについての自覚がなかった。二つの布告は原理上分かち難いまでの連繋を保ちながら、人心の切り立った壁の中を一人歩きしてきたのであろう。それだけにまた洗脳にも等しい効力には、並ぶもののない絶大さが伴ったのかもしれない。しかもいつしか町は布告に守られ支えられて、周辺地域からもすっかり切り離された都市国家としての体裁を整えていった。刑罰の体系の極点には死刑が祀り上げられ、これが布告の、中でも前者の代行者と目される。もっとも執行は永らく差し止められたままになっており、驚いたことに最後の執行を記録したはずの公式の文書も、久しく紛失ということにされてきたのである。

それもひとえに布告の持つ絶大なる権威を慮《おもんぱか》ってのことらしい。法廷において殺人者の有罪が立証され、死刑が確定し、刑死を遂げてもなお被害者が蘇らないという、最悪の事態が現実のものにな

ることを、法務当局は極度におそれ警戒したのである。にもかかわらず死刑判決だけは、乱発とは言えないまでも定期的に下されてきた。となれば、こうした矛盾がいつまでも見過ごしにされるはずもなかった。一般刑事法をはるかにこえた格付けにある空からの布告を盾にとり、わけても被害者に所縁《ゆかり》の者たちの中からは強硬に執行を求める声が絶えなかった。すると法務当局は一転して、空からの布告にも明記されない〈人命の尊重〉という不文律を謡い文句に、要求を退け、拒み通した。さらに執行を求めて起こされた行政訴訟においても、今度は司法当局がこの二枚舌を追認して公然と法務当局に援助の手を差しのべたのであった。こうなると、行き場をなくした者たちはかなわぬ死刑を見限り、あわよくばと私刑を目論み、私刑をめざし、空しくも機会を窺い、付けねらい、果ては公権力による被疑者の逮捕拘禁そのものを望まず、むしろこれを積極的に妨害するような輩まで横行し始めた。麗《うるわ》しの巷にはそんな悪意と殺意が交錯し、信号を忘れた歩行者のような顔をして所かまわず火花を散らしながらも、うごめき、さすらい、日盛りの中にも満ちあふれていた。

もとよりそこに王者の姿はなかった。妖しくもコロイド状の分身をぬるぬると縦横に巡らし育《はぐく》みながら広く地上を統《す》べるという、そんな王者の陰影《かげ》すらも久しく見失われてきた。とはいえ、途絶散逸したとされる刑死者の記憶とは裏腹に、かつて君臨した王者の系譜については、現在《いま》も多くが伝わり遺されている。脆《もろ》くも草むす断片の列に成り果てようと、さまざまな記念碑は町のそこここに散在した。さらに町の周囲には広範囲にわたり、何基もの墳墓が建ち並ぶ。それらが何やら心通わせ、大きく群れをなす有様も確認することができた。そこには特定の管理者もなければ季節の祭礼も行なわれない。要するに打ち棄てられて顧みられず、供養の花を手向けるような律義者などいなかった。ただ近郷近在の住民たちが祭りをかねて執り行う草刈り奉仕のついでに、気紛れでお座なりな掃除の手を入れるぐらいのものだった。だから王者というのはいつでも眠らされてきたし、なおも至る所で眠りこけていた。なりふりかまわず、深遠なまでに心おきなく、眠りを妨げるものなどどこにも見出されない。その中で辺りを覆う無気力な土くれは、物言わぬ唇の湿りを求めて、百年に一度の貴重な雨が落ちてくるのを今か今かと待ち侘びていた。

空に奏でる二つの布告には、つねに不協和な異質の流れが付きまとってきた。殺人と蘇生をめぐる第一の布告が刑死の遂行を極度に制御して、ほぼ完全な停止を招いたのに対して、真の王者をめぐる第二の布告は徹底してその実行に、それも加速度的に移されてきた節がある。そうでなければ、町の内外にこれだけの数の墓碑が残される道理もない。一説によると、布告通りの振舞いが大手をふってまかり通り、余りにも過剰に成し遂げられたために、ついには王者になろうとする者自体が途絶えてしまったという。それがいつの時代のことなのか、定かな共同の記憶など残されてはいない。名もない王者の痕跡ばかりが堆積をし、うずたかくも積み上がる山また山の彼方にうずもれて脈絡のある記録も立ち消えとなり、何事も語らず、結局のところ有力な手掛かりをなくした人びとはうろたえることも忘れていた。

それでも、風聞に身をまかせて受け継がれたひとつの言い伝えがある。それはかつて、王位をめざした最後の志願者が憧れの玉座、永く空席となるべき王者の椅子に向かって、今わの際に投げつけた言葉だと言われる。曰く、

「私の思いをなきものにする、不在の王者よ、お前の空位は、この先いつまでも町を被い、お前の不

墳墓

徳を食《は》み続けるだろう。」

その志願者の迎えた最期が刑死であったのか、こちらについても定かなことはわからない。あえて詮索の手をのばそうとするお調子者など現われた試しがないという。資料はいずこへともなく持ち去られ、声だけが空に受け継がれて、町は大いなる沈黙を守った。


無名の女がやってきたのは、同じ日の昼下がりだった。

禁断の木の実が弾けるころ、人びとは程よく辛子の効いた煎じ薬の濃い茶をひと息に啜る。たちまち体は火照り、涙も滴り、見る間に痙攣まで襲ってくると、せめてもの生きる証しにとこの変転が脳裏にも刻まれる。

女はいつも安上がりな生活をめざして、黄金の踝《くるぶし》を結わえた。踵《きびす》を返しても、道のりは変わらない。女はそこを歩いた。歩いて、歩きぬいて、隈なく辺りを徘徊する。爪先には、いつかこの世の終りが始まるのだという、第三の布告が挟まれていた。そこから森羅万象をのりこえて本物の空が広がる。名もない一人の女にとって、寂れてもなおこの町は巧まざる試練の巷である。果てしもない羞恥の回廊を巡らせてみせる。そこも女は歩いた。男殺しの襷をかけて、練り歩く道筋はあらかじめよく知り抜いていた。

誰もが木の実だと思ったものは、小賢しくも夜昼となく、約束の顔をして殺戮に勤《いそ》しむ地雷の片割れにすぎなかった。戦争というものは決まって遠くから、田舎の臭いに託《かこつ》け、安っぽい勝利の代償を掠め取るばかりだった。あとには何も残らず、物乞いと死者との区別も曖昧にされて、町はどこにも咲くことのないひめゆりの花一輪に託された。当てどなく一蓮托生の物語りを背負って、選び抜かれた子どもの中の子どもがひとりサッカーボールを蹴り飛ばすその日まで、かつてのスタジアムには風除けのための墓石が一面に建ち並ぶばかり。そこに忘れられた誰かがやってきて、在りし日の歓声をなみなみと注ぎ込んでいく。気の抜けたビールのような臭いが立ち込めて、ルールのないゲームにはは物事の後先が読み取れない。おまけに雷が鳴る。地雷ではなく、天然の雷鳴《いかずち》が。そして誰もいなくなる。今度こそは何の未練もなく。

それでも女は何かにつけて無頓着を装った。二つの布告などどこ吹く風とばかりに笑い飛ばす。とはいえ、大らかな救いなど見出されない。その徴候さえも見当たらないままに細長く、ありふれた水の濁りを抱きとめるべき運河が一本横たわっていた。船の往来もなく、女の入居する部屋はその微かな流れに面した五階建ての三階に久しく取り付いてきた。今しも寺院の鐘は鳴り渡り、人びとはまだ見ぬ機銃掃射の夢を描きながら、午後の仕事へと絡めとられていった。置き去りにされた女は、せいぜい一人分の防護壁といった引っ越しの荷物を道端に立てると、自らの行く手を遮った。荷物といっても彼女の場合は、外国旅行用の大きなトランク一個にこれまでたどった人生のすべてが収められている。無名の女は、身に余る所有は潔しとしない質実にして優美な気風を、父母を騙る何者かからひそかに受け継いでいた。つまり女は名目上、実の父母というものを知らなかった。あるいは実質的にも存在を信じていない節さえ窺えるのだが、そのこととその存在を軽んじていることとは決して同義に扱われることがなかった。

女は難なく防護壁をのりこえた。荷物は再び元のトランクとなって歩みに連なった。一台きりのエレベーターに乗って、かれらは一路三階をめざした。トランクの片側には一通りさまざまな生活用品が詰め込まれている。一人用の手軽な食器セットにキャンプ用の調理用具一式、三冊のファイルノートに筆入れが一つ、ハンディな革装日記帳に身分証明書の類い、数冊の辞書を除いて書籍もなく、雑誌は立ち読み、それ以外は基本的にすべて図書館で済ませてきた。パソコンは持たず、CDもテープもDVDもなくて、ただ中波とFMのほかに短波にも対応できる比較的高性能の小型ラジオが一台、中央に置かれていた。もう一つの側には衣類が詰められていたものの、同年代の女性にしては余りにも数が限られている。こちらの方はさすがにこれで足れりというわけでもなく、新たな定住地を見つけるとその都度買い求めては、懇意になった古着屋に売り飛ばしてきたものらしい。

無名の女は感情を顕わにすることもなく、黒いコートの襟をしきりに逆立てた。無名といっても、単に有名ではないというばかりか、現実に彼女を呼びとめ呼びつけるための安定した名前をかつて両親から授けられたという形跡がどこにも見つからなかったのである。名づけの親もなく、自称も通称もままならず、彼女は与えられた無名性を率直に受け止め承け入れて、その所以を熱心に繙きながら名もない人生の齣《こま》々に余韻も鋭く折り重ねてきた。おまけにほんの数週間前までは白色銀行という、この辺りでも名の知れた大手都市銀行のれっきとした行員で通っていた。そんな状態で何の銀行勤めかと訝る向きもあるだろうが、行員の同定に番号しか用いないという新手の合理化を成し遂げた同行をようやく探し出し、そんなシステムに惹かれて潜り込んだのだった。憧れの職場では「右の六九番」で通っていた。身分証明書もすべて番号のみで押し通してきた。外国へ出るためのパスポートだけは相手の国情に応じて無理が通らないケースもあったので、そこはやむなく偽名を用いたが、現地の当局にばれるようなどじも踏むことがなかった。部屋の契約などその他の社会的要請に際しても、友人や知人、時には著名人の中から適当なものを見つくろって組み合わせておいたが、いずれもその場限りのものでしかなかった。

そんな無名の女が果たしてこの日、町の外からやって来たものか、それとも町の中の別の住所から引っ越して来たのかについても、消息を正確に知る者はいない。誰もあえて彼女に尋ねようともしなかった。ひょっとしたら、彼女自身もよくわかってはいなかったのかもしれない。来たるべき真冬の訪れを嘲笑うかのような南寄りの風が運河をこえて彼女の足元を擽《くすぐ》り、絶え間もなく吹き上げては、赤味がかった髪を切れ切れに靡《なび》かせていく。肩まで垂らした緩慢なウェーヴはほんの一部だけが臙脂《えんじ》に染め抜かれ、そこに幾許かの欲望の芽が封じ込められていた。それを代償にして失業者の彼女は、偽名を操り、無名を押し通すことに得がたい快感を覚えるまでにのめり込むこともできたのである。

(その快感はまもなく予期せぬ形で振り替えられることになるのだが)

番号の陰に隠れて入社した白色銀行では、つねに男子と肩を並べて営業の第一線に身を置いてきた。この二、三年は「右の六九番」でなければ、と言う大口の顧客も付き始めていた。ところが昨年来の度重なる金融不安に伴う〈リストラ〉とやらで、その地位もにわかに危うくなってきた。それでも総番号制の白銀《はくぎん》(白色銀行の通称)なら退職者リストも任意抽出を貫けばよいものを、こればかりは真っ先に女子行員ばかりを優先し、解雇もちらつかせて一大攻勢をかけてきた。いわゆる一般職などはここを先途と軒並み風前の灯火を背負わされ、同じ火の手は垣根をこえて総合職キャリア組にものびてきた。そこで彼女は機先を制して、早々と自ら退職を申し出てやった。前日には直属の上司が氏名番号併用制への移行を露骨に臭わせて、相当に悪辣な脅しをかけてきたからである。元来そんなものに怯える彼女でもないのだが、結果的に脅しに屈して氏名を名のらされるような破目に陥ることだけは何としても避けたかった。それに、提示された退職金の額にも不満はなかったし、十年にも満たない勤続年数にしては、むしろ上々とも言うべきだった。だからいま彼女は、以前から開いていた赤色銀行の口座に、慎ましくやっていけばあと四、五年は無収入でも暮らしていけるだけの貯えを残している。それでも労働への意欲が完全に失せたというわけではなかったのであるが。

それに誰かの形見のような白銀《しろがね》のピアスが陰になり日向になり、いつも彼女を支えてきた。それは彼女が彼女自身に与えたただ一つの贈り物であり、装身具であり、その円環は永遠の自己回帰をも具《つぶさ》に標した。右の耳朶だけに開けられた直径一・五ミリの風穴を通して、どこまでも彼女を擁護するのだという薄紅色の誓いを立ててきた。白銀のピアスは自立した色調を変えることもなく、自らの誓いを通してわずかに赤らんでもみせるのだった。

退職後のいまでは、そんな秘められた羞恥をもやむなく打ち消してみせるように、そこにはほんの小さく一本の凧糸が結ばれていた。よく見ると、蝶結びの糸は緑と青の斑《まだら》に染め分けられている。左右の羽にあたる部分が仄かな対照をなしていた。行員時代の彼女は、ここに「六九番」を示す円型ないしは卵型の番号札を吊り下げていたのである。「右の六九番」とは、だから同時に右耳の六九番でもあった。もっとも職務を問わず女子行員の全員がピアスを開けていたわけではなく、ましてや白銀《はくぎん》の長い歴史の中でもそんな所に番号札を付けたのは後にも先にも彼女ただひとりだった。そんなお洒落な例外が許されるのも、彼女には特定の、あるいは不特定多数の懇ろな有力上司があるからだ、と陰口も随分とたたかれたが、彼女はまるで取り合わず、気にもならないという風情を貫き通した。な

ミル（キク）

るほど、奇抜と言えば奇抜な佇まいではあったが、特に客からの不評を買うわけでもなく、むしろほどよい笑顔との調合は、男女を問わず好感をもって迎えられることもしばしばだった。そんな実績にも支えられて、なおも番号ピアスに向けられる身内からの悪口雑言には、彼女一流の格言をもって応えた。曰く、何事も「輪《わ》をもって尊しとなす」と。

近頃では身軽な糸になったせいか、彼女の心臓にもどうやら同じ輪《リング》が吊り下がる。しかも肉体をこえて、彼女にとってかけがえもないこの世の中心をなし始めていた。そんな呪《まじな》いの糸がこの時彼女を三階へと吊り上げた。半ば儀礼的な一往復の横揺れに続いてエレベーターのドアが静かに開くと、そこはもう彼女の借りた部屋のすぐ前だった。こんなにも便利よく出迎えた三階の二号室は長らく、それも数え切れないほどに長く、次の住人の到来を待ち焦がれてきたという。居住者もなく、開かずの扉となって封じ込められてしまうことを何よりも恐れてきたのは、この部屋自身だったのかもしれない。うまく掃き清められた廊下の所々には、古新聞と古雑誌の束が整然と積み上げられて次の回収日を待っていた。右手の突き当たりではダンボールのみかん箱がひとつ、きちんと蓋を閉じている。階下《した》の部屋からは生ギターの伴奏でバラードの一曲も聞こえてきたが、時折中断して繰り返されるところをみると、装置による再生ではなく、住人か誰かの演奏によるものらしい。正方形の中庭を取り囲むようにして建つこのビルは、各階ともに八つの部屋を配し、その中で角部屋となるのは四つである。いちばん日当たりのよいほぼ南向きの、運河に面した側には一号から三号が並び、彼女の借りた二号も二つの角部屋に挟まれ、エレベーターの真ん前に位置していた。立ちはだかる重い年代物の木製の扉には、彼女の胸の高さにまだしっかりと、部屋の番号を示す「2」の一文字が読みとれる。円く突き出した真鍮のノブの真下には、これまた古風な前方後円型（正しくは上円下方型）の鍵穴が開《あ》いている。墳墓ではないが、湧き出ずる地底冥界からの強風が突き当たれば直ちに吹き抜けて、彼女の髪を靡かせるのではないかと思われるくらいに、何やら大きな抜け穴だった。

彼女もまたそんな風穴を通り抜けようとしていた。コートのポケットから一本の鍵を取り出した。鍵はすでに今朝方、このビルの一階に住む自称管理人の女から手渡されていた。一見人のよさそうな、それでいて今にも裂けそうな、柘榴《ざくろ》の実のような赤ら顔をした白髪の老婆だった。両隣りの部屋からは、何の物音も聞こえてはこない。バアさんによると、どちらにも以前から住人がいるということで、独身の物静かな人たちばかりだからあんたはいいよと、じつに長閑《のどか》な口ぶりで問わず語りに答えた。右手の一号室に入っているのは、鏡だかガラスだか、とにかくそんな割れ物を磨き上げるのが専門の職人さんで、左手の三号室の住人は入居してまだ一年に満たない若い女で、それも東洋系の留学生らしい。堅気の職人男の方は中年の域に達しており、今では一番古い住民の一人だけど、この家《や》の主《ぬし》を気取るばかりの横柄な振舞いもなく、物腰はいたって控えめ、おまけに異教徒だから見方によっちゃ少々変わってるかもしれないけど、根が真面目でいい人なんだから、まあ安心しなさいよ、とやけに念を押してくる。留学生の子も、友達と遅くまで飲んで騒ぐなんてことも金輪際ないんだから、こちらも大丈夫と請け負いながら、だから、あんたも気をつけてね、と抜かりなく釘を刺してきた。おまけに、他所者《よそ》だからって冷たくしちゃあだめだよ、と要らぬお節介までやきながら、ようやく鍵を差し出した。そんな人となりでは、いま両隣が在室かどうかすぐに読みとれないのも無理はないのかもしれなかった。

彼女は深々と鍵を差し込んだ。そのまま右に回そうとしたが動かない。そこで左に捻《ひね》ると、すぐに回ってカチャッと乾いた音がした。さらにノブを回すと、これが何と施錠されている、ということは、何のことはない、初めから扉は開かれていたのだ。元に戻してとにかく足を踏み入れてみると、突き当たりには大方天井にまでも届くような高くて広い窓が開いていた。サックスブルーのブラインドはすっかり巻き上げられて、曇りのない一枚板のガラスから冬の陽光が燦々と降り注いでいる。その向こうはまたしても運河だ。手前の円卓が何だかか細い一本足で、いわくもありげな流し目を送る。白い卓上にはあの老婆からの心遣いによるものか、椿の花が一輪活けられている。ここまでのところ部屋は長き空白の時をこえ、見えざる雷鳴と嵐の中を生きのびてきたのである。

陽射しをまともに受け入れた室内は蒸し暑いぐらいだった。スチームの暖房がこのビルにも通っていたが、今の天候ではまだどの部屋にも入っていなかった。無名の女はひとり円卓をこえ窓辺へと向かう。窓ガラスを持ち上げ、外気を導き入れるという以外にも、もう一つの目論見があった。それもまた彼女と外界を繋ぐ呪《まじな》いの一つにほかならない。すでにコートのポケットからは、同心円型の穴を持った一枚のコインを取り出し、利き腕の掌に握りしめていた。吹き込む風もなく、大気は穏やかに流れていく。この三階から見下ろしたとき、運河の水面《みなも》もかつてなく静かで、至るところ瞬きながら、道からでは目にせざるをえなかった水の濁りに淀みが、ほとんど気にもならない彼方にまで遠去かっていた。それはこの窓から見渡せるどんな風景表象よりも遠くに退いて、見下ろす彼女を限りのない誘惑の淵へと沈めるのだった。

彼女はすぐにコインを投げた。それはたちまち本体をなくした〈土星の輪〉となって目前の太陽を取り込み、描きなれた放物線を滑らかに引いて音もなく、運河の水面《みなも》に消えた。その輪は彼女の身代わりとなって誘惑の淵に身を沈めたのであり、そこにもこの世の中心らしきものを形作ろうとしていた。この投擲の儀式を通して、彼女は新しい居室を世界の中心から少しでも遠ざけてその中立を守り、併せて自らの無名性を確保しようと努めたのかもしれなかった。

窓を閉じることもなく振り向くと、彼女は改めて仮住まいの新居を見渡した。決して悪い出来映えというのではなかった。何よりもまず全体に掃除が行き届いていたし、壁や床、それに天井にも大きな疵や染みらしきものは見当たらない。黒のコートを脱いで二つ折りにすると、円卓の傍らに置かれた椅子の背にかけた。円卓のほかに右手の角にはやはり運河に向かって仕事机も置かれ、左手のベッドには真新しいシーツもかけられている。扉の右手には流しの横にガスレンジもついており、左手にはトイレとシャワーが仲良く並んでいた。これで冷蔵庫があればほぼ完璧だろうが、それもここ二、三日中にリサイクルショップで工面できるだろう。部屋はこの一つきりだが、さすがにトイレとシャワーの前には扉の所から斜めにカーテンのレールがのびていた。試しにそのカーテンを引いてみると、一面に大きく、何ともありふれてとぼけたあの「ヴィーナスの誕生」の絵柄が染め抜かれている。どうせならもう少し飽きの来ない、幾分抽象的な味わいも残る、たとえばカンディンスキーなりパウル・クレーなり、あるいはホアン・ミロでもいいんだけど、そんな絵柄にしてほしいと思ったが、あえて取り換えようとするような強い意気込みはどこからも感じられなかった。

彼女はそろそろ窓ガラスを閉めることにする。再び開いた隠し所のカーテンを束ねてからもう一度窓辺に立ってみると、そこには何者かの居室というよりは実験室、それも小学生のころ、年上の誰かの白昼夢を見届けた理科室の佇いが色濃く立ち上った。自らの背負った無名性の証しをより一層吟味するために、彼女はごく私的な実験室を捜し求めてここまでやってきたのかもしれない。

それから右手の台所に立つと、二時間遅れの昼食の支度に取りかかる。と言っても、出来合いのサンドイッチに目玉焼と即席のポタージュという簡単なメニューで、流しの横の二つの焜炉が塞がれていく。お湯を沸かし、小さなフライパンに植物油を引く。弱火のままで熱が回るのを待ってから、買い求めたばかりの卵を一つ割り入れる。快く、そして芳しく白味の弾ける音がする。塩を振り、胡椒を挽き入れて蓋もなく、水も差さずにただ焼き上がるのを待つ。その間彼女は、これからの単純な段取りに思いを巡らせた。陽射しは相変わらず部屋の中程まで射し込んでくる。まずはどこで食べるべきか……壁際の机か、それとも円卓か……うん、ここはやっぱり窓辺の円卓にと振り向いた時、彼女は部屋の様子がすっかり改まっていることに気づいた。

そこで彼女は焜炉の火を止めた。あとは余熱に任せれば、それでよかった。見ると円卓の上に飾られた椿の花は跡形もなくなっている。これでは口紅が、臙脂の髪染めに合わせて両唇に引いてきた二筋の紅《くれない》ばかりが目立つことになってしまう。それは彼女の趣味ではなく演出でもなくて、この喪失を補うべき別の行きずりの華も見当たらない。何者かの邪な謀かと思わせるくらいの根深い戦慄を伴い、またしても〈土星の輪〉がかけられて、そこには丸くて白い物体が載っていた。真新しいバレーボールでもラグビーの球《たま》でもなく、彼女にとってはごく身近な見慣れた形態にすぎない。それも今しがたフライパンに割り入れたばかりの卵型が、見事なまでに補修され復元もされて、選び抜かれた大型化を遂げたあと、自転する惑星の道をめざした。そこでは一つの太陽系が細大漏らさず幻想の影絵を引き摺り、部屋の内外を大らかに、また安らかに貫こうとしている。そんな大きな卵一つを載せた円卓だが、それはまるで運河沿いのこの建物を載せたこの町自身であり、さらにはこの町を載せたまま飽くなき堆積を繰り返してきた生物岩質の大地そのものでもあった。だから全てはこれから生まれるも同然で、地下へと忍び寄る人為的とも言うべきマグマの流れが、止むことのない地響きからの転調が、そしてこの地を見舞う初めての変成の兆しが、彼女にははっきりと読みとれるのだった。

彼女は窓を閉じた。これでようやく入居に伴う一連の儀式にも終止符が打たれる。自らは目蓋を閉じる暇《いとま》もなく、時は足早に刻まれて、いつしか卵は円卓に根を下ろした。かつてそこに活けられた花よりも植物的な生理と本能に目覚めた。その光合成に運ばれ、いつの間にか階下の音楽も鳴りを潜める。両隣からは相変わらず何の気配も伝わってこない。それほどまでに卵自体の眠りが深かったのかもしれないし、だからこそ窓の閉ざされた空間は一段と静まり返り、あたかもこの町を取り巻く長き空白の時代を一手に引き受けたかのような、帰らざる威厳にも包まれていった。少なくともいま、この部屋の中で王者になりうる者はと言えば、彼女をおいて他には見当たらない。殺人と王者をめぐる空の布告を司り、やがては成就する第三の布告を見渡しながらも、混沌の巷を統べる者の力量には、何よりもまず無名であることが求められた。しかも窓の外には初冬の陽射しを浴びながら、空白と不在の名を騙る運河の町が狂おしくも誰かの足下に平伏そうとしていた。

## 2

それからの二か月、冬は同じ顔を見せながら飄々と、特に深まることもなく比較的穏やかに推移した。それでも時折思い出したかのように寒波は襲来し、頻りに氷の微粒子を撒き散らしながら冬本来の輝きを増していく。降り注ぐ一面の雪景色のなかに、モノクロの街並みを残して、寒気は足早に立ち去る。久しぶりに窓辺に佇むと、いつの間にか路上の植え込みには、気の早いクロッカスが紫の花を添えている。運河沿いに立ち並ぶ篠懸《すずかけ》の木はまだ所々に残雪を載せ、重みを担う裸の枝先はそっと控えめに頭《こうべ》を垂れながらも、来たるべき季節の移ろいに耳を傾ける。この年最後の寒波を締め括る激しい吹雪が続いたあとのこの二、三日は、打って変わった晴天が夜昼となく続き、乾いた北からの風が誰の目も届かないところにまで一息に吹き上げては、生後まもない雲の子の群れを次々に巻き込んでいく。子どもたちにはとても近寄り難い高度にまで上昇を遂げる。このところの風向きは禁欲的なまでに雲の戯れを好まない。だから冬を彩る風花の種子はいよいよ堅く閉ざされ、降り注ぐべきものは端《はな》から摘み取られて、徐々に力を貯えた冬日の中へと雲散霧消する。そんな晴れ間を縫ってまだ遠い早春からの足音は確かに忍び寄り、上辺は真冬の衣を纏いながらも日一日と頬を赤らめて、名残りの雪化粧を丁寧に剝ぎ取っていく。こうして誰もが春の訪れを待ち望み、町は密かに狂気の蕾を膨らませた。その花が咲くのを見た者はまだ一人もいない。季節を問わず、狂い咲く花というものは何よりもまずそれを見る者自身にほかならないのだから。

あのとき円卓の上の並外れて大きな卵を前にしても、無名の女は身の危険を感じることなどなかった。それについては翌朝早く、前払いの家賃を渡しに行った折りに尋ねてみると、例の管理人の老婆が事もなげにではあるが、少しは改まった口調で答えた。

「それなら毛虫の遺した忘れ形見です。それ以外にはちょっと考えられません」

「毛虫?」

あまりにも意外な答えを前にして、女はこう繰り返すしかなかった。

「そう。あそこにゃ、毛虫が住んでいた」

「あら、いやだ」

「やっぱりお嫌ですか」

さもありなんとばかりに、老婆は微笑んでいた。

「まあ、好きじゃないわよね」

「それも毛虫と呼ばれた男なんですけどね」

「男?」

と聞かされて無名の女には、それ以上の二の句が継げなくなっていた。それをもとうに見越していたかのように老婆の方は、ただ旨そうに朝一番のお茶を啜って一息入れると、相手にはただの一杯も勧めることなくひたすら捲し立ててきた。毛虫と呼ばれたかつての間借人の男について話すのは、老婆にとっても久しぶりの巡り合わせで、部屋に残された卵に至っては全くの初耳である。それだけに何やら歳を忘れさせるばかりの、身震いもするような瑞々しい感動がその身を駆り立て、奇妙に若返らせるのだった。願ってもない千載一遇の機会に老婆は胸躍らせて縋《すが》りつき、前後の見境もなくして話題へ話題へと一筋にのめり込んでいった。

すぐに老婆は話しの相手を見失う。そればかりか生命《いのち》の行く手を測りかね、毛虫と呼ばれた男が生きた時代へと退くと、いま語り継ぐ伝説そのものへの変身を願うようになっていた。その伝説が彼女にとっては、行き場を見失うまでに究極の、見果てぬ夢ばかりを誂えていく。変身を企て、見事成し遂げるとき、老婆というのはほんの名ばかりで、隔絶した過去からの呟きが世を忍ぶ仮の姿に転じるのだった。

毛虫と呼ばれたかつての間借人の男は、生涯にわたって独身を通さざるをえなかった。そもそも世の中に、毛虫を嫌う人の数は多い。「毛虫のように嫌う」と言えば、心の底から嫌うという意味になるが、この男の場合に限っては少々事情を異にした。男が毛虫と呼ばれたのは嫌われたからではなく見捨てられたからであり、それも誰にも近寄り難いものを内に秘めていたからである。しかも、ゆくゆくはその秘められたものを華麗に成就させるべく、見違えるような転身を遂げるのではないかという期待もまた、毛虫という形容には少なからず込められていたものらしい。だから毛虫は幼虫であり、ただの毛虫だけで生涯を終えるものではなかった。とはいえ、老婆もじかに男とまみえたわけではない。本人も正確には数え切れなくなるほどの歳月、このビルで管理人を務めてきたが、三〇二号室のかつての住人と直接の交わりを持ったことはただの一度もなかった。

その見捨てられた男にはただ一人、まるで妻のような妹がいたと言う。妹は、毛虫と呼ばれた兄が両親の家を出て（正確には出されて）このビルの三階に引っ越してきてからも見捨てることなく、何キロも離れた自宅から足繁く通いつめ、その度に「遥かなる心の滋養に」と称して、持参した手作りのエサを投げ与えながら、ついには惨たらしい最期を怯むことなく看取ったと言われる。ここでとりあえず惨たらしいと言ったのは、男が妹の献身的な看護を受けながらも、結局は生涯毛虫のままで臨終を迎えることになったと思われるからである。もっとも死後については、硬直の始まりとともにいよいよ本物の毛虫をめざして強ばりを深めたのだとも、あるいはすぐに蛹となって身を隠し、妹を含む誰もが所在を忘れたころに羽を広げて飛び立ったとも伝えられるのだが、真相は何一つとして詳らかではない。あるいはさらに、毛虫のままに事切れた男の亡骸がそれから間もなく、今では使われることもないこの町の旗にくるまれ、最愛の妹一人に付き添われ見送られながらビルの中庭で荼毘《だび》に付され、遺灰は前の運河に流されたという話もあるのだが、くるまれていたのが男の亡骸だということを証明するものは何も残されていない。それが今ごろになってまさに忽然と、誰も住まなくなったかつての居室に大きな卵が残されていたというのだから、いったい誰の卵なのか。やはり毛虫と呼ばれたその男の？……老婆は、得も言われぬ悪意の玉が連なり、沸々と込み上げてくるのを感じた。

妹はそののち行き先も告げずに町を去り、再び戻ってくることはなかった。残された両親は帰りを待ちわびるでもなく、半ば放心の体で音もなく、安らかな他界をとげた。毛虫と呼ばれた男の親類縁者は一人も残っていない。あれ以来、三〇二号室への入居者も途絶えたままである。男の妹が出奔の前に「私が帰るまで、あの部屋は誰にも貸さないでほしい」と言ったとか言わないとか、ともあれ気味悪がって借りる者はおろか、町では話題にすることも半ばタブーにされてきたという有様だった。それがどうしてこの名もない女が、いともあっさりと長年の禁を破って部屋を借り受けることになったのか。ここまで来て、老婆はひとこと尋ねてみたくなった。

「あんた、ひょっとして、あの人の妹さんかい？」

だが、女からの返事はなかった。もとより老婆には聞こえるべくもない。老婆の声もまた誰にも届かず、毛虫と呼ばれた男の生きた時代の中に取り残されていたからである。

「その一人身を通した人がたまご、無精《せい》だか有精だか知んないけど、卵を遺していたとはねえ。そいじゃ、妹さんが人には貸すな、と言ったとしても、よおくわかるような気がするよ」

老婆がめざす伝説への道はまだ遠かった。どんな海よりも深くて、どんな山よりも険しかった。しかも彼女自身はその目で卵とやらを検分したわけでもない。そこにこそ年甲斐もなく、凄まじいばかりの執着が入り込む余地も残されている。老婆は借り物の手足を捥《も》いで身軽になる。来たるべき伝説をめざして勢いづいた。

「兄さんお一人の卵かい？　ほんとはあんたたち二人の卵じゃないのかい？」

無名の女もこんな問いかけを密かに感じ取りながら、すでに卵の待つ三階の自室へと向かっていた。彼女にとっては、老婆の語った由来などもうどうでもよくなっていた。遺された卵が生きている限りは、それを養っていくことにこそ同居人としての重大な関心を向けざるをえない。それに孤立をして悲観的になることもなく、なるほど彼女は老婆を置き去りにしたが、老婆もまた彼女を置き去りにしたのであって、本当に置き去りにされたのは二人が出会った管理人室だった。生き残るべき時代の影を見失い、誰もいなくなった管理人室の机に、前払いの家賃を収めた無署名の状袋が取り残されている。投げ与えられるエサすらもなくて、毛虫も同然に見捨てられていく哀れな現金《げんなま》と化していた。

「また、そのうち、見せてもらいに行くからね」

吹き抜ける風もなく閉ざされた一二月の朝の廊下に、聞き手もなければ屈託もないという、老婆からの呼びかけだけがこだました。当の老婆は今もどこかで、やはりビルの管理人になる夢を紡いでいるだろう。見果てぬ夢の中で狂い咲きの花が繰り返し、捥がれたばかりの彼女の手足を飾り付ける。その胸は、あまりにも小さく塞がれている。逆に項《うなじ》は、大きな傾きを見せていつまでも溜め息をつくのだが、その上の頭部を見届けた者は一人もいない。少なくとも今は亡き、あの毛虫と呼ばれたかつての入居者を除いて。つまり老婆は、自分が見たこともない男によって絶えず見張られてきたのだが、彼女の残した惑星の帯が、時代をこえたそれらの直列が身代わりとなって、途轍もない引力を解き放とうとしている。語り手だけのものではない新たな伝説に向かって、迷宮の扉は開かれ、卵は蘇り、空には一面の星が鏤《ちりば》められた。

それから年が明けると、無名の女はいよいよ最初の行動計画に取りかかった。多分に衝動的ではあったが、別に殺意があったわけでも、愛情を持て余したわけでもない。ただ町に出て、人並みの仕事を捜すことにしたのである。部屋の中にも取り立てて変わった様子はなく、例の卵にしても相変わらず窓辺に近い同じ円卓の上に安置されていた。鼻をつく腐乱臭も漂ってこないところを見ると、どうやら卵はまともに生き残ってきたのかもしれない。ただし、そのことと順調に育っていることとは自ずから別の話である。こうして円卓の卵が生ける屍ではなくて、いまだ動かざる生命《いのち》の種子《たね》にすぎないのであれば、飼育と養育のために特別の出費が嵩《かさ》むという事態でもなかった。だから就労の目的は幾許かの金を得るばかりでなく、本当の狙いはこれまでのようなその場凌ぎのものではない、固有の名前を手に入れることにあったのかもしれない。命名者は彼女自身である。無名の女がついに名のりを上げる。無名の衣を脱ぎ捨て、新たな仕事に従事する。パートタイマーしかなくても、それが一時の気紛れではないと言うのなら、名もない自分の生き様を根底から覆そうとしたのだろう。

名前たちを鏡にして、よく見えてこなかったものを映し出す。

同じ名前を梃子《てこ》にして、上辺だけのものではない、より深遠でより深刻な無名の有り様を探り出す。

全身を裏返してなきものにする、内なる夜からの〈匿名性〉を手に入れるために。

そこで女は選び取った一枚の名札を背負ってコートを羽織ると、真新しい冬の往来に飛び出した。

その行く手にも、すでに至るところ無色にして透明な、名前という名の厚化粧が施されている。そんな広がりを前に女の選んだ一つ目の名前は、どこにも苗字のないただの「ミル」だった。ごくありふれた、みる、きく、はなすのミルであり、世間の風通しも良くて、道行く誰もがコートの襟を立てながら女の命名に勘づいていった。すると仕事の話も意外なまでにすんなりとまとまり、名前の方もただのミルと言うだけで十分だった。きっかけは駅前の本屋で見た「コンビアン」という七色刷りのアルバイト情報誌で、仕事の内容はいわゆる家庭教師、二か月の期限付きだった。その分時給の方は相場よりもかなりいい値がついていたが、何しろ週一回の計八週間、二月いっぱいで終了するとまたしても失業という段取りになっていた。授業は毎週金曜日の夜八時から、生徒は「中学生ぐらいの少年」ということで、時間は一回二時間を基本としながら、時には深夜にも及ぶ、とある。授業の内容と目的については何も明記されなかったが、何と言っても近いのが魅力だった。相手の住所は同じ運河沿いの対岸を駅の方向に少し戻った比較的若い番地で、地図で確かめると公立美術館の真向かいに当たる。女の新居と同じ並びにあるその美術館では、折りしも開館百周年を記念して「周辺古墳群の軌跡と私たちの未来、その大いなる回顧展」と題した特別展が開かれていたのだが、ミル自身はまだ一度も足を向けたことがなかった。

早速その日のうちに応募の電話を入れると、夜には打ち合わせのためにこちらから出向くことになった。とっぷりと日が暮れると冷え込んできて、道端の所々に残る雪解けの水溜まりには早くも薄い氷が張り出している。踏み割るだけの勇気もなく、そこを左に折れて高々と円弧を描く人道橋を渡ると、目標の番地は目と鼻の先に控えていた。大声で試験か何かの話をしながら、学生風の男女が自転車で走り抜ける。それ以外にはほとんど人通りもなくなっている。おびただしい鳥の影が夜空を覆い

街路を往く

つくしたかのように、星の光も届かない。そこはミルの新居と大むね同じ様式の五階建ての集合住宅で、依頼者の住まいもまた彼女と同じ三階にあった。これから教えることになる少年の部屋は運河に面した北向きで、開かれた張り出しの窓からは人道橋を含む三本の橋の向こう側に、ミルの住んでいるアパートを望むこともできた。もっともどういう加減か、ミルの部屋からは、この仕事先のビルを確認することができなかった。だから久方ぶりの職場への道は、視覚上の一方通行路を余儀なくされていた。

少年はヒロシとだけ名のった。２ＬＤＫでそこそこゆとりもある住居に女と二人で暮らしていた。ミルからの最初の電話に出たのも同じ女だろうが、年齢不詳の声は受話器のせいばかりではなかったようで、ミルにはとうとう最後まで正体を摑み取ることができなかった。戸口で出迎えた時も、ヒロシの待つ部屋に通したあとも、型通りの挨拶はともかく、女からの自己紹介など一切なかった。それでもミルが見るところ、女はヒロシの姉というよりもどちらかと言えば妹のような母なのであり、あるいはやはり単純に母親のような姉だったのかもしれない。それに対して父親らしきものの影はどこにも見当たらず、あえて言うならばまだ中学生というよりも小学生にしか見えないヒロシ自身があろうことか自分の父親を兼ねているようなところさえ感じ取られた。それから授業の回数を重ねてもなお正体の見えない同居人の女一人を除いて、少年には肉親の、それも兄弟を含む男の肉親からの影があまりにも稀薄なので、その情景は大きな戸惑いと共に遣り場もない悲しみのようなものをミルの胸元にも醸し出してくるほどだった。そんなときミルは数少ない選り抜きの来訪者となって、我が身を守りながらもどこかしら少年を庇《かば》い、労苦をねぎらい、ただ一人寄り添いながらも、選び抜かれた少年の言葉に対して職業教師として試探の耳を傾けるのだった。

教会の鐘が鳴って、商店街の灯が落とされた。九時の時報を聞きながら闇が勢いを増してくると、煉瓦色の壁は見たこともないピラミッドの夜を装いながら、何の起伏もない醒めた陰影の中に身を沈めた。訪問先の室内灯は一段と輝きを増し、いまだひっそりと集う三人の肌をごく均等に照らし分けていく。窓際の机には少年が腰を下ろして前の壁を見つめながら、初対面のミルには右の横顔だけを向けている。その横顔と境界を接するように、同居する女の顔が心持ち傾くと、話の口火を切り出した。するとそれまで張りつめてきた部屋の空気がほんの一瞬、厳かに揺らめいた。

「先生……そうお呼びしてもよろしいですね」

「はい、どうぞ」

「ねえ、ご挨拶を」

女に促されて少年は、捉えどころのない光明だけを湛えた目線を配りながら、サラリとミルに呟いてみせた。

「今晩は」

「今晩は」

「先生、彼にとっては今のが精一杯なんです。どうかご容赦下さい。それというのも、いよいよこれからその天才を我が物とし、どこまでも全うしようとしているからなんです。でもそのためには、単なる助言の域はこえまして、まるで、そう、自殺の幇助でもするような、結果も責任も問うことのない献身的な介添えが必要なのです。ところがこの私ではあまりにも身近にすぎますし、深入りもしすぎております。おわかりでしょう……たとえば先日もこんなことがありました。まだ今よりもずっと幼かった当時の彼が、と言ってももうお指しゃぶりの方はとっくに卒業していましたがね、この部屋の床に就いて小一時間もしたころですか急に起き上がると、隣りで取り入れたばかりの洗濯物を片付けていた私のところにやって来たのです。早くも寝癖のつきかけた長めの髪をせわしなく右手の指先で搔き撫でながら、私の瞳の奥のさらにそのまた向こうを覗き込むようにしてこんなことを言うんです。『ねえ、ここは宇宙でしょ』『ええ、そうよ。それ以外に何があると言うの』と答えると、『じゃ、きくけど、その端はどうなってるの』と畳みかける彼。虚をつかれたも同然の私が洗濯物の端を何回も摘み直しながら返答に窮しておりますとね、『そいでね、大体ここって端があるもんなの、それともないもんなの』ってさらに畳みかけてくるのですよね。さすがに私も畳みかけの洗濯物を床に置いてから、『それは無限っていうことね』と、とりあえず新しい単語を持ち出して、はぐらかしにかかったのですが、彼はやや肩を吊り上げて『そんなことわかってる』と言いながら、あとはもうこの上もなくゆったりと視線を落としていきました。彼にとっては、知ることの限りもない喜びが深い落胆と相俟って、この生涯最初の驚きをたちまち色褪せたものにしていくようでした……おそらくですね、彼自身はそれについて何も言いませんでしたが、私が思うに、寝床に入って天井を見つめながら生まれて初めてふとそんなことに思いを巡らせていくと、言い知れぬばかりの恐怖にも襲われたようなのです。だとすれば、それは実に根源的な恐怖ではありませんか。唇は白く、目は一様に充血していました。彼は項垂れたまま、足を引き摺るようにして元の寝床に帰っていきました。夜は重くのしかかります。それを彼の弱さだとは言いたくもありませんが、彼のみならず私たちふたりにとっては今でも昨日のことのようにして、重くのしかかってくる出来事なのです」

女はここまで一気に捲し立ててくると、ようやく足を組み変え、二度三度と哀れな生唾を飲み込んだ。

「それも今となっては、無用の重みなんです。むしろ有害な重みでもありまして、問題からは切り離されたまま思い出の顔をして、私と彼との関係を隠れ蓑に、必ずや彼の天才を押し潰そうと企むのです。私には、静かな惨劇の行く末がありありと浮かんできます。中でも最も悪質なケースとしては、押し潰された彼とその天才が誰もいない、いるはずもない、深夜の公衆便所からこの町の地下、それも遥か紀元前にも遡ろうという古ぼけた地下水道へと流されていくのです。これは伝説という仮面を付けた死体遺棄であり、精神の不法投棄とでも言うべき許されざる蛮行です。その地下水道がどのように張り巡らされ、またどこに通じているかなど、誰にもわかりません。それは海でしょうか。だとしたらあまりにも遠すぎます。この町の住民で海を見た者はほとんどいないというのが嘘偽りのない現状なのですから……先生、あなたはごらんになりましたか」

「いいえ」

ミルはそう答えながらも、それが自分の答えであるとはどうしても思われなかった。

「でしょう。やはり無駄なのです。私がいくらここで努力を積み重ねても、彼とは親しすぎるというだけの私には、手に余るのですから。それに私は地下水道というものを知りません。どちらかと言うと、これまでの私は空中を浮遊する方でしたから尚更にです……そこで先生にお願いです。どうか残り少ない限られた日数の中で、彼の天才を全うさせてやって下さいな」

「わかりました。何とかできるだけのことはやってみますから」

答えるミルに何かの目安があるわけでもなかったが、そんな空白も、要領を得ない不思議な確信にだけは満たされていくのだった。

「そうですか。それを聞いて安心しました。それでお支払いの方は銀行へのお振込みでよろしいのでしょうか」

「いえ、できれば、お手数ですが毎回の現金払いということで……」

「ええ、ええ、わかりました。お安い御用ですよ。是非そうさせていただきますわ」

　女はお金の話になると、それまでとはまるで趣きの異なる、妙に明るい雰囲気を醸し出した。珍しくすぐ下の運河沿いを、トラックが荷台を軋らせ唸りを上げて走り抜ける。窓際の少年ヒロシはこの時すでに大学ノートを広げてぽつぽつと何かを書きとめていた。指先のそっくり切り落とされた黒の手袋を右手にはめて、ペンを握る様子を見ていると、何やら急に大人びても見えてくるのであった。

「そこで先生、まず今日は二人だけで、今後八回の授業を通した研究のテーマをお決め下さい。そして二月の終りには彼一人のために、どうにか一角《ひとかど》の記述となるものを残してやって下さい。それが彼の手によるものであろうと先生の手によるものであろうと、それはどちらでもよろしいのです。それがテーマというのはあくまでも共同研究のテーマなのですから。念のために一言だけ申し上げておきますが、彼はいわゆる受験生ではありません。れっきとした探究者なんです。だからこそ自分のテーマを持っているはずです。それも一つではなく、多様に、いいえ、ことによると、彼の見出した無限とやらをこえてまでもですね。それをとにかく形の上では、一つにまとめてやって下さいな。

　ただし、御覧のように、彼は相当に人見知りが激しい方なので、今夜のところはひとまず筆談になさることを私からもお勧めいたします。そうすれば来週以降は追い追い口数も多くなっていくことでしょうし、ゆくゆくは先生のことを手放しでお慕い申し上げることでしょう……それでは、何とぞ良しなに。私はまた三十分後にまいりますので」

そう言い残して扉の向こうに消えたきり、女はその夜二度と再び姿を見せなかった。女からの勧めには素直に従って、ヒロシとはミルの持参したノートでの筆談を試みた。と言っても口数はまだまだ限られ、どちらかと言えばこれまで本人が書きとめてきたものを彼女が点検してまとめるというのがより実態にも近かった。かなりぶ厚い横書きのノートはすでに半分をこえた辺りまで書き進んでおり、記念すべき第一頁は基本的な書字練習に始まり、それが頁を追うごとに日記風のエッセーからまとまった若干の論述考察も加わって、少年自身の目の必ずしも行き届かないこれまでの軌跡が余すところなく凝縮している。それも目覚ましい長足の進歩が記されていた。彼の精神的形成は見た目よりも遥かに急速なものであった。それがある病のもたらした副作用にも似た結末であることをミルが悟るのに、さほどの時間はとらなかった。しかも現状では不治の病であることを思い知るにつけ、めざす共同研究のテーマも自ずから定まることになった。

おずおずと、手探りの筆談を始めておよそ一時間が過ぎ去ったころ、ミルは当り障りのない題目を提示してみた。

「人間の、とりわけその終末期ないしは終焉をめぐる多様体の研究」

ただし、ここに言う〈多様体〉とは、位相幾何学等で用いられるような数学上の概念規定ではなく、滅びゆく身体／肉体あるいは死体そのものを解析するための言語的多様体をさす。少年ヒロシもこの点を素早く汲み取ったものか、ミルからの最初の提案を便宜上の「略記」とでもするような、より詳細なテーマを立ててきた。

「ある人生の結末、もしくは人間の身体の終焉とそれに伴う精神の末路をめぐって、無限に展開し一途に凝縮された、言語的多様体とその形成に関する共同研究」

こうして〈二人の使者〉は始点の合意に到達した。そのとき初めて少年は快活な表情を浮かべることができた。そんな彼ひとりに見送られ、ミルもまた帰路につくことができたのである。八回の授業を彩るべき肉体の詩《うた》、それも滅びゆく肉体からの呻吟を痛烈なるがまま、二人はそれぞれに模索していた。すると胴体も首もないペラペラの翼がくるくると舞い上がって、どこかに懐かしいところもある空からの旋律を伝えてきた。この町に下されてきた例の二つの布告は、この時ほぼ完全に忘れ去られていた。しかも少年にとって来たるべき二月最後の授業日とは、出産の予定日ならぬ死亡の予定日（記念日ではない）として公式の登録も済ませている。それもその日をもって何らかの延命措置が打ち切られるということでもなかった。ヒロシに取りついた病というのはすでに名うての「てぐす病（天蚕糸病）」と呼ばれて、ひそかに流行の兆しを見せていた。

その中で私たちは吐き捨てられていく。紛うかたなく吐き捨てられた私たちこそは用済みのチューインガムであり、眠気醒ましの板ガムにして、どんな病よりも重かった。それに眠気というものはことごとく、文明の騒音に運ばれ消え失せていく。単調この上もない紙のコップには珈琲色の、もしくは生えぬきの機械色をした、液体という液体にして、液体の中の液体が注がれる。用済みにされたガムがまたひとつ包み紙もなく赤裸々に、見えざる虹の彼方へと吐き捨てられていく。朝となく夜となく、踏まれ踏まれて引きのばされて、星座の描かれた石畳のプラネタリウムにあちらこちらと音もなく、磔刑《はりつけ》にされる。それをたったいま踏みつけにしたあなた、ではなく、あなたにも踏まれてさらに薄くなったかつての板ガム一枚、それこそがあなただと、駅のプラットホームから誰彼かまわず叫《おら》ぶ時、人を取りまく病という病が健康を害し、もはや病ということすらも立ちゆかなくなっている。そんな中でも「てぐす」の病にだけは、疾病の底辺にあっても見出されるべき仄かな光明のありかを、人知れず問わず語りに指し示してくるようなところがあった。

それでも町を挙げて、第一級の奇病扱いであることには何の変わりもなかった。とにかくこの病気の犠牲者に限っては、一人の会葬者の立ち会いも認めずというのが掟であり建前であり、亡骸は町の保健局によって周到なるが上にも周到な荼毘に付された上で、直ちに散骨された。その場所についても定かなことは何も伝わらず、いつも決まった場所なのか、町の内か外かということすら明らかにはされなかった。その代わりに、と言うと少々穿ちすぎかもしれないが、少なくとも二親等までの遺族にはそれ相応の見舞金が支給されてきたという。だとすれば、これはやはり病気について口外すること一切罷《まか》りならぬという、口止め料だと考えるのが手っ取り早くも至当な解釈だろう。たとえこれが事実だとしても、効能の方は甚だ心許ないのが現状のようで、世間ではしばらく前からもう相当のことが風説ならぬ定説となって流布されてきた。しかしながら、病原となる物質、あるいは細菌などの微生物類について、専門家の間でも何一つとして有力な説は、仮説としても見当たらず、伝染性や遺伝性についても一切が〈緑一色〉とでもいうべき不明の中にとどまっていた。

中でも典型的な症例についてはよく知られていた。

症状はまず母体の懐妊期間の著しい長期化となって現われてくる。その進行と共に父性の方は日に日に影が薄くなっていく。出産までの期間は最大で四ないし五年に及ぶ。たとえ途中で手術といった人工的な手段による母体の解放と胎児の摘出を試みようにも、三年をすぎる辺りまではあまりにも未熟で、体外での生存率は掛け値なしの0パーセントだった。ならばいっそのこと、常軌を逸した母体の疲労と忍苦を慮って中絶という選択にも及ぶところなのだが、主に宗教上の理由からそのことは固く禁じられていた。それでもこの病のために、闇の中絶手術を試みて命を落とす者も毎年跡を絶たない。しかも通常の四ないし五倍以上の長い時間をかけて身籠もり産み落とした新生児の寿命は極めて限られたものだった。短いものでは生後二週間、長いものでもせいぜい一年にも満たないというのがこれまでの症例である。ならばどの児も自立歩行以前の生育段階で身罷るのかというと豈図《あにはか》らんや、この病を得た児の生長ぶりには尋常ならざるものがあるのだから、関係者の陥る当惑にはなおのこと深甚にして深遠なものが付きまとう。何しろペースは速く、決して一様ではないものの、往々にして通常の六、七歳児、稀には思春期をこえて、やがて成人も間近かと思われる段階にまで生長を遂げる者さえ現われてきた。少年ヒロシの場合がこれに該当するが、それとても初めての症例ではない。十年以上も前から町全体で常時数例、年平均にすると軽く二桁を上回る数の発症が報告されてきたが(保健局調べ)、これまでのところ出産の前後を問わず、懐妊の長期化そのものが直接の原因となった母親の死亡例は確認されていない。

面白いと言うと語弊もあるが、「てぐす病」の語源探しをめぐってもなかなかに入り組んだというか、一風変わったところがある。その名にふくまれる、白色透明の天蚕《てぐす》糸なるものをこの疾病に結びつけるものは見当たらない。妊娠期間の常軌を逸した長さからして、来たるべき出産の時を胎児が今か今かと待ちかまえて手薬煉(てぐすね)引いている、というのがよく耳にする俗説だが、これでは穿ちすぎというよりも遣り切れない心地がする。目を転じてこの病気の英語名にあたってみると、*cicada syndrome*、つまり「蟬の病」とある。なるほどこれならば、蟬族の長きに渡る地下活動と死を前にした二週間足らずの地上生活、儚くも梢から梢へと渡りゆく名吟の営みということで、疾病の症状にもほどよく合致する。ではそれが何故に「てぐす」と呼ばれるのかといえば、どうやら希臘《ギリシア》語

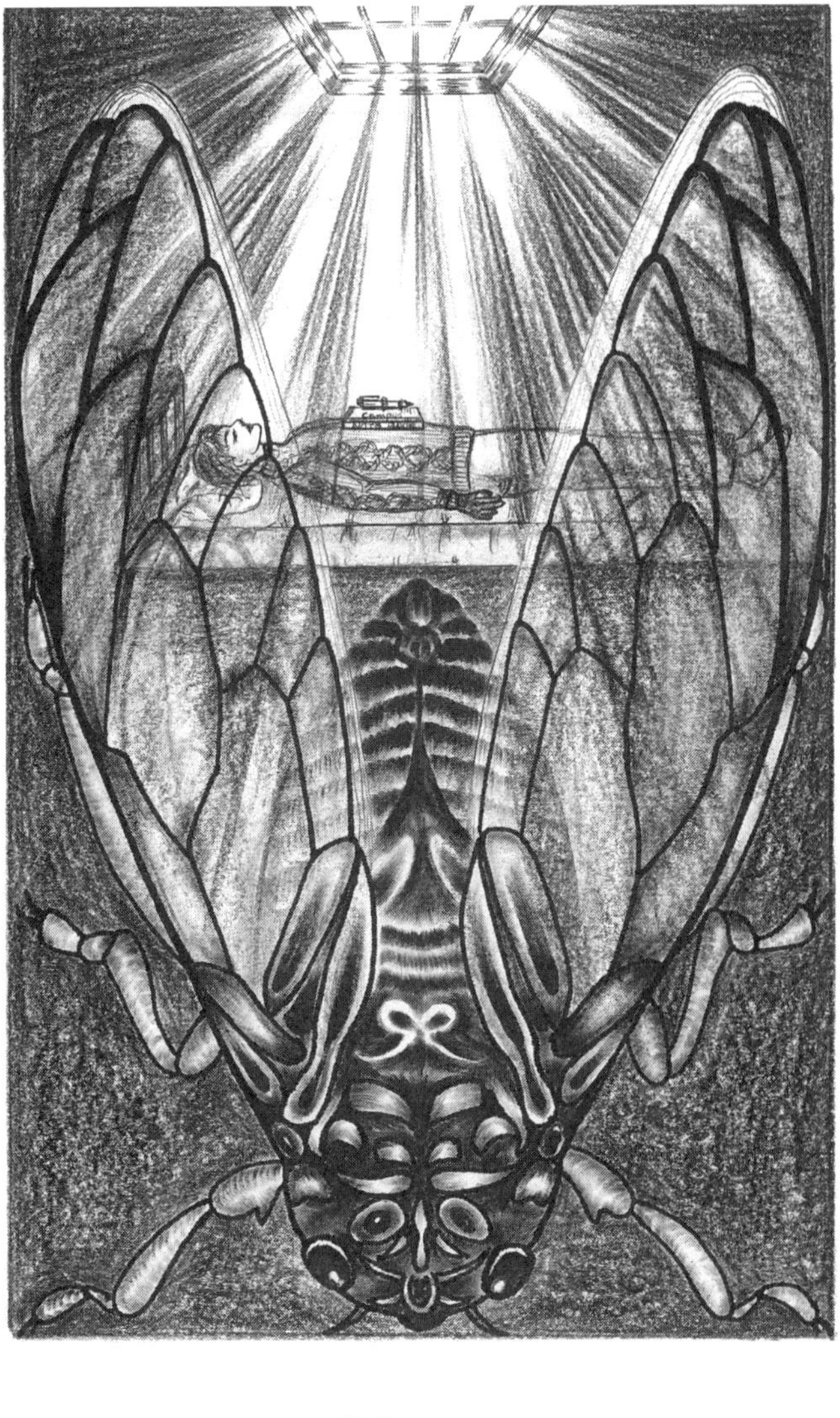

蟬とヒロシ

が介在するらしい。この町のアカデミア病院で長年小児科部長を務めた通称「藪睨み」の老医（藪医者の謂ではない）がかつて保健局の公報に依頼記事として綴ったところによると、「てぐす」というのは蟬の希臘語名「テッティクス」に由来するというのだ。「テッティクス」が縮まり訛ったのが「てぐす」だと明言をする辺り、命名の起源にこの老医ありかと疑われる。ともあれ病状を捉えて蟬の病とは言いえて妙なるものがあるのだが、蟬族の場合は何の疾病でもなくて、かれらのライフスタイルないしサイクルそのものである。そう考えると、はたしてこれはわれらが種族にとっても疾病にあたるのかという素朴な疑問も湧き上がる。むしろ新型新種の生死循環ではあるまいかと。

いにしえの希臘では、蟬はムゥサ（ミューズ）の女神の使いとされた。元を糺《ただ》せば人間であった。女神の出現前の時代を生きてきた人びとの中に、女神と共に歌というものがもたらされるや、寝食忘れて歌い続けた者たちから蟬の種族は生まれた。だとすれば、この町に現われた蟬の子どもたちをそんな人間たちの蘇りだとしても、強《あな》ちありえない話ではない。だから一様に病人と断じることもできないのであって、新たな蟬の種族を生み出すために選ばれた者たちかもしれない。

その一人がいま少年ヒロシと名のりを上げ、ムゥサからの使徒ならぬ家庭教師ミルの生徒となって、金曜日の夜を待っている。志半ばに倒れた蟬たちの歌声を「言語的多様体」とやらに読み換え、残り少なく限られた時間を光のように黄色く、夜の肉のようにどこまでも暗い、共同研究という名の自治がもたらす自由な旋律によって埋め尽くさんと身構える。その上で自分専用の作業部屋についてもこれを精確に繰り返し、精密に複製する。頭の中にも綿密に張り巡らせながら、この上もなく緻密に組み立てていく。そこには生前もなければ没後もない。感覚はこれまでの理知を労い、生前の首尾は部屋の外へと置き去りにされ、数知れぬ没後の効用も顧みられるところがない。記述はものの見事に擦り抜けて天才を全うする。絶え間もなく乗り越えられた無名の現在が和やかな放浪の果てに、主《あるじ》をなくした物語の岸辺へと、人知れず、独りでに、流れつく……

ヒロシの授業は予定通り次の週の金曜日、午後八時から始まった。正体不明の女はやはり扉口でミルを迎え、お茶の接待もしてきたが、前回途中で姿を暗ましたことについては何の説明もなく、授業が始まるとまたしても二人を置き去りにした。それに対してヒロシの方は前回の筆談をあっさりと手放していた。そして一週間に書き溜めた自分のノートを見ながら、傷つきうごめく生の営みを小さな地声で語り始めた。それもまずは美しく生きるという局面ばかりを、ぽつぽつと思い付くがままに列挙し始めたのだが、それによってヒロシの体は照り輝くのではなく、かえって泥沼のような陰影を帯びて、あるいはラベルの剝がれた空き缶のごとき円味も見せながら、悪しき停滞を示すのだった。すると分析は生の醜さへと飛び火をして、同じく空き缶のような彼の上半身が今度はペコペコと音を立てて凹《へこ》みながらも、むしろ凹むことによってみるみると本来のあるべき生長を取り戻していったのである。

日を改めて少年は、正しく生き抜くという数々の場面を練り歩き、誇らしげに渡り歩いてもみせたのだが、そこに昂じる攻撃的な気分をただ鵜呑みにしながら、刃物のように研ぎ澄まされた筋肉の躍動ばかりが目立つようになった。荒ぶる声の容量に饒舌の度合も一息に高まりを見せていく。ために体の生長はまたしても阻害され、心の成熟も授業の背景にまで退くと、少年の思考は生の邪さへと矛先を転じて、徐々に積み重なった疲労はついにこのとき筋肉そのものの痙攣を招き寄せた。それでもヒロシは挫けることなく、弛緩のためのあくなき弛緩を試みながらもどうにか語りつぎ、同級生《クラスメート》のない学び舎《や》の徒として一途に振舞い通してみせた。やがて午前0時を前にして手首はうなだれ、足首もまた力なく踝の両肩を落とすと、無色透明の液体となる日を夢見る脂肪の塊りと化して、そのあと一昼夜にも及ぶ長き眠りの途についた。

さらに日を改めて話しがいよいよ生のもたらす歓喜に赴くと、事態は余す所なく一変した。それまでは筋肉や脂肪からの野放図な圧政にもじっと耐え忍ぶばかりであった、骨という骨がついにここで立場を変え、一斉に蜂起を試みたからである。それぞれが内なるX線の松明を掲げ、軽快なワルツを奏でるようにして初めての躍動を遂げた。体の生長も無事再開をして大いに伸び上がり、その夜ヒロシは精通（生まれて初めての射精）を体験した。目覚めた彼はやむなく一人で後始末をする。泡沫《うたかた》の欲望にもけりをつけた。しばらくは声も思うようにはならず、語り残された生の悲哀についてはあらためて筆談に頼らざるをえなくなった。ただし、速度と量には目を見張らせるものがあった。要するに少年は、生をめぐる一連の記述とそれに伴う肉体の成長を一通り終えて、いよいよ声変わりの時期を迎えていたのである。ここまでの授業を通じてミルが何よりも感心させられたのは、ヒロシが巧みに織り込む歌声だった。毎回モノガタリの核心にさしかかると、それらをどこにも無理のない、しかも週ごとに異なる、見事な旋律にのせながら自らは立ち上がることもなく朗々と歌い上げるのだった。独唱は時に十数分にも及び、高鳴るフォルテなどは運河沿いをそぞろ歩く者がいるならば、必ずや耳の底深くにまで聞き届けられたに違いない。

だが、どこかに思い詰めたところのある、それでいて誇らしげな歌声も声変わりを境に鳴りを潜めると、少年のモノガタリは次第に死の影を帯びていった。五週目には幾分かの深みもある大人の声となって歌もそれなりに蘇ったのだが、旋律は以前の調性を見失い、あるいは脱ぎ棄てて、いきおい断片化の様相を顕わにしてきた。しかもそれらの末端にまで隈なく行き渡るようにと、ようやく手に入れた大人の声を駆使して時に叫び、時に唸り、時に呻いては、時に囁いた。あえて罵《ののし》るまでもなく繰り返し喉を嗄らしながらも、そこには回を重ねるほどに高度で厳密な方法意識が見え隠れする。そんな度重なる断章にのせてヒロシは、自らを含む病のこと、そこから社会を蝕んでいく病理のこと、その上でなおも人は人を殺めるということ、それと共に様々な自死についても縦から横、上から下、左から右、前から後、さらにはそれぞれの反対にまでもモノガタリを紡いだ。

突然の転調が訪れたのは、授業も残すところあと一回となった七回目の授業の最中であった。ヒロシは初めて愛について語り始めた。それも肉親への愛ではなく、与えられた余生の中では決して経験することのない濃密にして濃厚な恋の成り行きについても、成就を願い、破綻を受け入れて、年老いた巡礼のように頭《こうべ》を垂れ足元を見つめて、自らの思い描くところを包み隠さずに述べ伝えた。この七回目に至ってついに彼は歌そのものを見失い、体は一切の動きを剝奪されたかのように硬直し固定された。それでいて跡形もなく、また後腐れもないような安らぎの旅路を見出した。こうして八回目の今回は、いよいよ死について存分に語り合うことで一連の共同研究を締め括りたいものだと、ヒロシは微かに呟いて、最後となる授業のテーマを告げ知らせたのだった。

その日のミルは、今までにも増して余所行きの衣裳を整えた。華美な配色を遠去けながらも、口紅は念入りに引き直し、いつもの時刻に訪れてみると入口の扉は僅かに開かれていた。そこには手書きの伝言を記したコピー紙が一枚貼り付けられ、言葉少なにヒロシの所在を示していた。女からの出迎えもお茶の持てなしもなく、〈少年〉はといえばそれまでの仕事部屋から、三、四階の透き間に作られた大きな天窓もある半ば屋根裏の小部屋へと移されていた。見晴らしのよい窓辺には、これまでのものとは一回りほど小さめの木製机が窓に向かって置かれていたのだが、〈少年〉の姿はなかった。彼は掛け布団のないスチールの寝台に運河の流れを頭に、仰向けに横たわっており、間近に迫る死期を悟っていた。ノートはなおも左手にあり、少し黒ずんだ親指の先が所定のページに挟まれ、右手は愛用のペンを持ちながらも掌が力なく軸を握りしめている。だから筆先は何気なく天井を指し示し、いつもの着衣にも乱れなく、両足は付け根から紫の靴下を履いた爪先に至るまできれいに揃えられていた。

代わって窓辺の机にはミルがつくことになった。開かずのガラス越しに流れの一部を見下ろすこともできたし、向かいのビルの一室からはこちらと同じような卓上ランプの灯も零れたが、あえて振り向かない限りは死の床に就いたヒロシの姿を目にすることもなかった。だからミルにとってはその分だけ記述に専念することもできたのだが、夜の〈少年〉は話しの中だけに安んじることもままならず、これまでとは比べものにならないほど沈黙の担う重みが増していた。それに授業に取りかかったばかりの一月の初旬には、ミルの方にもなけなしの職業意識がちらついて、時にはヒロシとの応酬を繰り返し、また教え諭すような態度も見られた。それが二月に入り、特に声変わりの後はすっかり聞き役に回って、少年の語るところをとにかく精確を期して書き取るばかりになっていた。

そのとき珍しく運河を往き交う小船があって、細波と共に水面が揺らめくと、屋根裏の小部屋も何やら二人を乗せた箱船となって、鏡のような一面の海原へと乗り出していった。未知の鏡に映し出された夜の街には、所々蛍のように飛び交う人間の言葉と冬を知らない虫たちの祈りが交錯をして、来たるべき〈少年〉の臨終を仄かに彩り始めた。そんな航海の中で、〈少年〉はまず一般的な死の印象から語り始めた。見たところ鋭く、また意識的なまでに浮薄ながらも、刻一刻と何かに目覚めるようにして捉え所のない像が結ばれると、そこに芽吹くものはこよなく多彩を極めた。意味については問い詰めることがなく、なだらかな水の面に一筆《ひとふで》の螺旋を描くように歩みを進めながら、少し、また少しと、自らの遂げる死へ赴いていった。用いられる言葉は抑制されたもので、彼の予告ほどには来たるべき死について、その縦横、上下、左右もしくは前後にも語り尽くそうとはしなかった。沈黙の時間は質量ともにいよいよ延べ広がって、本当によく知りたいのであれば誰もがすぐに席を立ち、今まさに死にゆくこの肉体にきいてくれ、という態度さえもあからさまになっていく。であればこそ、年老いた〈少年〉一匹の時おり発する言葉は、生死に跨る肉体の裂け目から崩れ落ち、箱船の部屋全体を包み、二人を取り巻く黒い夜の王国の中へと吸い込まれていくのだった。

ミルは筆記をすることにどこにも身代わりのいない一途な重荷を感じるようになっていた。同じく身代わりのない〈少年〉は愛用のペンとノートを手にしたまま、蛹のような死を迎えようとしている。翼はいずれも開かれることなくどこかに持ち去られた上で、他界こそが人に翼を与えるのだと言わんばかりの儚《はかな》い演出が加えられようとしている。〈少年〉にとって筆記用具を持つことは、そんなまやかしへのささやかな抵抗でもあり、翼は一連の成り行きを拒絶して現世にとどまり、今では遠くミルの背中にまでも乗り移ろうとしている。だからミルの感じた重みとは、おのれの課業に耐えかねた苦し紛れのものばかりではなく、やむにやまれぬ翼からの重圧であり、飛び立つための代償ともいうべき生きた証しでもあった。葛藤の中、二人を乗せた箱船だけが静かな航行を続けながら、冬らしからぬ穏やかさにも包まれていく。生死を分けてきた未開の壁がこの船のものになっていよいよ立ちはだかると、旅立つ〈少年〉の体とそれを運ぶ小部屋との区別もまた、定かではなくなってくる。ミルは何やらヒロシの体内に孕まれていくような心地がして、思わず筆を置き、目を閉じてしまった。

「母さん、きこえる、ぼく、ぼくだよ」とヒロシが呼びかけ、

「ええ、きこえる、きこえるわ」とミルが答える。

「母さん、きこえる、私、私よ」と今度はミルが呼びかけ、

「ええ、きこえる、きこえるよ」と今度はヒロシが答える。

「とってもよくきこえるね」とミルが同意を求めると、

「とってもよくきこえたよ」とヒロシが受け流す。

少年の両手からは愛用のペンとノートが零れ落ちた。

「僕を殺せ」

掠れた声に最後の力を振り絞って、ヒロシは訴えてきた。途端に二人を乗せた箱船は錨を下ろし、航行に終止符を打った。それでも屋根裏の小部屋が一つの船室であることには何の変化もない。家庭教師のミルは再び筆を取り直し、少年からの短い訴えを書き留めながらもさすがに尋ね返した。

「どうして」

「こんなことで死ぬくらいなら、殺された方がましだからね」

やはりこの子は病気であったのかと慌てて振り向くと、やけに薄暗さの増した寝台へ目を凝らした。ミルにとっては、死に臨んでのこの一言がこれまでにもなく生々しく受け取られたからである。が、その時すでに〈少年〉は事切れていた。ノートはきちんと閉じられたまま胸の上に置かれ、黄泉路を守る短刀のように愛用のペン一本がのせられていた。天窓からは月の光も存分に射し込んで、ベッドの傍らにはいつの間にかあの女、正体不明のあの女が佇んで〈少年〉の寝顔を満足気に見下ろしてい

る。だからミルは〈少年〉による最後の言葉だけは書き取らなかった。どうしても書き取れなかった。機会を逸したわけではない。それを書いたのでは、契約の際この女が求めたように少年の天才が全うされることにもならず、事態は振り出しに戻ってしまうのではないかと心底懼《おそ》れもしたからである。

「終りましたか」

「はい、終りました」

「それはご苦労様です」

「でも、ちょっと待って下さい」

ミルがもう一度机に向かって、この夜の記述に急ぎ手を入れてまとめ上げた時、〈少年〉の姿はもうどこにもなかった。今は亡きヒロシは、一年にわたる仮住まいとこのとき一体化し、女の願いも叶え、与えられた天寿を全うしていたのである。代わってベッドには一糸纏わぬ全裸の女が横たわり、降り注ぐ月光が乳房を照らしながら、何故かその影は長々と伸びて下半身を覆いつくすのだった。生死のほどは不明だが、言語的な思考能力は奪い去られている様子だった。あとに残された部屋だけが、何事もなかったかのように取り繕いながら次なる居住者を迎えると、また強《したた》かに生きのびていく。

月も沈み、〈少年〉の病もまた暗黒の中へと包み込まれていく。物言わぬ全裸の女から最後の俸給だけは受け取ると、ミルは二か月の職場をあとにした。誰もいなくなったも同然の部屋の机の上には、永遠に読まれることのないレポートだけが残された。こうなるとヒロシというのは初めから、あの屋根裏部屋自身の気紛れの化身ではないのかと疑われてくる。身ぐるみ剝がれたような付き添いの女とは彼自身が生み出した分身であり、蟬の病に冒されていたのは何よりもこの町だったのかもしれない。にもかかわらず町はその限られた命を、一部の市民を犠牲にし、かれらの人生に転化し転移せしめることで、この日もまたぬくぬくと生き永らえたのである。

〈少年〉のいなくなった屋根裏の片すみは、三階から見れば四階、四階から見れば三階となって所在をひた隠し、本心を明かせば、次の入居者などどこまでも拒み続けたいのかもしれない。少なくとも町が自らの病を避けることなく、それに立ち向かう日が現実のものとなるまでは。

ミルが自室に戻ったとき、時刻は午前0時をとうにすぎていた。その時は仕事の記録ばかりか、自分の名前をあの部屋に置き忘れてきたことにも気づいていなかった。月明かりに照らされた無名の女がそこに蘇り、眠りにつこうとしている。事態の変化など、見ず知らずの他人事も同然といった有様で、そんな疲れた彼女の耳元にも、何かの破れる硬質な物音は確かにもたらされた。例の卵は月の光を浴びながら同じ円卓に置かれていたのだが、卵殻の一部からは鋭利な銀白の卵歯が突き出し、闇雲に照り輝こうとしていた。伝説の卵はついに沈黙を破る孵化の時代を迎えようとしていたのである。殻を破ることによって、まだ早い春の訪れを告げていた。

## 3

その春の色は一筋に流された。売られても買われても褪《あ》せるものはなく、浮かび漂うのでもなければ徒《いたずら》に混じり合うのでもなかった。

黄は桃を被い、桃は緑を紡ぎ、緑は青に連なり、青は白を浮かべた。

雲も少しずつ晴れて、春風が吹き渡り、一面に砂塵も舞い上がると、一連の色模様は春の循環を押し進めた。

無名に返り咲いた女も暦通りに進み出て、盛んな転回の渦中に止《とど》まりながらも、その身は綻《ほころ》びもなく、その肉はものの見事に、また艶《あで》やかに染め分けられていく。春色の女体を禁欲的なまでにひとりで支えてきたのは逆説のエロースであり、白銀《しろがね》のピアスには生まれて初めての模造真珠《パール》が吊り下がった。

パールとは人身御供でも自業自得でもなく、市場がもたらす労働への御利益《ごりやく》であり、一見正当な報酬をめぐる事柄の一部始終を物語った。吊り下がる玉も星ではなくて、小さな体で星への捧げ物を表わし、始まりは欲望の一滴《しずく》であっても、結末は家庭教師二か月分の収入で手に入れた、ただ一つの装飾品とされた。

パールと共に重みも増した右耳が襟を正すと輝きを増した。二色染めの糸は抜かれて、そのまま右足の小指の付け根へと結ばれていった。あとに吊り下がる模造品の正体だけは誰にもわからない。どうしても読み取れない。ガラスの玉か、ただのプラスチックか、中空なのか、充たされているのか。ほどよい重みは、そんな問いの煩わしさを削除して不問に付すだけの説得力も備えていた。偽物のプライドにかけても、相棒《ペア》もなければ代役《スペア》もいないピアスとしての孤塁を守り抜いた。この表向きのパールときたら、生まれついての真珠を遥かに上回る敏感さをも内には秘めている。日の光にはほんのり桃色に染まり、月の光には冷え冷えと青ざめてみせたのである。

直に目にすることはなくても、色変わりのしなやかさには無名の女も大いに癒されるものがあった。鏡の中に移り行きを見定めた時、いまだ日も浅い天蚕糸病の少年との死別もまた、数ある思い出の中へ回収された。それでも外出は控えた。ここからは見ることのできないかつての少年の部屋に、当時の名前も置き去りにしてきたと気づいてからはますます出不精になっていった。特に喪に服すというのでもないが、一か月余りは最低限の買い出しを除いて、終日を自室で過ごすことが多くなった。高まる気温と強まる陽光を除いて、鉢植えもない部屋の窓から窺える春も酣《たけなわ》の標《しるし》といえば、運河に沿って繁茂するプラタナスの若葉ぐらいのものだった。

その一方で室内には〈架空〉の変化が押し寄せた。奇しくも春分の頃、暁を覚えず目覚めてみるとシャワーのカーテンが絵柄を転じていた。例の「ヴィーナスの誕生」から、同じ作者の手になる「春」へと改まっていたのである。自ら所望して変えたのではないのだが、おかげでこれまでの違和感がいくらか遠のいてくれた。管理人の老婆に様変わりの経緯を訊こうにも行方を暗ましたままで、家賃についても会ったことのないオーナー名義の銀行口座に振り込むよう通知を受けていた。

再生装置のない部屋の片隅で昼下がりのシャワーを浴びながら、無名の女は「春」をタイトルに収めた古典音楽の一節を思いつくがままに口ずさんでいった。それは彼女だけではなくその同居者に対しても、生きる希望にも似た、どこかしら模造品のような季節感をもたらしてくれた。同居者は生まれ故郷の円卓をあとに、床ばかりか壁や天井にも身を這わせたが、何故か窓から外へ食み出すことはなく、そんな気配も漂わせなかった。この者が毛虫と呼ばれた男からのかけがえのない置き土産だというのなら、誰よりもこの三階の二号室を愛してきたことだろう。その愛は同居者自身を育み、傷ついた胸元を摩《さす》る。その折れた、まだ見ぬ翼を休めて、小さな理性を導く。このささやかなものにこそ幸いあれ。たとえ著名な昆虫学者の遺した言葉がこの者の身の上に、等しく厳格に降りかかろうとも

……

「動物を照らしている小さな理性の光よ。おまえは殆ど闇と同じだ。おまえは無だ」

とはいえ、女を巻き込んだ事態の明暗黒白については些《いささ》かも問われない。おまけに円卓上で惑星化を遂げた卵のサイズからしても、孵《かえ》った同居者の体格は並外れて恵まれたものであった。それを何かの幼虫とみなすことには自ずから抵抗も芽生えるのだが、体型の方はかつての住人のものを模範的なまでに踏襲していたので、ここはやはり親しみを込めて〈毛虫〉と呼ぶことにする。

毛虫は生まれ故郷の卵以上の惑星化を遂げる。虫の眼には見失われた太陽系の一郭を求めてなりふり構わず、自転も公転も忘れて、部屋中を迷走した。衛星はなく、自ら輝く理《ことわり》もなく、知られざる恒星からの光を受けて照り輝くという術さえも持ち合わせていなかった。その意味では最も控えめで忠実な地球の住人であり、見かけによらず潔さそうな立居振舞いは無名の女からも好感をもって迎えられた。彼女にとって毛虫は、苦手でもなければ好みでもなかった。そこに何となく馬の合いそうな予感も付け加わると、虫であることとは無縁の領域で純粋な同居者として愛し始めてもいた。毛虫は月の暦に従いながら、新月と満月の夜を選んで交互に脱皮を繰り返した。その度に着実な成長を遂げ、やがて春も盛りを過ぎて目にも鮮やかな青葉の時節を迎えると、体長たるや成人の女と肩を並べるまでに伸びていたが、それと共に皮膚の地色や紋様も大きく変貌を重ねていた。

孵化して間もない毛虫の体は、やや赤味を帯びた暗い褐色にくるまれていた。その中でただ一つ、頭にほど近い辺りには、日没も間近い海の太陽を思わせる赤黒い斑点が浮かんでいた。その本格的な生涯は三月初めの新月を戴く、同じ配色の夕闇に始まった。やがて満月の夜を迎えると、初めての脱皮に取りかかる。寝床に横たわる女の目の前で、床に身を横たえた毛虫の肌がみるみる黄土色へと転じた。月明かりを浴びる背中には、ぼんやりとヒトらしきものの形象が浮かんでくる。どこかしら翼を畳んだ半鳥半人を思わせる、それでいて今が腕白盛りの小僧とでも言うべき、とぼけた形象となって描き出された。それを見た女は、「来たるべき人間」と呼んでほくそ笑み、密かに持て囃《はや》した。この絵柄こそが蛹をへて成虫になった時の毛虫の姿かもしれないと、心弾むものを感じたからである。

三月の末には再び新月の夜が巡り、体長は早くも一メートルをこえた。背中に描かれた人間の像にはあっさりと別れを告げて、新しい皮膚がそれまでの明るさを呑み込むと、深く、また深く青ざめていった。新生の地肌の上に改めて鈍く表示されたのは、取り止めもない半鳥半人ではなく、紛れもない天使だった。それもかなり色褪せた、とはいえ黄金の翼を携える歴とした天使であり、飛ぶに飛ばれぬ、何も告知することのない、節穴も同然の哀れな天使だった。女は憐れみも覚えず、悠々と眺め暮らして食事の量を削り、むしろそんな重荷を背負《しょ》い込んだ毛虫の生き様の方に同情を振り向けるのだった。突き放されたも同然の飛べない天使は、やむなく毛虫の背中に貼り付いて、生まれて初めての〈室内太陽系〉を這い回った。いつの日にか懐しの彗星も帰ってくるのなら、その核に見事頭《かしら》を撃ち砕かれて果てることをせめてもの理想に掲げ、銀色の仮面をつけて、次の満月の夜が訪れるのを待ちわびた。

花粉も眩しい四月の半ば、何かが飛び散り、何かと飛び交う満月の夜、都合三度目の脱皮は背中の天使を茫漠とした群像の最中へと投げ入れた。そこには暗く沈んだ色合いの置き物やタイルが建ち並び、中でも一際《ひときわ》、黒い深淵は毛虫の中身がもはや皆無であることを告げていた。天使の被る銀色の仮面の下から現われたのは、同じ色の同じ顔立ちをした〈死の使い〉だった。見たところ銀色の顔だけが立てかけられ、翼は等閑《なおざり》に開かれたまま手足はどこにも見当たらず、両目も黒一色に撃ち抜かれていた。それでも毛虫はどうにか生きのびたが、この頃から徐々に這い回るのをやめ、女のベッドへ近づくことも厭わなくなった。これを進歩と言えばどこまでも進歩であり、〈死の使い〉を背負いながらも、死の床に就くのではなく、蛹化への準備段階にさしかかったのである。その前にあと一回の脱皮が残され、三度目の新月の夜が近づくと、毛虫はベッドのそばから離れなくなった。それが見下ろす女の共感を煽り、欲情を焚き付けた。女は毛虫の背中を撫でながら、〈死の使い〉に代わる新たな別の天使の出現を夢見るのだった。

いよいよ春雷の夜が来て、窓から吹き込む雨の飛沫《しぶき》をものともせず、ついに女は等身大の毛虫と褥《しとね》を共にした。脱皮する毛虫に初めて手を貸して、その肌を被ってきた〈死の使い〉を巧みに剝ぎ取っていく。だが、闇の中に浮かんできたのは女の望んだ新しい天使ではなく、どこかにおどけたところのある、彼女自身の写し絵とでも言うべき軽妙な夜の鳥そのものであった。

「夜の鳥よ、夜の鳥」と何度も口ずさみながら、女は朝までまんじりともしなかった。そして遅霜の下りるような朝のこと、毛虫は女に全身を巻きつけて一時凌ぎの暖をとりながら、初めての飢えを伝えてきた。震えは止まず、女はいまだに目のない毛虫の口元に筒のように丸めた舌を差し入れて、熱い唾液を入れてやるしかなかった。舌先は微かに甘酸っぱく、毛虫の口内に漂う早生《わせ》の果実にも似た異郷からの味わいを洩れなく捉えていった。その上に女は、時に人間の男を抱いているような際どい錯覚にも自らの彩りを添えながら、このままこの同居者の体、それも雌雄を問わず訳ありの一部分ばかりではなく、今も何事かを思考する丸ごとの全身を受け入れてもいいとまで思えるようになっていった。

ところが毛虫の飢えの方はそれだけで満たされるようなものではなかった。度重なる脱皮によって抑圧されてきた根深い空腹に苛まれ、毛虫の食欲は女の数倍数十倍をこえており、しかも女の体は予めその対象から除外されていた。だから女には、どこにも逃げ道のない扶養の義務という名の亡霊が取り付いたのである。市民経済の顔をしたこの亡霊は間もなく無名の女をなきものにせんと、春の命名をけしかけ、第二の仮称を取りなした。それはまたしても苗字のない、ただの「キク」だった。キクは花の名前ではなく、これもやっぱりみる、きく、はなすのキクであり、それを直ちに受け入れると女は、毛虫一匹をベッドに残し、新たな仕事を求めて夜の町へと出かけた。

道すがらタブロイド版の夕刊紙で見つけた高額保証の募集広告に誘われ、求人の糸を手繰り寄せると、とあるキャバレーに飛び込んだ。選んだ職種は接客の女給であり、勤務時間は午後五時より深夜の0時まで、衣装は有料の貸し出しが常時人数分だけ用意されていた。業務内容の詳細はかなりの部分が個人の裁量に任されており、客からの心づけなどはひそかに全額それぞれの懐に収めることもできた。店長は昼夜を問わずいつも色眼鏡をかけた柔和な男で、声を荒らげることもなく、数人のウェーターは若くて粒揃いの色男で固められていた。さして広くもない地下のフロアには数十名の女給たちが入れ替わり立ち替わり群れ集い、同業犇《ひし》めく駅裏の歓楽街にあってはさほど目立つこともなく、ひっそりと一角を占める店の名はあたかも見知らぬ誰かを呼びとめるように「オイデオイデプス」と呼ばれた。

それからの毛虫は、運動量の著しい減少とは反比例して、恐るべき食欲の増進を示した。それでも肉は摂らず、野菜根菜を中心に豆類と雑穀が適度に混じるという健康メニューが盥《たらい》に一杯の山盛りで、昼前に一回、その後昼寝を挟んで早目の夕食をもう一回という一日二食が原則だった。しかも飲み物としての水道水は受け付けず、市販のミネラルウォーターも駄目で、連日最低三種類以上の自家製果

ミキサーと果物

汁を混合した百パーセントジュースを拵えるために、キクはたまたま通りかかった共同保育所のバザーで中古のミキサーを購入する破目にもなった。それでも後悔など思いも寄らず、毛虫の献立に比べるとなきに等しい朝食を済ませた彼女の朝は、店の休業日を除いて、まずは莫大な食材の買い出しから始まった。特に金曜土曜の週末など二、三日分をまとめ買いする時は、例の引っ越し用のトランクもフルに活用した。買い物から戻ると休む間もなく早い昼食の準備に取りかかったが、野菜類は生のまま食べやすい大きさに刻むのに対して、豆や雑穀は薄い塩水で茹でた方がよかったので、近所の食堂から古い大鍋を一つ拝借してきた。毛虫の第一食が終ってもキク自身はほとんど昼食を摂らなかったのだが、仕事の都合で三時には夕食の支度に入った。こちらは毛虫の分とは別に自分の分も調理するのでいよいよ慌ただしく、急いで掻き込んで素っぴんのまま出勤するのが日常《つね》であり、自分がはたして何を食べたものか、仕事を終えた夜更けにはすっかり忘れて思い出せないという有様だった。おまけに半ば毛虫の食卓と化したベッドは連日占拠されたも同然なので、薄手の毛布一枚にくるまって床に横たわるという毎日がつづき、結局のところ褥を共にしたのはあの春雷の一夜限りとなった。それでも無名の女は、名もない成虫の彼氏が脱皮をとげて、晴れて自分だけのものなる日が訪れるのをいつまでも待ちわびていた。

# Ⅱ

# 表徴（メルクマール）

「世界の中心は、世界の吹きだまりであって、おびただしい数の人間たちが塵芥のように寄り集まっている」

（カフカ『シナの長城』前田敬作訳）

# 1

だから本当のことをいうと、世界の中心は存在しない。その中で国というのもあやふやで、帰属を申し立てるのも烏滸《おこ》がましく、いたるところに町がある。街並みが浮かぶ。よく見れば、街並みばかりが見えてくる。誰かの忘れ形見のような旗をまとい、重苦しくも目蓋が時代《とき》の疲れに縁取られていては、統合の歌が目覚める気配もない。

「世界の中心なんぞ、いっそなくした方がよかったんだ」

したり顔に人間の真似をしながら、翼をなくした黄泉蝙蝠《よみこうもり》がつぶやいた。進退はきわまり、目印もことごとく見失われて、いまこそ町がすべてになりすまそうとしていた。

リーランは町の入口のことを考えていた。所在を含め、つぶさに思い起こそうと努めるのだった。

一〇月一日、この町に入ってちょうど一年の節目を迎えようとしている。仕事と研究はまずまず順調に進んできたのだが、遠く離れた故郷《クニ》の印象は驚くほどに失われて、いまも急速に失われつつある。

まだ若い、といっても二〇代後半の、私費留学生だった。見ず知らずの他人は「リンラン」などと気安く呼びかけるが、「リーラン」こそが郷里《クニ》から携えてきた、親譲りの本名にあたる。

まだこのときは夢の中にいた。白昼夢ではなく、堅めの寝台に横たわる異邦の夜の夢幻に捕らわれ、光を紡ぐ明け方の涼気にもこよなく包まれていった。無理なくしなやかに撓《たわ》む一本の背筋には、軍隊からの妄念ばかりが取りついてくる。想いはそれぞれに等身大の棘《とげ》を持つ。〈軍事強迫症候群〉とでも呼ばれるべき破れた冠を戴きながら、魔法の杖を振りかざす。鳴り止まぬ空襲の警報《サイレン》に録画映像の爆弾が降り注ぐと、映し出されるべき画面は粉微塵に砕かれて、あとには見境もなく肉体の終焉が告げられる。

こうしていつも通りの夜を過ごしたリーランが、眠りも浅く、なおもうつらうつらと、転《うた》た寝のように回想を巡らせる。捜し求めた町の入口は明確な像を結ぶ直前に、鋭利な記憶のズレを見せつけ、あたかもガンのように不治の転移を告知した。そんなお定まりの有為転変を慌ただしくもたどり直していくと、探し求めた入口の像はますます二重化する。さもなくば多重化を遂げ、そのうち回想そのものの多重化と区別がつかなくなってしまう。こうなると彼女には、もう二度と再びあの入口を通ることもないのだろうという、無色の確信ばかりが深まっていく。

不意にただならぬ冷気が顔を掠めた。東側の窓を閉め忘れたのかもしれない。というのもこの季節、明け方の風は決まって東方から吹き寄せる。その風に吹かれて、リーランの回想もますます点在を余儀なくされる。それが点在をする墳墓のある風景へと移り変わり、そのまま一心不乱にのめり込んでいく。いつかどこかで、この町の入口にまつわり目にした覚えのある景色だが、入口の外にあったも

シナの長城

のか、それとも内にあったものかということすらも定かにはならない。

目覚めてからではなおさらのこと、回想の主《あるじ》が回想とともに手を携えて、誰も知らない地下墳墓《カタコンベ》に納められていく。異様な現実感が伴うように、事柄はあらかじめ小さく見積もられ、納められた棺は彼女の人生を隈なく型取り、自らは姿を暗まして透明を誇り、またしても肉体の終焉が告げられる。それも単なる死をこえ、あわよくば邪な死滅をものりこえ、何かが語り継がれていくために、かくも満ち足りた不安とともに、リーランはこの朝初めて起き上がる。


どこにも窓のない方角から、もう一人の彼女がつぶやく。

「さあ、空を見やり、星を数えてごらん。それがあなたに数えられるのかな」

「ええ、ええ、できますとも。だって、ほら、今はもう夜明けを迎えて、星の数といってもあんなに限られているのですから」

リーランは努めて神妙に答え、窓から見える一面の空を仰いだ。見渡す方角は限られて、入り日を見送ることはかなわない。北半球の回天の中心、北極星を見届けることもなかった。その分だけ、南と東の二つの窓は天井に届くほど高く開かれている。

南向きの窓からは、運河を挟んで対岸に町中へと連なる家並みが望まれた。

運河に沿って東に、だから左に数百メートルも往くと、川そのものが丁字をなして交わり、そこをさらに左に折れるとまもなく、町で一番の卸売市場に繋がっている。だけど南はおろか東向きの窓からも、そんな眺望は開かれない。すぐ隣りには、小路を挟んで同じ高さの建物《ビル》がたち、窓のない、ただ一面に蔦の這う赤レンガの壁が立ちはだかり、押しせまるのでもなく茫洋として、紅葉が始まるのを待ち設けていた。

リーランのアパートは小さな中庭を取り囲み、ほぼ正方形をした五階建てで、部屋は三階の三号室だった。各階ともに八つの部屋が一周をして、そのうちの一、二、三号室が南側の、西から東へと並んで運河沿いの表通りに面している。だからいずれの階も三号室というのは東南の角部屋にあたり、明るい二方向の窓にも恵まれていた。

南向きの窓に面して、半円形の棚には観葉植物の鉢植えが並び、棚のない東の窓辺には食事を摂ることもある丈の低い円卓が置かれていた。仕事机は東南の、ベッドは西南の隅をかため、ベッドの上に広がる西側の壁には自画像の素描らしきものが浮かんでいる。どちらの窓にも巻き上げ式の日除けが付いているのだが、夏場でもめったに下ろすことはなかった。昼中の採光を何よりも慈しみ、夜にもあえて包み隠すほどの事柄など持ち合わせないからである。それにひきかえ、戸口を入って右手のシャワーとトイレには、長めのカーテンが青一色に引かれ、左手脇には小さな冷蔵庫がキッチンとの僅かな透き間を埋め合わせていた。


昼夜を問わず、一本の尖塔が見えた。運河の向こう、南側の窓から望まれる一面の家並みの渦中だった。

それは教会堂ではなかった。この町では宗教ないしは宗教行為、それを司る宗教団体が姿をみせなくなってからすでに久しいものがあった。個人的な信仰を守ることは市民一人一人に許された内面の自由だが、それとても法令の形で明文化されているわけではなく、取り立ててそんな必要もなかったのだろう。

塔は、電波通信施設の先端でもなかった。市内の各事業所のみならず、各家庭までもが一筋のケーブルで綿密に結び合わされており、無線の方は中途半端な地表の塔ではなくて、人工の衛星《サテライト》によって管制されていたのである。

尖塔は町の中心を告げ知らせる市庁舎備え付けの時計台で、これ以上に高いビルの建設も永らく市独自の条例によって禁じられてきた。それも近頃では有名無実になっていたが、それでも市街地の多くの家屋からはいまなおこの塔の一部なりとも拝することができた。塔もそれを自らに証し、不断の承認を与えるかのように、時計台としての本来の業務を怠ることがない。夜も一色《ひといろ》に統一されたネオンサインで四方に向かって、刻々のデジタル表示を全うした。

しかもその色は月ごとに変更された。それぞれの色彩はガラス管と封入ガスとの組み合わせによって一一に大別されたので、たとえば前年には五月の緑が翌年には四月の色にという具合に、一年間に一月ずつ先送りされてきたのである。それに伴って塔の上には、その月のネオンサインと同じ色の無地の旗が掲げられた。何よりも特筆すべきは、時刻の表示がちょうどその日の日付と一致する一分間（たとえば三月一二日であれば、午前三時一二分から一三分までの一分間）には、同じペースでの点滅が繰り返された。表示が消えるのは、せいぜい五、六秒に一度ぐらいで、灯されている時間の方が長いといえば、これはもう圧倒的に長かった。ただし、毎年四月から七ないし八月までの、いわゆる夏時間で夜の短いころになると、特に六月などはたとえ灯されたところで夕刻はまだ十分に昼模様で、朝はとうに明るいので、点滅の印象も随分と色褪せて稀薄になるのが常だった。それでも日付と時刻の一致は何をおいても優先されるようで、０時とは言わず、もっぱら一二時が用いられてきたことはいうまでもない（暦の上で「一二月」とは言っても、「０月」とは言わないのだから）。

ところが一日一分の点滅に際して、数字のくりかえしではなく決まり文句が四文字以内に区切られて、滑らかに連なり表示されることがあった。変更の規則については皆目見当がつかない。その常套句は、この町の住人の誰一人として知らぬ者はないという第一級のお題目で、留学二年目を迎えたばかりのリーランもその例外ではなかった。

夜の闇に光はもたらされて
我らが町の名は永しえに輝けり
その名は知られず
その名はもたらされず
語りえぬものについては
誰もが沈黙を守りぬく

そこに、つい先刻までは九月の濃い緑が点されてきたのだが、一〇月の色は赤、早くも透明のガラス管にはネオンのガスだけが封じ込められている。今宵《せきしょく》の一〇時一分を迎えると、点滅表示もまた頬を赤らめる。そればかりか、すでに塔の頂きには同じ赤色の旗が夜陰に紛れ、いつからともなく翩翻《へんぽん》とひるがえっていたのである。

ゲリラ達の幻影《まぼろし》が揺らめく。暗殺の恐怖も遠のき、どこまでも続く夜の行軍、山と空、紺碧の海のような天をめざし、永遠の秋を迎える。実り、摘み取り、色づき、刈り取る。地上には帝国の暗闇、繁栄、文明の死が描かれ、無二の力を誇る。偽りの文化には途切れなく、真実《まこと》の滅亡を贈与する。星の数は定まらず、夜明けの光は満ち足りて、やむなくリーランはそれらを数えてみせるという、もう一人の彼女との約束を先送りにした。反古《ほご》にするのではなく、約束を違えることもなく、あとに残されたものが同じ秋だという保証もなかった。実り、摘み取り、色づき、刈り取る。いま数えられないものが別の何かを教えるというのなら、それを戦争と呼ぶことは満ち足りた自由の証しではなく、人知れず最後の問いへと向けられてきた、数々の懼れや憎しみ以外の何ものでもない。

# 2

かつて町の空にはもう一つの都市《まち》が浮かんで、永く君臨したという。

地上の町が無名や匿名にこだわるのに対して、消え失せて久しい空中の都市《まち》については「カエラ」あるいは「カエイラ」という呼び名が伝わる。厳密な科学的裏付けが取られているわけではないのだが、語源についても相当に根強くて有力な通説がある。それは、かつてこの地を治めた先住民の言葉で「カエラケ」または「カエライケ」に由来する、というものである。いまのところこの動詞には、二つの意味が確認されている。ひとつは「感謝する」のやや改まった表明であり、もうひとつは端的

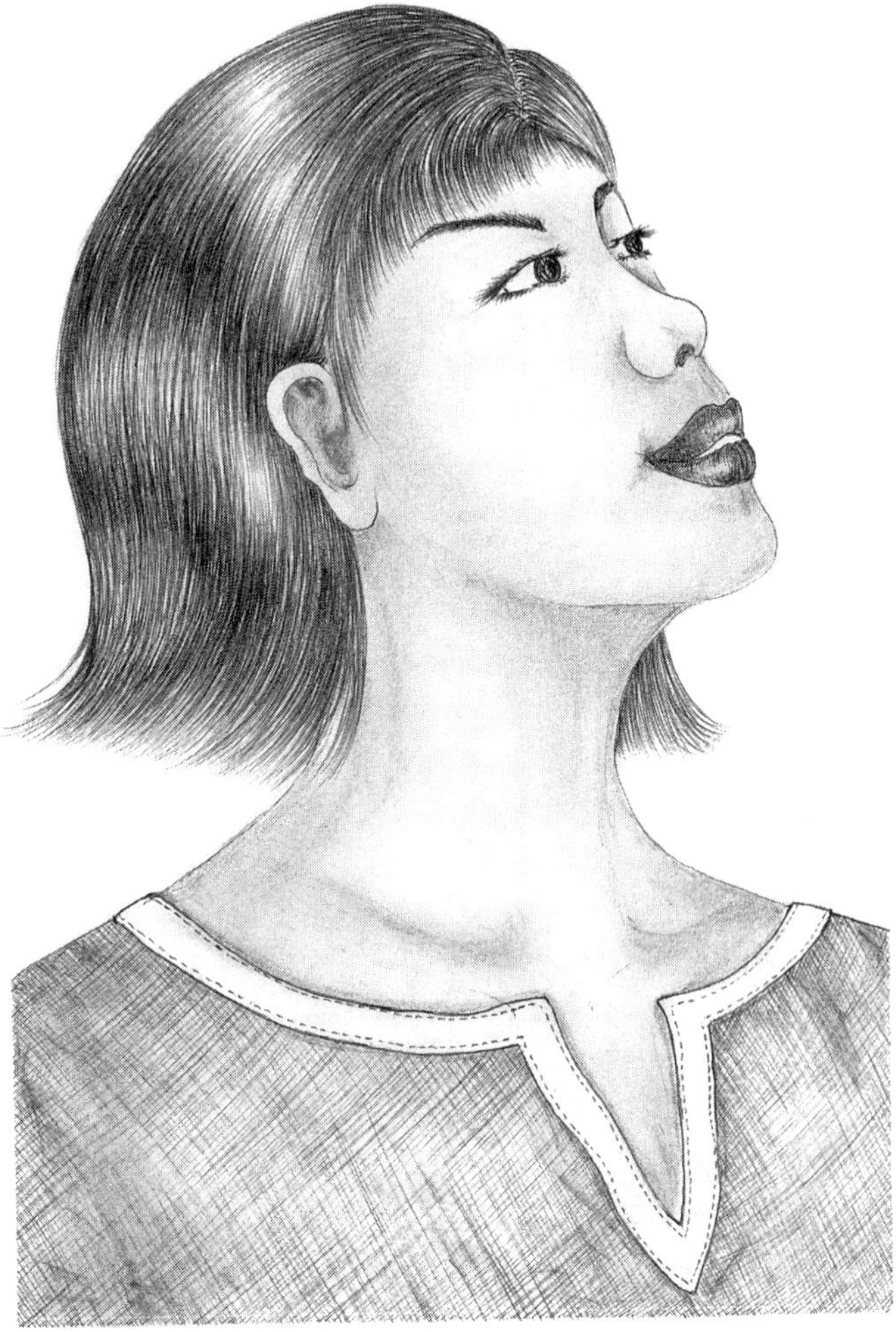

リーラン

に「自殺する」ということになるらしい。前者の意味を採れば〈カエイラ〉とは、まだ当たり前に存在が許された神への感謝の徴し、一種の捧げ物になるのかもしれない。いっぽう後者の意味に取れば、神を信じた先住民族が自決した亡骸、もしくは神そのひとの自殺体を象徴したのかもしれない。

　いずれにしてももはや想像の域を出ないのだが、これ以外にも空の〈カエイラ〉については語源以上に広く認められてきたことがある。それは、捧げ物か自殺体かという意義づけはともかく、〈カエイラ〉が先住民によって産み出され、上空へともたらされた人工の構築物であること、しかも製作者であるかれら自身が、空の〈カエイラ〉への移住を含むさまざまな紆余曲折をへてのち、その〈カエイラ〉もろとも忽然と姿を消したというものである。そうなると当時この辺りに、すでに高度な科学技術文明が存在したことにもなるのだが、その詳細や経緯をめぐる伝説の類いが現在の地上には何ひとつとして残されていない。町の人びとの口許もこれについては静粛に努める。もたらされた沈黙は誰彼なしに辺り一面の重きをなしてきた。

　リーランがこの断片的な「史実」にはじめて触れたのは、町に入って間もない、冷たく小雨の降りしきる晩秋の夜だった。アルバイト先の休憩時間に同じ大学の先輩から聞かされたとき、そんな文明の成立には当然の疑問を向けながらも、失われた空の街並みとやらにいつしか自分の故郷を重ね合わせていた。表向きはその場限りの戯れと受け流してはみたものの、年が改まり、遠く離れた郷土《クニ》への実感が盛り返すこともなく失われていくと、抑えがたい帰郷への願望とともに〈カエイラ〉がその空白を埋めて、彼女には半ば慕われるようにもなってきた。

　朝日が対岸の家並みを照らすようになると、彼女の意識もようやく目覚めて、磨きぬかれた思いの矛先が少しずつではあるが、町の入口から、まだ見ぬ出口の方に立ち向かおうとしていた。この反転のためにこそ、一〇月の幕開けを告げる長くて貴重なこの一日が費やされ、殊更に用意されていくのかもしれない。何しろ空の〈カエイラ〉とともに、地上の町の出入口まで消え失せている。むしろ永久に持ち去られたのではないかと問われても、反駁するための百パーセント有効な答えなどどこにも見出されなかった。そんな問いこそが昼夜を問わずこの町の匿名に手を加え、後戻りのきかない入り組んだ虚構の罠へと祭り上げていく。かけがえもない現実との境界は見失われ、星の数を追い求めようとするリーランともうひとりのリーランとの約束が息を吹き返す。それもほんの一瞬だけ、すると彼女の夢は生死をのりこえるようにして、細やかな最後の吐息を導いた。

　無名の町が一〇月最初の朝を迎える。

　留学生の彼女も同じ朝の中に取り残された。

　レストランの厨房では深夜まで働き、不定期な翻訳の仕事もこなして生計を立ててきた。入学後まもなく授業料が免除されたのは何よりだったが、故国《クニ》では医大を卒業、外科の研修医として二年間の勤務実績があった。その医師免許もここでは通用しないのだが、リーランは医学の研究で留学をしたのではない。所定の研究を終えて、この地に携えてきた思いが取りあえずも晴らされた暁にはまた故国《クニ》へ帰って、身につけた医術をいよいよ役立て、それで人の命が救えるものならいくらでも救っていこうと考えている。いまの彼女はそんな自分のキャリアに、やむにやまれぬ〈執行猶予〉を課しているのだ。いくつもの国境線をこえてきた知的流転が人生に、期限つきながらも優先順位をつけている。

　彼女が新米の医師であったことを知る者は、今のところ一人もいない。そればかりかほんの一握りの大学関係者を除いて、研究テーマはもちろん、大まかな専攻分野を承知している者もほとんどいない。知人も少なく友人もなく、アルバイト先でも例の先輩が辞めてからは、雇い主をのぞいて、彼女が留学生であることすら知られていないほどである。

そのように仕向けてきたのもほかならぬ彼女自身の姿勢であった。何よりも彼女は自分の研究題目を無闇な好奇から守りたかったのかもしれない。たまに留学生であることを聞き付け何かと尋ねてくる者に対して、大抵は楽器の、それも古楽器の歴史研究とでも答えておいて、それなりの知識も披露した。知識は確かでも、答えはまったくの出鱈目だった。さらにさらりと煙に巻く時は、楽器ではなくて器の歴史、その一般的な類型の史的考察ということで、美術史というよりはむしろ文化人類学のような高説を論じたが、内容はともあれ、この答弁も端から作り話である。

リーランが医学生時代からこだわり、いま真剣に追究しているテーマとは、同じ歴史といっても〈殺人行為とその変遷〉であり、膨大な考古学的資料をも視野に入れた地道な実証研究をめざしている。たった一人分の人生という限られた時間の中で、大半はかなわぬ夢だとしても、方位をずらさず構えも崩さず、彼女は時代ごとの順法違法両面に跨る殺人行為と人間社会との、酷薄にして甘美極まる黄金の連関をつぶさに捉えようとしていた。この遥かな異邦の街から試みるのは着実な対照研究でもあって、祖国《クニ》と留学先の社会、それぞれの、とくに近代化のプロセスにおける殺人観、ならびにそれを支える犯罪の概念、またそれに伴う刑罰体系の変化に関する比較研究を当面のテーマとして設定していた。その背景には、彼女自身の生き抜いてきたこれまでの個人史も横たわるのだろう。

リーランには三歳年下の弟がいた。二人がまだ幼かったころに山で殺されたのだと教えられてきた。事件当時、何とか学齢に達していた彼女も、弟のことになると声音も顔立ちも、身近に見聞きしてい

リーランの父

たはずの何もかもが、今ではいかほどにも定かにはなりえない。ただ、赤土の匂いにも似た仄かな触感が遠い指先に残るばかりだった。

長い間、故国《クニ》では断続的な内戦状態が続いてきた。その中で弟を殺したのは〈ゲリラ〉だとも言われたが、真偽のほどはわからない。なるほど同じころ、海岸地方でのコミューン蜂起に破れ、山河に四散したゲリラが生き永らえて、郷里《クニ》の山地にも出没したのは確からしい。でも、そんなかれらが幼子を殺めて何になるのかとは、話を聞かされた当初から今日までずっと疑念として抱き続けてきた。それればかりではない。彼女は時折なぜか、本当に手を下したのは、父ではないのかと思うことがあった。特定の根拠などあろうはずがない。ただ、そうした冷酷さを奥深くにまで潜ませたような隔絶を、彼とのあいだには感じざるをえなかったからである。

リーランの父は、貧しくとも自作地を持つ農夫だった。断じて悪逆な男子ではなく、酒も煙草もやらないという至って真面目な男だった。それでもどこかしら子どもから見ても得体の知れないところがあって、事実しばしば山に入って何日も戻ってこないことがあった。薪採りに山菜摘み、獣狩《しし》りといった四季折々の山仕事だと聞かされたが――それもたまに母親から聞いたことで、父親は何も言わなかった――子ども心にも素直には受け入れられないところがあった。それらの山々では、例のコミューン派とはまた別の流れのゲリラたちもすでに相当以前から活動を繰り広げていたし、かれらに対しては二波にわたって政府軍による大掛かりな掃討作戦も行われた。かれらのことをただの山賊だと蔑んで唾するような有力者には事欠かない。農民たちには秘かに支持されていたと思われるのだが、それを公にすることなど望むべくもなく、そのうちにかれらの活動そのものが下火になっていった。

リーランの父はゲリラと、あるいは密接な繋がりがあったのかもしれない。リーランの常日頃感じた隔たりがそんな地下活動を反映したものだとすれば、一応の説明もついてくる。彼女にしても、本気で自分の父親を弟殺しの下手人だと疑ってかかったのではなかったが、父をめぐるそんな根なし草の疑惑の糸も、ある年の冬には根こそぎ断ち切られた。

一二の春、まだ根雪の残る山奥の谷で父親の死体が見つかった。寄り合いに行くと言い残して家を出てから一週間のちのことだった。外傷はなく、死因もよくわからないので、山で道に迷った末の凍死ということに落ち着いた。そんな奥地で寄り合いの予定などはなく、あえて該当するのは隣り村での会合だったが、それとても必ず出なければならないというほどのものではなかった。彼は何故そんな所にまで足をのばしたのか。殺されたのではないにせよ、変死であることに変わりはなく、真相はいまも暗闇の中で、照らし出されることはもう永久にないのかもしれない。そうなると彼女の父親の命は、人の眼には捉え切れない破格の暴力によって、蝕まれるまでもなく消し去られたのだという気さえしてくる。

以来、母親との二人暮らしが続いた。人一倍働き者の母は、娘を首都の医科大学へ進学させるという、村始まって以来の壮挙を成し遂げた。その娘がいまは、三年前に産んだ私生児を母親のもとに残してきている。入国以来こちらに引き取ろうと何度も思ったが、それも果たせずにいる。というか、自分の気儘を意固地に守り抜いてきた。勉学への高尚なる意志を母性の秤とやらにかけている。これまで自らゲリラに入ろうとは考えたこともないが、この先わが子が加わるのを邪魔立てする気もさらにない。その分知らず知らずのうちに子殺しの刃が研ぎ澄まされていくのをおそれるあまり、ここにあえて隔たりを設けて、冷却の思索を追い求めてきたのかもしれない。だが、いずれは戻らなければならないし、その時も彼の地には内戦の火の手が見えるだろう。そして医療の現場は所を選ばない。

子どもの名前は誰にも教えていない。それどころか子どもがいるということも、ここでは一切伏せてきた。収入の半分近くは養育費にと、月々母国《クニ》元に送金する。子どもの夢は見なくても、子どもを思わない夜はない。この異境の町からの隔たりがいかに大きくなろうとも、まだ見ぬ出口の向こうに今しも蘇る、わが子との暮らしをひそかに待ち望んでいた。

リーランはぽつねんと暮らしを立ててきた。孤独を慰める手立てもなく、すすんで受け止めていく術も見当たらない。そのままヒトの生き死にの、気紛れな襞に織り込まれ、打ち寄せる昼夜の営みとの見分けもつかなくなる。のっぺらぼうな日常が押し寄せては、抜け殻を持たない一つひとつの魂を分け隔てもなく拾い集めていく。そのとき孤独とは、夢にもたらされ、幻に授けられては事なきを得る、誰もが安らぎを横たえた終《つい》の住みかにして最後の切り札、最終の偽名というほかはない。

隣近所とも親しみが薄い。同じ三階の一号から二号、自室もこえて東向きの四号をすぎると縁《ゆかり》をなくす。一号室の住人は年齢不詳の男で、風説によるとこのアパートいちばんの古株らしい。いまは住んでいるのではなく、部屋を何かの作業所、倉庫、あるいは中継点にしているともいわれる。加えて悪意に満ちた風聞は物語る。何よりも男は格別の犯罪者であり、とうに際限のない終身刑が確定している身の上なんだ、と。その罪状は市内の誰にも読解不能だが、永らくこの町のどこかにあるという「心の監獄」すなわち〈精神収容所〉に収監され、時おり肉体だけが短期の仮釈放を許されるのだという。そして精神に対しても時として、これとは異なる適用範囲や意義付けの下、仮初《かりそめ》の自由が認められることがあるらしい……

それにしても、そんな収容施設が一体どこにあるというのか。目に見える形での建造物はなく、所在地もわからない。町の中にあるのは確かだというが、外部からの面会、文通は望むべくもない。それればかりか収容者の内訳も人数も知らされず、収監への手続きも一切が未公開となる。ひとつだけ言い切れるのは、その収容所が名もなきこの町にとってはかけがえのない礎にして依り所だということである。加えて銘記すべきは、先住民の空中都市〈カエイラ〉が消失したのち、残された地上の町にあって〈精神収容所〉こそが最初に創設された公的部門であるという血統の良さ、由緒の正しさであろう。一号室の男に限らず仮釈放中の肉体には、通常の一般市民と外見上なにひとつ変わらぬ立居振舞いが許されている。たとえ精神は厳重に収監されていたとしても、肉体を見る限りは何の異様も感じ取れない。そして見えない壁の向こうに肉体が消え失せるのを見届けた者はいないなどと、遮二無《しゃにむ》二《に》言い慣らわされてきた。

　二号室の住人は女で、リーランを若干上回る二〇代後半から三〇代の前半、彼女の入居から数えてちょうど二か月あとに移り住んできた。それ以前の二号室は長く空き部屋のまま、開かずの間に捨て置かれてきたものらしい。当初は引っ越しの挨拶もなく、リーランにしても新生活を取り巻く慌ただしさの中でとくに気に留めることもなく、そのうち年を越して春先の、三月も初めになってようやく買い物帰りの彼女に出くわした。そのとき笑みも湛えて柔和な物腰の相手は、苗字もないただの「キク」と名のったので、こちらもただの「リーラン」と応酬した。ご多分にもれず「リン・ラン」とでも聞き違えたようだったが、あえて確認をとるまでもなかった。隣りの女も季節ごとに呼び名を変えたのだが、そんなことは知る由もなく、一号同様二号の戸口にも表札の類いはかかっていなかったし、それは三号についても同じことだった。「キク」は地元の言葉にも随分と堪能で、それだけを聞けば異国の人間とは思われない。暮らしを立てていく生業も読めないが、夜になると出かけることが多かった。それが春も酣《たけなわ》になると自分よりも帰りが遅いので、これは何か飲食接客の仕事にでも就いたものと、勝手に想像を巡らせてみた。

初めて出会ったその日のうちにリーランは、母国《クニ》から持参していた特産の銘茶から最後の一袋を「何かの好誼《よしみ》に」と贈り届けた。キクは丁寧に礼を述べると、勉めて快く受け取ってくれたのだが、早くも言外には年嵩から滲み出るような遠慮のなさを覗かせていた。半ば開かれた扉の奥にリーランは、女ひとりではとても済まされないような複数の気配も感じていた。たとえそれが思い過ごしに包まれた空虚であったとしても、以来彼女にとっての二号室はそのときの奥行きとは切っても切れないような威容を、どこにも暮れるところのない夕方のように底深《ふか》く忍ばせることになる。

五月の声をきくと、二号室の女はひと月ばかり消息を断ち、身の回りの生活の匂いも消し去るのだった。町は例年にもない冷夏となり、八月半ばにさしかかると、リーランの興味も薄らいできて、いかにただならぬ隣室の容量とはいえ、みるみる小指の先にのるまでの縮小を遂げた。それでもなお一つの部屋に収まりきらない余剰が付きまとうことには変わりがない。隣室の女も夏を待たずにいつしか蘇っており、おまけに仕事を変えたものとみえて、今度は朝早くに出かけることが多くなっていた。

その頃になるとリーランは、しばしばその女、キクの夢を見た。いつでも後ろ姿のままのキクが、指先には生きた二号室をまるで季節外れの贈答品か何かのようにぶら下げて、あらぬ方角へとこの町から出ていくのだった。そこでも出口は巧妙に隠されて、誰にもその行く手は見えず、目覚めた彼女は滞りもなく霧雨のようになって降りしきる不安の中にとどめ置かれて、あとはキクその人の出身を測りかねていくばかりだった。

同じ八月半ばのこと、一夜にして早くも秋が訪れた。隣室はかけがえのないパンドラの箱となって、今度はリーランの指先に吊り下がっている。そこには、誰のものでもなければ中身もないという、ひとつの希望が生きのびていた。それから雲の流れる九月を迎えると、三号室のリーランは再びキクの姿を見失った。

　四号室の住人はといえば、若い男性の、それも見るからに学生風で、隣人の中では最も早く、リーランが入居当日の夕方には会釈を交わしていた。その時もその後も、彼とは言葉を交わしたことがなく、時おり出入《はい》りの跡は窺えるのだが、こちらも実体は掴めない。同じく表札はないのだが、扉には〈在─不在〉の目印がかかる。ただし、内側での〈在─不在〉には何の関わりもなく、外の目盛りだけがつねに〈不在〉を示していた。


　マーガリンを塗っただけのトースト一枚とマグカップの牛乳《ミルク》か珈琲、あれば季節の果実を一切れか二切れというういつもながらの朝食を済ませると、リーランはインターネットのラジオを止めて部屋を出た。テント地のリュックにはノート、筆記用具に三冊のテキストだけが入っている。授業は二コマ目だから、今日はまだ余裕がある。九時には開く店に立ち寄って、簡単な買い物を済ませていくこともできる。

　廊下に出て鍵を回すと、小さな異変に気づいた。行く手に見える一号室の扉が開いている。それを見下ろすようにして、庭側の壁には蜘蛛がいた。脚の長い、子どもの掌ほどのヤツが一匹、小賢しくも親しみを込めながら、真っすぐに天井をさして這い上がっていく。ドアはこちらに向かって開かれているので、中の様子は窺い知ることができない。ならば前まで行ってみようかと思案もしながらリーランがエレベーターに近づくと、ゆっくりと後退りをして一人の男が姿態《すがた》を現わした。彼はすぐに扉を閉めて鍵を回すと、左手から忍び寄る女の影にも気づいた。驚いた様子もなく、軽く会釈をみせると、まずは施錠の有無を確かめる。

黒のジーンズに白の開襟シャツという小ざっぱりとした身なりで、丸い銀縁の眼鏡をかけていた。肩にかかるような長い髪には軽くウェーヴもかかって僅かに赤茶けており、白髪も目立たず、一号室の住人だとすればこれがアパート一番の古参にもなるのだが、年の頃はせいぜい四〇代も前半にしか見えなかった。それでもどこか摑みどころがなくて、過去未来を問わず、ひたすらに遠い時代の雰囲気を漂わせてくるように感じられてならなかった。

男は施錠を確認すると、あらためて口頭の挨拶を寄こした。

「今日は……お早うございます」

「あの、一号室の方ですか」

「そうですよ」

「あの、はじめまして。私、もうちょうど一年前に引っ越してきた、三号室の、リーランといいます」

「あ、どうも。こちらこそ、はじめまして」

男は折り目正しく言葉を返しながらも、自ら名のろうとはしない。荷物もなくて、まったくの手ぶらだった。リーランもいろいろと予備知識を吹き込まれた分、初対面の相手の身の上についてはききづらいものがあった。さりとてアパートのみならず、この町の生き字引やも知れぬ古強者を前にすると黙《もだ》し難くもなるのだが、今日のところは自己紹介に徹しようと心を決めた。男は言葉を継いだ。

「そうですか。留学なさってるんですか」

「ええ」

「故国《クニ》には、いつ帰られるんですか」

どう見ても唐突な問いかけに、彼女は何も応えることができない。

「あ、これは、失礼なこと、伺ったのかな。ごめんなさい」

「いえ、そうではなくて」と口ごもりながらもリーランはこのとき、彼女からの二つめの問いにも成り代わるべき、初めての告白を差し向けていた。「わたし、ここに来て、出口がまだよくわからないんです」

そう言われても男は口をつぐむばかりで、しばらくは何の答えも返そうとはしなかった。

「変でしょう。どうぞお笑いになって」

「いや」

その男からの反応たるや、リーランの期待を裏切ることもなく、むしろ予測をはるかに上回って、真摯なるが上にも身につまされたものだった。

「そうか……あなたのような新参の方でも……そうですか」

「新参って?」

「いらしたばかりですよね、まだ」

「まあ、まだ一年ですけど」

「私はこのアパートでもいちばんの古参ですから」

「それはうかがってますわ」

「というか、いまではね、この町でもいちばんの古株の方になってしまいましたよ。といっても私自身も元はといえば、ここの出身ではありません。そんな人はおそらく一人もいないでしょう。誰もが他所者ですよ、ここでは。それがおよそ都市というものの成り立ちです。それでもかつては、精神的にであれ、肉体的にであれ、何度もこの町を出たことがあった……しかし、そんなことを覚えていてあなたに伝えることができるのも、あるいは私ひとりになっているのかもしれない。ただし、その出口のことをここでとやかくあなたに申し上げようとは思いません。というか、言っても仕方のないことなんですよ」

「どうして」

「本来出口とは一人ひとり別なのであり、その出口にたまたま恵まれる機会というのも、一人ひとりバラバラで、じつに千差万別なのです」

さすがにリーランの顔は落胆によって、当て所もなく曇らされた。

「まあ、そんなに気を落とさないで……気休めにしか聞こえないかもしれないけれど、出口はいつの日にも突如として拓けてくるものですから、ね……」

脚長の蜘蛛はすでに天井を這いながら、ゆっくりと二人の頭上を通り過ぎていった。男はいかにも愉快そうにその進行を眺めていたが、リーランには頭上に紡ぎ出される蜘蛛の巣もさながら、この町があらゆる出口を奪い取りながら、自分を含む市民一人ひとりをますます捕らえるのではないかと訝られるばかりだった。このままでは早晩アパートから出ることもできなくなるのではないかと、訳もない苛立ちに焦りも覚えてくると、急いでエレベーターのボタンを押してみせるのだった。ところがエレベーターはまだ最上階へと向かっており、すぐには下りてこなかった。そこで心を盛り立てた彼女は悪気もなく、男からのモノガタリにひとつの暴露をもって報いることにした。

「そんなお話をうかがっていると、あなたのいる『シュウヨウジョ』というのも、何だか町の外にあるような気がしてきますよ」

「何だ」

男はハッとするまでもなく安堵の微笑みさえ浮かべて、揺るぎのない目線を天上の蜘蛛からふたたび地上の、この三階の隣人へと戻した。

「そんなこともご存知でしたか」

「またいまは、仮釈放中なんですか」

「その通りです」

「そして懐かしい町に帰ってこられた」

「いかにも……まあ、懐かしいかどうかは別として」

「でも、また出ていかれるんでしょ。それもあなたしか知らない、あなた専用の出口を通って」

「それはちょっと違う」

「あら、どうして、どんな風に?」

「私の辞書に、あるいは留学生のあなたを含めた私たち積年の〈生き字引〉には、いまのところ『町を出る』という表現は存在しないも同然なのです。当面は何の実体も伴わないのですから」

「あらあら、どういうことですの」

ここからの男の語り口は、不遜でも高慢でもないのだが、それだけに誰もが身構えざるをえなくなるような醒めた狂気を滲ませてくる。

「いいですか。たとえば芥子《けし》粒《つぶ》にも似たこんな私の場合ね、収容所を仮釈放になるときは晴れて町〻に出る、のですが、期限を充たして再び収監される私はといえば、あなたがおっしゃったように町を出る、のではありません。幾分なりとも究められた喜びさえ伴いながら、私はそのとき取っておきの町に入る、のですから……私ばかりではない。『町に出る』と『町に入る』との根深い裂け目にのみこまれては、どうにも繕いようがありません。そして『町を出る』ことは、今やこの町の誰にとってもかなわぬ夢にも成り果てている」

いつの間にか天井を往く蜘蛛の姿は、あたかも一号室へと吸い込まれるようにして糸もなければ足跡もなく、ものの見事に掻き消されていた。それを見て、これ以上は何の問いも浮かんでこないと悟りも開かれたリーランは、一気に話題を読み換えて、締め括りの問いを差し向けることにした。

「そのお部屋、いまはほとんど空いてるんでしょ」

「はい、まあ、倉庫みたいなものです」

「そして仮釈放のときは、いつもこちらに?」

「ええ、必ず一度は……というのも私はね、やがて私の亡骸に書かれるであろう、いにしえからのメッセージをまた一つ、その度ごとに、ここへと受け取りに来るのですよ」

「あら、どのような?」

「それはもう、ここに生きている限りは、誰にも読み取れません」

ついに待ち焦がれたエレベーターの扉が開かれた。

男は「忘れ物をした」と呟いて鍵を元に戻すと、もう一度同じ部屋に入った。

「いい研究なさって下さい。また、いつの日にか」

ドアが閉まると、中から鍵を下ろす音がした。相前後してエレベーターの扉も閉まると、ほどなく地上に下りたリーランはそのまま寄り道もせずに真っすぐ大学へと向かった。

道すがらリーランは考えた。

彼はいつもあの部屋にいて外の気配を断ち、あそこから見えざる地下の経路なりをたどって〈精神収容所〉に戻るのではないか、と。

いずれにしても、彼はそうした彼だけの内なる道を知っている。

それにしても「忘れ物」とは何だろう。

リーランはそこにも推理を積み重ねていく。

あの部屋からそのまま直接どこかの収容所へ戻るのであれ、あるいは同じ収容所に向かって中から再び部屋の扉を開くのであれ、アブラハムをもはるかに上回るべき高齢を持ち運ぶ彼にとって最大の忘れ物にして捜し物とは、どこにも帰属を持ちえない生身の肉体以外にはありえないのだから……

晴雨を問わずいつの日にも、町の中心を掠めて進むのが彼女の慣わしだった。尖塔の赤旗はこのとき、疲れを知らない東風に棚引いて彼女の頭上にも翻っていた。

## 3

午前の講義は正午前の、一一時五二分に終了した。いつも長引くこの授業としては、まれに見る壮挙にして珍事といってもよかった。講師の男はすぐに立ち去って、聴講者も早々に退出すると、辺りには立ち話をする者も見当たらない。誰もが一面にみなぎる陽射しの下に吸い込まれ、落ち葉のころというのも名ばかりに、往きすぎるべきものの影はあまりにも実り薄い。同じころ地平線の真下では、今宵の半月が来たるべき黄昏の南中をめざし、本番直前の待機に入ろうとしていた。その行く手は気兼ねなく、晴れ渡るが上にも晴れ上がる。申し分もない秋の空に加えて、一〇月にしては少々汗ばむような陽気に気圧《けお》されてしまう。

リーランは購買部に立ち寄った。切らしたばかりの食パンに加えて、缶入りのフルーツジュースにも手をのばす。往路と同じ道すがら喉を潤していくと、帰りつくころにはすっかり飲み干していた。小鳥の囀りがいつもにも増して待ち遠しかった。昼休みの街路に風はなく、運河沿いのプラタナスの木陰に集う人影も心なしか数を増して、それが苦もなく誇らしげにも見えてきた。唄う者こそいないのだが、語らう者の連なりもいつしか言葉を忘れる。それでも物語りを装い、そこに得も言われぬ即興の調べを重ねると、二度と持ち寄ることのない確かな出来栄えを寿ぐのだった。

住み慣れたアパートの中には、一〇月の涼気が保たれていた。にじり寄る外界《そと》からの熱気が、目敏くも失われるべきものの粒子を見出すと、ひとつひとつ丹念に音もなく遺伝子のレベルにまで嚙み砕いていく。それが留学生リーランを取り巻く遠い異国の気分に連なった。三階に上がってエレベーターのドアが開くと正面には、朝とは違うもうひとつの扉が開かれて彼女の到着を待ち受けていた。二号室の戸口がここまで開け放しになるのは、かつてない珍事と評しても差し支えがなかった。しかも目前の異様には息を呑まされた。部屋の突き当たり、窓辺近くの円卓に、高さにして五十センチもあろうかという大きな卵が立っている。左手にはわずかに横顔を見せる大人ひとり分の男が前屈みにな

鳥人

って腰かけている。背中には二枚の翼が開かれて、節度のある伸縮に開閉を繰り返す。要所要所で男の思考や感情の微妙な起伏、蠢動《しゅんどう》の代弁もするのか、打ち込む仕事に対してもいわくありげで創造的な祈りのアクセントを添えてくる。どうやら男は卵の殻の修復に余念がない模様で、開き切らない赤子の掌ほどの破片をピンセットで摘み上げ、鼻眼鏡の顔を擦り寄せながら慎重に貼り合わせていくところだった。だから声でもかけない限りは、彼女の一時帰宅に気づくどころではなかった。すぐ傍らには把手の付いた琺瑯のカップに複数の絵筆がささり、四角い木の盆いちめんに絵の具が並んでいるのを見ると、このあと彩色を施す心積りでもあるらしい。まもなく破片を思い通りの配置に収めると、彼は何度も息を吹きかけて乾かしながら、そこに一度きりの満足気な笑みを織り込んでみせた。窓はぴたりと閉ざされ、向こうにはやはり市庁舎の尖塔が赤旗とともに聳えている。ひょっとしたら卵は、いま修繕に勤しむこの男が孵ってきた生まれ故郷ではないのかと、リーランにも咄嗟《とっさ》に閃くものがあった。

今朝、一号室の扉は彼女の視線を遮り、室内《なか》を検《あらた》めることなど一切許さなかった。この完璧な拒絶に対して、二号室の扉は十二分にすぎるほど開かれているのだが、一号室の男との間には保たれたような言葉の遣り取りが、翼のあるこの男との間にはじまるとは誰にも思われない。だから二号室の扉は一号室のような拒絶ではなく、開かれた沈黙のもたらすべき誘惑的な隔絶をさし示していた。リーランは殊更にたじろぐこともなく、ただくれぐれも気取られないようにと気遣いながら、一歩二歩と自室に向かって爪先を運んだ。男は円卓の卵に半回転を与えると、サッと右手をのばして自慢の絵筆も取り上げたが、最初のポイントは容易に定まらない。背中に開かれた一対の翼だけが、虐げられた人びとへの鎮魂の調べを口ずさむように、鈍い羽搏きを積み重ねた。奏でられるべき曲想など浮かばないが、リーランはまた一歩、爪先をさし出した。すると二号室の右手の壁際には寝台が浮かび上がり、そこには窓辺を南枕にさらにもう一人分の肉体、両目を大きく見開いて仰向けに横たわる、全裸の女性が現われた。両腕は指先に至るまで真っすぐ体側に寄り添い、局部は暴き出され、恥じらいはとうに事切れ、柔らかな陰毛の感触にリーランの頬が赤らむという兆しもうかがわれない。髪型相貌にこの部屋の住人を連想させる要素は少ないものの、それを完全に否定することもできなかった。しかもリーランにとって、仮にいま目にするものが自分の寝姿だとされても、落ち着いて受け入れるだけの心のゆとりには、空想を充たしてもなおありあまるものが漲《みなぎ》る。

それでもほとばしる禁断の泉に憧れ、抜け殻の棺も同然の彼女は愛憎ともに餓えていた。だからいますぐにでも三号室に飛び込んで、同じように昼下がりのベッドに横たわってみたかった。股がるのでも覆い被さるのでもなく、あまりにも春めいた真昼の果てへと身持ちのよさを連れ去ってみたかった。でもその上で、度重なる欲情そのものを、当てどもないまま遠くに突き放してみたかった。棺ではなくて肉体の抜け殻こそが、子どもを身ごもるまでもない何かの蛹になれるのであれば、いまの彼女にとって男とは一介の考えるペニスにもすぎず、翼なんて無用の賜物、横たわる全裸の女体に至っては、交接への理想を待ちくたびれた哀しい機械仕掛とでもいうほかはなかった……蛹か……と、リーランは、いくらか幸せなため息をついた……ああ、あの男の蛹ならチェロかベースのケースくらいになれるかも……と、視界からは男の手仕事が消え失せて、女の裸身ばかりがいちだんと際立ってきた。

それにしても目の開き方には、あるべき生気の片鱗さえも感じ取れない。肌の色ときたら、眺め遣るほどにほとんど黄金色にまで照り輝いてくる。さてはマネキン、だとすれば、人目に触れることなど予期してこなかった特別製に違いない。リーランはそんな確信を深めながら、やっとのことで隣室を後にした。翼のある男は取り上げた絵筆を濡らして絵の具を含ませると、いよいよ卵の殻にあたろうとしている。蛹の殻はどこにも見当たらない。いま見かけたものは、いつの間にか隣りに巣をかけてきた名もなき鳥人であると、彼女は受け止めた。マネキンは死体の模倣に終始する。男女ともに住民登録への記載はありえず、ただそれだけの非合法になることだけが、ふたりの存在をいっそう輝かしいものにしていたのかもしれない。

本来の住人の姿など、もはやどうでもよくなっていた。マネキンの黄金色はいよいよ廊下にまで照り出そうとしている。名もなき鳥人は翼をいっぱいに開いて、鼻眼鏡には漆黒のサングラスを嵌めていた。すると溶接工のように、手慣れてはいてもそれだけにまた一段と慎重な手つきで、バーナーならぬ愛用の絵筆を運び始めた。マネキンの放つ強い光の中から選び抜かれた、この世の極彩色を一粒たりとも見逃そうとはしなかった。卵は卵で、どことなく青い光を放ちながら、照り輝く中にも確かに一抹の影を引いて浮かび上がる。この卵こそが、いまやこの部屋の中心であり、部屋は卵の外部にあってその殻を包みながらも、同時に隈なくその内部をも描き出したのである。リーランひとりが冷ややかに、卵の中を覗き見ることができたのかもしれない。それに気づくまでもなく時は流れて、彼女は白昼の扉を閉めきり、あり合わせの材料でいつものオープンサンドを作る。牛乳と、残り少ない故郷のお茶も添えながら、ふたたび渇いた喉元を潤すのだった。

今日もラジオの定時ニュースは内戦に伴う行方不明者について、広く情報の提供を求めている。音声は母国《クニ》から発せられ、留学以来日夜忘れかけてきたものの形象《かたち》を、そのつど新たに組み直してみせる。誰かがいま母国《クニ》に身を置き、そこから地平線をこえてさらに遠方を眺めれば、リーランもまた一人の行方不明者にすぎない。知らぬ間にべつの身元不明者の代役さえ押しつけられかねない。姿なく息詰まるものの儚《はかな》き余生を何とか生き永らえてきた。彼女の背負う「行く方知れず」とは強いられたものではなく、自ら望んだ片時の国外逃避にすぎなかった。

白いアナウンスが休みなく、行方不明者の氏名、年齢、性別を読み上げていく。片や身元不明者には触れることがなく、リーランの名は今日も呼ばれなかった。呼ばれることを拒み通し、呼ばわる者にもなろうとは思わない。リーランがチャンネルを転じると、この町の天気予報が、汗ばむ秋の好天を着実忠実に跡づけていく。そんなにも晴れ渡った空をながめると、目にしたばかりの隣室の情景が彼女一人分の仮想の千切れ雲にくるまれて、四方八方に吹き流される。信仰なき鳥人の影像からは、埋葬のあてもない自殺体のマネキンが切り離されていく。部屋は二分され、本来の住人の姿も消え失せて、建物も解体の一途をたどり、哀れな末路を見せつける。これを夢だと証明できる者もすでに定住の機会を奪われている。

今はなき、空の都市《まち》の住民にも思いを馳せる。最大の行方不明者は〈カエイラ〉であり、最大の身元不明者はその民の血を引く者たち、ワタシだってそのひとりかもしれない。〈カエイラ〉とは、生者ではなく死者であり、それも生者からの転化としての死を知らない、だからかつて一度も生きている自分のいなかった、完全無欠の死者。永遠の自殺体。二号室のマネキンは、そんな格別の死の絡繰《からくり》を小さく慎ましやかに象徴していたのかもしれない。かたわらで作業にいそしむあの男の背中を飾るのは、羽ではなく一対の翼だから、やっぱり昆虫の人ではなく、あくまでも生粋の鳥人なのだ。安堵とともにリーランは想像を募らせていく。修復を終えていよいよ彩色のときを迎える机上の卵とは、ひそかに自死を遂げた黄金色のマネキンの、新居として準備される特製の棺ではないのかと。鳥人こそが精神の収容所を経由して回帰する一号室の住人の、あるべき本当の姿ではないのかとも。彼女は、近頃よく見るある夢のパターンをごく身近にまで蘇らせていた。それは繰り返されるべき近親相姦の一場面であって、見たことのない、父親を名のる大人の男がまだ十代も半ばの彼女に向かって、何の前触れもなく一途に襲いかかってくるのだった。

パンにハムに胡瓜、という打ち消しあうばかりの後味が二杯目のお茶に流し込まれて、昼食は姿を暗ます。すぐにラジオも消える。リーランはカバンの中身を少し入れ換えた。午後も二つ目の授業は先週休講の通知が出されていた。残るはそれに先立つ特別講義で、こちらも二時三〇分には終了する。アルバイトも今夜は来なくてもかまわないと、中途半端なことを言われている。久しぶりに時間が空くからといって、とくに嬉しいわけでもない。漠然とした余白の訪れは、心の飢えを露わにして煩わしいことこの上もない。やるべきことはいくらでもあるわけで、暇を持てあます道理もないのだが、この日の空白はそれだけではどうにも埋めがたいものを突き付けてもくるようだ。それが町中の散歩くらいで紛れることなどありえないのに、それ以外には紛らす方途も見当たらないという袋小路の時間《とき》の裏道に、彼女は先細るばかりの郷愁の末路を架け渡す。すでに世界は、ただ一つであることを取り止めている。ここに群れなし、かしこに往き交う、人の数だけ打ち鳴らされる、おびただしい動悸にも合わせて、またいくつにでも分け隔てられていく。すると未開の夜は、空しくも打ち砕かれた欠けらだらけの拡がりを、一つひとつ器用に掬い上げてはこれ見よがしに仮装する。変装する。星からの舞踏には、月からのジンタが谺《こだま》する。所狭しと繰り出される夜のサーカスの演目には独自の名前を振り分けて、演じるのはそれら名前自身にほかならず、まだどこにも姿を見せない観客たちには、早くも抜け殻としての意味が応えた。

あとは沈黙が支配をめざし、来たるべき夜は長々と横たわる。暁はあまりにも遠く、かけがえのない朝も所在が忘れ去られていく。やむなく間近な夕方をめざし、リーランは自室の戸締まりをした。カバンは軽さを増しており、三歩も進めばまた二号室の領海に入る。その扉は心持ち閉まりながらもなお開かれたままに、部屋はさらされていく。エレベーターのボタンを押すと、一階のボックスは直ちに起動した。残された時間はリーランにとって一分にも満たない。彼女は再び隣室の前へと進む。予期せぬ往きがかりに自ら挑みかかりながら、エレベーターを背にして中を覗き込む。眺望は移ろい、配置は色模様を転じる。鳥人はまだそこにいて、いまはひっそりと窓辺に佇んでいる。すでに畳まれた翼をこちらに向けながら、窓の外を見上げている。そこからは飛び立つという気配だけが感じ取られない。どうやら仕事にも一段落がついて、円卓上の卵には一部とはいえ見慣れた地図が、精密この上もなく描き込まれていた。卵型に変形された、それはこの惑星の雛形なのか。だとすれば、いま鳥人はその雛形に背を向け、昼中の地上の町に、権力の渦巻くもう一つの銀河系宇宙に、尽きせぬ思いを馳せるのか。そこでは星の流れが何食わぬ人の顔をして行き来する。立ち話をする。諍《いさか》いも引き起こす。あえて戦いも辞さないと公言する。だからリーランは太陽を呼びつけた。姿は見えず、その応答が一筋の邪な光となって照りつけると、思いつくがままに手作りの命題を並べた。

一—一　卵を産んだのはマネキンである。
一—二　鳥人が卵から生まれたのであれば、マネキンは鳥人の母である。

二―一　卵はマネキンの棺となる。
二―一―一　生きている限り、マネキンが自らの産んだ卵に納められる。
二―二　この惑星という名の卵を産んだ一人のマネキンが、その死後同じ惑星という名の棺に納められていく。
三　マネキンは鳥人の母にして、今や連れ合いでもある。
三―一　近親相姦の夢は隈なくここでも繰り返されていく。

エレベーターの扉が開いた。そのまえに、さらにもう一つの変化がリーランを捕らえていた。それは見かけよりも遥かに大きいのだが、すばやくエレベーターに乗り込んでいたら見のがしたことだろう。なおも横たわる寝台上のマネキンが全裸のまま、しかし今度は固く両目をつむっていた。

マネキンはそのとき確かに生きていた。生きたままで眠っている。息を弾ませることもなく、厳かに寝そべっていた。怖れをなしたリーランは、手をのばして二号室の扉を閉めた。鍵をかけようにも術はなく、すぐにも振り向くと、もう一度エレベーターのボタンを押してみる。ドアは待ちかねたように開かれて、彼女に連なるあらゆる情報とともに彼女自身を回収した。そのあともマネキンの両目は閉ざされ、二号室とエレベーター、いずれの扉も閉められたいまではリーランの瞳だけが開かれ、長く吊り下がる鉄函の行く末を見定めていく。

このさき棺の卵は、忘れかけてきた自転を取り戻す。物語りはなおも忘れがたく、空転の中に身を沈めようとする。筋の通らないロープは切り裂かれ、奈落の底へと転落する。その奈落とは、誰もが歩みを進めるこの地上の、ありふれた代名詞にほかならない。

神のみぞ知る、栄光の道と、
人のみぞ知る、転落の道と、
そのいずれにも組せざる、第三の道、
道なき道にもう一つの町が築かれる。たどり着こうにも手立てがなく、語り継ごうにも通じ合う言葉が見出されない。私たちがひとり残らずそんな町からやって来たことを、受け入れる者たちだけのために、これより先の物語りは伝えられていく。そこには始まりもなければ終りもなく、いつも、いつでも、いつまでも、身元不明の季節にも守られて。

## 4

破滅の扉が拓かれた。生命《いのち》の限りは忍びなく、破綻の幕も切り開かれて、戦争《いくさ》の進路《ゆくて》は揺るぎがない。それを聖なる神へと告げ知らせるのは、世上の悪意にほかならず、一粒の善意もあまさずこれを刈り取られては、無法の掟へと明け渡される。いまを忘れて語り継がれる、煉瓦造りの、さほどにもきな臭くない一隅に、かつてはアインシュタインも立ち止まったという狭い教壇を見下ろして、いかにも古めかしい階段教室が置き去りにされていた。そこはいにしえの熱気には見放されても、立ち込める妖気にはまだほど遠く、一種の思考不能な湿気の中に身を沈めている。夜昼を問わずこの町で、心の旅装束を余儀なくされるリーランには、それこそが凌ぎやすくも心地よく、留学以来、金曜日の午後には決まって訪れてきた。

そこでは週に一回、社会学の特別講義が行われる。担当は白髪を靡かせた痩身の老教授だが、彼女の指導担任ではない。ただ、昨年来取り扱うテーマは一貫して「殺人《ひとごろし》」ということなので、彼女としてもやはり顔を出さざるをえない。教授は無類の煙草好きなので、そんな事情でもない限りリーランもあえて近づきたくはないのだが、別のゼミナールでは学生の発表を聞きながら始終燻らせている彼も、さすがに自分が語り続けるこの時間はただの一服も嗜むことがなかった。訛りの強いその言い回しからみて、およそこの近在の出身とも思われないのだが、そんな語り口にももうすっかり耳慣れてきた。詳細な内容についてもいまでは遜色なく聞き取れるのだが、それを逐一ノートにとることまではしていない。さすがにそれだけの余裕はないのだが、試験やレポートで評価を受ける所存がないというのも少なからぬ理由の一つである。とはいえ教授にとって留学生の彼女は、皆勤を続ける最も熱心な聴講生の一人に数え入れることができた。

過去一年の講義を通じて、教授は殊更に分野としての社会学を前面に押し出そうとはしていない。彼本来の専門とそこに掲げられたテーマからみて、人殺しの社会学、ないしは社会現象としての分析論述が期待されるのだが、正面からそういうアプローチを採ることは執拗に避けている節さえうかがえる。おまけに前後の繋がりを稀薄にしてあえて断ち切るような断章を差し込み、そのまま何の解説も加えずに、長くは三十秒程度もポーズをとりながらただ読み上げていく、そんなスタイルもしばしばで、第二回以降、出席者の数は着実に減少の一途をたどるのだった。授業中、自ずから講師の口が空いたときも、それを埋められるものなどどこにもなかった。言葉とは言葉自身のための約束事で、何かを埋め合わせるためのものではない。それでも辛抱強く、充実も空白もそのつど受け止めながら、適度に力も抜いてすべての輪郭を聞き流していくと、やがてリーランは発見の悦びにも囁かれるようになった。目前の講義はさまざまな専門分野を渉猟しつつ、名指されることもないある欲求に対する社会学的なアプローチへと、鮮やかな連結をとげていくようにも思われるのだった。

そんな眺望ばかりが思い描かれると、彼女は尽きせぬ愉しみを芽吹かせることもできた。講義本来の道筋は暗くもなければ明るくもない。前の年は、殺人行為をめぐる政治学、経済学、民族学、心理学の各論述に始まり、さらには考古学、あるいは系譜学の名の下にその思想史を積み重ねていくと、翻って美学にも一通りの目配りをくれた。ついでやむを得ず文学と唱えたものの、そこで何らかの詩的実践を試みたわけでもなく、前年度はいかにも唐突に行き場をなくしたまま、ぷっつりと途絶えたのである。それを「息絶えていた」と言い改めたところで、さほどの過誤には当たらない。人を殺める哲学などいうに及ばず、倫理学も巧妙に遠去けることで何かが延命をはかり、法律学の分野も入口の所で断ち切られて、その先はどうにも立ち行かなくなるのだった。

ところが今年度はいきなり趣きを違えてきた。二度の休講に始まり、それも教務に無届けとなるや、消息不明の噂すらまことしやかに流される。あるいは神経症、との疑いを晴らすまでもなく、再び予告もなしに登壇したのが、月も改まったこの日のことだった。そんな中でもリーランを含む十指に余る学生が足を運んだところを見ると、講義の人気には意外にしぶといものがあるのかもしれない。おまけに久々の老教授は出席者に対して、のっけからひとつの問いをかけてきた。それもいつも通りのメモを読みながらの講述ではなく、一見対話的な装いまで凝らしてきたものだから、程度の差はあれ、誰もが一度はわが目を疑ったに相違ない。

「えー、今年度の講義を始めるにあたって、予め諸君にお断りしておきたいことがある」

どう見ても無断休講の釈明ではなかった。

「というのも、まず冒頭にだね、今年は年度末提出のレポートのテーマを掲げておく」

老教授はいつものように時おり天井を仰ぐようなこともしなかったが、それでいて出席者の顔を見るのでもなく、その縁《へり》を掠めて緩やかに視線を巡らせていった。

「それは端的に『殺人否定の論拠をめぐって』というものだ。無論、これから一年の講義の中でも、間接的な仕方ではあれ、その解答ともなりうるものを、複数、私なりに示唆ないしは教示するつもりである」

教授は口元を丸めて、心なしかその「複数」のところにアクセントを込めた。

「まずは一年を通じてそれらを拾い集めるもよし、あるいはそれらに加えて自分独自のものを、また複数、一心に試みては呈示するもよし。ただしだ、そのいずれにあっても論証の形式をとらず、それぞれの理由にあたるものをただ列記するにとどむるは、これを可としないので、その辺りくれぐれも最後まで各自が銘記するように」

教授は上着の右ポケットから螺子巻き式の懐中時計を取り出すと、すぐ手前に置いた。すでにいずれの教室でも午後の授業が始まったものとみえて、廊下を渡る学生たちの足音物音も聞こえなくなっていた。

「さらにこれに関していくつか注意されるべき事項があるので、すかさず挙げてこれを指摘しておく。まず、人を殺してはならない論拠など存在しないとして初めからこれを退ける立場、だから必要に応じてどんどん殺してもよろしいという、いわば推進放任の立場は、このレポートに関してはとらないでもらいたい。それがまず第一にこの試問への基礎となる。あるいは自分や家族、愛する者が殺されてもいいのなら、それを承知の上であれば、殺してもよいといった見地も同様である。いずれにせよ、前提条件の有無を問わず、この立場に依ることはここでは認められない。

次にこの後者とはいわば裏腹にもなるのだが、自分が殺されるのがいやだから、人を殺してはならないと唱えるもの。これなどはまさに浅薄なる感情論というべきであり、『私は殺さない』という意志の表明にはなりえても、殺してはならないと説得するための論拠を構成するものではない。ところが私が諸君に求めているのはこの論拠なのだ。いいかね。

加えてまたこういうのはどうだろう。なぜ人を殺してはいけないのかについて、これを原理的に問うことはそもそも不可能であり、論証可能で客観的な答えなどありえないとする一種の不可知論である。いちばん最初のものとは結論的に同じことになりうるのだが、ならばそうした寄る辺ない殺人放任の立場は避けながら、そのうえで不可知と主張することのより厳密なる論証を要請する。といってもこれは単なる期待の表明ではない。何しろ私はいま命がけで常識を守ろうとしているのだから。いいかね。私はけっして事実行為としての殺人の不可能性を論ぜよというのではない。しかしながら、あえてそんなことも試みるというのであれば、諸君の叡智をもってそれについても大いに取り組み給え。（しばし沈黙）

最後にもうひと言だけ付け加えるなら、私はこの際、単に学問的な、いわば公の興味から発してかかる課題を諸君にもたらすのではない。反対に、あくまでも個人的な興味ないしは必然から、いまこそ殺人拒絶の意志ではなくて、何よりもその論拠を痛切に問い求め、いや、乞い求めているのだということを明らかにしておきたい」

教室の中央、やや右手の席について教壇を見下ろしていたリーランは、このとき初めてまともに老教授からの視線を向けられて思わずぞっとした。これまで語学上の不備も手伝って緊張を強いられることはあっても、背筋が凍るような思いをしたのは留学以来これが最初の体験といってもよかった。そんな思いに何か応えるようにして教授もまた、講義中にもかかわらずフィルター付きの煙草をくわえると、すかさず火を点け放った。何をもって点けたのかは誰にもわからない。二服、三服、悠然と燻らせてから、おもむろに問いかけた。

「何か質問があるかね」

それもまたかつてない展開であった。

「はい」

間髪入れずに、最前列の定位置についていた大学院生が左手を挙げていた。教授は身振りひとつで彼に発言を促した。

「どうしてかね」

「お言葉を返すようですが、そういう問いはそもそも無意味ではないでしょうか」

問い返した教授にも、声を荒らげるようなところは見られない。

「ええ……といいますのも、こういう問いはつねに殺す側の人間の立場から問われているように思われるからです」

「なるほど」

「というか、そのように問われざるをえないのです」

「というのは？」

「はい。その問いを最も投げかけたい者、あるいは当然の権利として問いかけるべき者たち、要するに殺された当の人間は、つねにすでにこの世には存在しないからなのです」

「それで」

「したがって、この問いはそれを問うべき者がすでに存在していないという意味で、本質的な欠落もしくは自己矛盾を含んでいるのです。あるいはこういってもいいのでしょうか。この問いからは、最もそれを提起し、自らもおそらくはそれに答えたい者があらかじめ排除され、排除されざるをえないという意味において、もとより無意味なのだと」

「その君のいう、何らかの『意味において、もとより無意味なのだ』という言葉遣いも思えば奇妙で面白いのだが、そもそも君は何を聞いていたのだ」

「は」

「ひいては何を考えて生きているのかということにもなってくる」

老教授の持ち出した応答は、非情なまでに素っ気なかった。

「まず、何よりもここで問いかけているのは、この私なのだよ。殺された者でもなければ、殺した者でもない。勘違いをしてもらっては困るな。私は問いかけた。これはもう既成の事実だ。死者には何もない。それでも君が、君の言うような意味で第一に問うべき者があらかじめ排除されていると言い張るのなら、試しにいちど君自身が殺されてみて、果たしてそれが事実なのかどうか確かめてみたらどうかね。その際、できればレポートは遺言の形でのこしてくれたら、それで結構だ。ただあくまでも、『できれば』だよ。その時はまず最初に君のものから拝読しようね。それだけはここで明言しておこう……ほかに」

大学院生もそれ以上には食い下がらなかった。それに左端の窓際に座る若い学生が無言の右手をさし上げていた。

「どうぞ」

　学生は折り目正しくも立ち上がって通路に出た。

「あの、私にはそういう問いはあまりにも文学的な作為に満ちあふれて現実離れのした、有効性を持たないものに思えてならないんですが……」

「ほう、そうかね」

「はい。何よりも私自身の体験から申し上げても、殺人の行為はそんな問いとはおよそかけ離れた無縁のところで、やっぱり冷酷にというか、むしろ機械的に処理されていくように……」

「わかった」と、教授は彼女のいう「体験」の中味を質すまでもなく、発言の行く手を遮った。

「君の気持ちもなるほどわからぬではない。しかしながらこの際、私が諸君に課したものは『文学』ではなくて、どこまでも、そう、あなたの言う機械的な、そうだ、自動的と呼んでもいい、そうした類いの社会的、社会学的問いかけなのだから、そもそも『文学』なんぞに付け入る余地はないのだ」

　その女子学生もそこで退くと、元の席へ腰を下ろした。やや間があって、いよいよ三人目となる男がやはり無言のまま何故か両手を挙げた。中央の通路を挟んで、リーランとはちょうど対極に席を選んだ、見るからに留学生風の男だった。

「じゃ、君で終りにしよう」

　指名を受けて質問をするその男は、流暢な言葉づかいを誇示するまでもなく、出席者一人ひとりの耳元へ事柄を適切に送り届けてきた。

「先生、その問いはどこまでも人ということに限定されるのでしょうか」

「この場合はね」

男は少し間を置いて考えてから、自分の意見を述べ始めた。

「お言葉を返すようですが、私にはまず、人以外の生き物を殺すのは許されるのかどうか、もしも許されないのなら、そのことも含めてどうしてなのか。反対にそれが許されるとして、ではどうして人を殺すことだけは認められないのかと、そんな風に問いそのものを拡大してはどうかと思うのですが……」

「なるほどね。で、君は、結局どうだというのかね」

「といいますと？」

「だから、つまるところ殺人は原理的に認められる、認められざるをえないという立場をとるのかね」

「いえ、それは何とも不確定です。とてもまだそこまではたどり着いておりません。それでも一連の論証をへて、結論がどうしてもそこに至った場合には、それもまた一つのレポートとしてはお認めいただけるのでしょうか」

あくまでも丁重に運ばれてくる問いかけには幾分の躊躇《ためら》いを覚えたものか、教授もすぐには答えられず、この日二本目の煙草を取り出していた。

「もちろん先生からのご指示に従って、初めから認められることを前提にするのではなく、それがある意味で最後の結論として出てきた場合のことを申し上げているのです」

「いや、わかってる……」

教授はくわえた煙草に火をともしたが、出席者はまたしても点火の糸口を見失っていた。

「よろしい。それは認めるとしよう。私もそこまでの咎め立てはしない。ただし、それをくれぐれも先入見にだけはしてくれるな」

「わかっております」

「また、先ほどの君の問いかけを、私の問いに対する撹乱的な意図で用いるのなら、そんなものはもとより可としない」

「いや、そんなことは……」

「君のためにもならんからな」

「はい」

「それでは、今日の、そして今年度の講義に入ろうか」

教授は修羅場を切り抜けてみせると、最後の一服を吹き出し、携帯用の吸い殻入れに残り香もろとも封じ込めた。

「ではまず初めに〈正義〉の問題から導入をする。これに関して、ある著名な哲学者の一節を引こう。『正義とは国法に基づいて各人に属するところのものを各人に認めようとする恒常的意志であり、これに反して不正義とは法律の正しき解釈上ある人に属するところのものを合法性の外観によってその人から奪おうとすることである』

どうかな。いまの引用文中にある『各人に属するところのもの』や『ある人に属するところのもの』として、取りあえず二つのものを想定してもらいたい。ほかでもない〈生命と死〉である。

するとどうなるだろう。不正義とは、たとえば法律の正しい解釈の上でその人に属すべき生命を、あるいはまたその死をだね、合法性の外観によってその人から奪おうとすること、そのように読み換えられる。解釈される。その中でもとくに、この『合法性の外観』というものがまた注目に値する。

合法性を装ってその者の生命を奪うことが不正義だといわれるのだから。ではここで、合法性の外観を装いうるものとは何ものか。その装いの下、生命を、同じく死を奪うこととは、具体的にどのような事例か……」

これ以上に問いが重なり、それに対する答えが与えられることもなかった。講義そのものはいつの間にか、メモを読み上げていく例年通りの形式に引き戻されていった。それでもテーマだけは〈正義〉の一点に終始した。同じ講義の中程で、何に行き詰まり、何を考え塞ぎ込んだものか、いつも以上に引きのばされた空白が教室の全体を支配した。そのときリーランは、凍りついたように演壇にたたずむ老教授のだらりとたれ下がった右手の中に、黒いピストルのようなものが握られているのに気づいた。二度ならず三度までも目を凝らしたところで、それはなおピストルに見えたのだが、まさかそんなことはありそうにもない。大方そんな形のライターか、それともチョーク挟みの類いだろうと思い直したが、講義に勤しむその人がずっとライターを、それも利き腕に持ち続けているのも奇妙な話である。チョーク挟みにしても、決して板書することのないこの男がいつも握りしめておくいわれは、大いに稀薄だといわなければならない。

殺意……それも動物的なものではなく、何かしら植物的な見かけ倒しを研ぎ澄ませて……リーランは、教授の視線を受けて背筋が凍りついたように思われたその根元を、いま見せつけられたような心地がして、恐ろしいというよりも切ないばかりに訳もなく、気持ちばかりが切り裂かれていった。あらためてながめると、黒い短銃の先からは一本の枝が吊り下がっている。幹は現われず、根差しがあからさまに張り巡らされると地下の水脈を網羅する。生き残る葉は夜の太陽を浴びながら、永き信仰の明かりにも事寄せ、光の帯を紡ぎ出した。そこに銃声のとどろく余地はなく、一輪の花が咲き誇るべき、実り豊かな余白もまた見出されなかった。

「お故郷《クニ》はどちらなんですか」

はっきりとお故国《クニ》の言葉で、リーランが尋ねた。相手はいまの講義で三人目に質問をした留学生の男である。あの後ふたりはそれぞれの道をたどって、このカフェテリアにやってきた。カフェテリアといっても学内の施設である。階段教室のある建物からは、芝生に縁取られた静かな運河を挟んですぐの対岸にある図書館寄りの一角で、周囲にも講義棟があるので学生の出入りが多い。店内は立ち飲みがほとんどで、椅子席は数えるほどしかない。ふたりは運河の見える窓際の隅に立っていた。直前、挨拶を交わし、リーランがためらいながらも母国語（母語ではない）を持ち出してみると、たちまち通じ合うことができた。

「〈エラマン〉の方です……あ、申し遅れました。ケン゠チォム、といいます。よろしく」

男はほぼ同年配で折り目正しかった。彼のいう〈エラマン〉とは、かつてコミューン蜂起もあったという海岸地方で、いまではそのあたりの県名にも使われていた。

「〈エラマン〉っていったら、かなり南の方でしたよね」

「ええ、そうですよ。もう海に面してますから」

それにしては相手の言葉遣いの中に、北部出身のリーランにはむしろ近しいものが感じられるのだった。

「あの辺り、行かれたことありますか」

「いいえ、まだ一度も」

「そうですか。一年を通して、まあ、温暖なところです」

「でしょうね」

「失礼ですけど、あなたは？」

「あ、私は北部です」

「北部のどちら？」

「〈ライ〉という所の出身です」

「〈ライ〉っていったら、確か〈ニソロン〉の山岳地方の周辺ですよね」

「あ、よくご存知ですね。でも、私の村はずっと裾野の方ですから、冬でも十度を下回ることなんかありません」

「暖かいんだ」

「暑いくらいです」

こう言ってからリーランは、初めてブラックコーヒーに口をつけた。まだ湯気が立って、紙製のカップには簡単な取っ手も付いている。

「あ、ごめんなさい。私、まだ名前も申し上げてなかった。リーランです」

前払いのレジの傍らには、プラスチックのスプーン、砂糖と粉末ミルクの紙袋が山と積まれている。ブラック党のリーランは何も取らず、ケン＝チォムがミルクだけを入れてさっきから何度もかき混ぜていた。

「いつこちらに？」

「ちょうど一年前です」

「そうですか。私はまだ先月来たところです。じゃ、いろいろ教えてもらわないと。どうかよろしく」

「いえ、こちらこそ」

ほんの軽く会釈をくれてから、ようやく男はコーヒーを含んだ。何といっても料金は街のカフェの半額以下で、そのぶんクッキーなどのサービスもなかったが、インスタントではなく、いつも決まった店員が挽き立ての豆からまめにドリップで入れてくれた。手軽で安く、味もまんざらではなかったので、授業の間の休憩時間、とくに午後などはいつも満員の盛況だった。ほかのメニューは紅茶とパン、それに焼き菓子ぐらいのもので、リーランは胡桃とレーズンの入った円いものを買い求めて、これから頬張ろうとしていた。

「あの授業は去年から……」

「ええ。一応専門が社会学の関係ですから」

リーランはこのあと国での出身大学をきかれはしないかと警戒もした。大学はともかく、元の専門はあくまでも伏せておきたかった。それにいま取り組んでいるテーマが〈殺人〉であることもさすがに言いかねたので、ここは透かさず自分の方から問い返していた。

「あなたもやっぱりその関係の？」

「いえ、私は医学です」

「そう」と受け流しながら、リーランはますます依怙地なまでに国での専門は隠し通そうと心に決めるのだった。

「神経科が専門です」

「あの授業はこれからも？」

「いや、ちょっとわかりません。興味はあるんですが、他の授業もあるので」

それを聞くと、何やら忍び難い疾風《はやて》のようなものが湧き起こる。それが彼女の依怙地さの透き間をめがけ、無闇な侘しさを吹き込んでくるのだった。そんな移ろいを根も葉もない怒りにも読み換えたリーランは、郷里《クニ》の山河を思いやり、頑なまでに唇を引き結んだ。学生たちは雑木林のように群がり散らばって、談論をもてあそんでいく。その中にも自分だけはノートを広げ、何やら一心にメモを書き込んでいる者が一人や二人は点在する。一時《いっとき》の自由が底だまりのコーヒーもさながら、苦味を増していく。立ち上る香りには、極力甘みを控えてきた。その甘みとは詰まるところ、認識の甘さにほかならない。

「でも、あのレポートは面白いですね。それだけでも出してみようかな。……あなた、出すんでしょう」

「ええ、たぶん」と言ってリーランは、薄手のセーターの胸元についた焼き菓子の欠けらをはたき落とした。

「どう思いますか、あのテーマ」とは、ミルク入りの男から。

「テーマって、『殺人否定の論拠』ですか」とは、ミルク抜きの女から。

「そう」

「んー……論拠はいくらでも、すぐに見つかると思うし、その論証だってそれほど難しくないと思うんですよ……」

リーランはまたコーヒーを含むと、さらに考えた。

「でも、何というか、その有効性はまた別の問題だと思います」

「なるほど、有効性か」

「あなたは?」

思いをめぐらすケン＝チォムは、じっと卓上のコーヒーカップを握りしめていた。

「僕の知り合いで、そういう有効性とか妥当性ということじゃなくて、まず必要性というのを言ったのがいました」

「必要性?……」

相手の怪訝な面持ちを素早く察知して、ケン＝チォムは言葉を継ぐ。

「いいえ、殺人が必要、ということじゃないですよ。その逆です。どうしたらその必要をなくすことができるかという、だからこれは論証というよりは日常の実践の問題なんですが、その方策です。もっとも本人はどこかで読んだ話だと言ってましたけどね」

外には相変わらず雲一つなく、秋の陽射しが零れ落ちている。図書館前広場の石畳やベンチにはまだこの時期、日光浴をかねて座り込んでいる学生も多い。リーランはバッグの中に一冊だけ返却期限の切れた本が入っているのを思い出したが、それは後回しにして、もう少し相手の言うことに耳を傾けておこうかと思った。

「で、どうするっていうんですか」

「それがね、自分の異質なところを磨けというのですよ」

「異質なところ?」

「ええ、端的に言って、これは僕の解釈だけど、二つあるでしょうね」

「というと」

「まず、他人と比べて異質なところ。もう一つ、それまでの自分と比べて異質なところ」

「はあ」

「まあ、双方が重なるようなこともあるでしょうが……つまり、それまで他人と同じように見えてたところが、何か異質なものに見えてくるとか」

「なるほど」

「とにかく異質なものを自分の中に見出し、それを愛しみ、それをまた手塩にかけて磨き上げていくと、自ずと他人を手にかける必要もなくなってくる、というんでしょうね」

「んー、どうなのかな」

「少し考えました、僕も。そこで、たとえば人を殺めるという働きを二つの極限値ととらえてみましょうか」

「また二つね」

リーランはやや悪戯っぽくこれまでにない微笑みを見せると、焼き菓子の残りを頰張っていた。

「ステレオタイプですか」

「いいえ」

リーランは思わず口元に指先をあてがった。

「別にそんなつもりじゃ」

「じゃ、続けますね」

「どうぞ」

「二つの極限値。その一つは近親憎悪、いま一つは異質への恐怖だとしましょうね」

「そうか」

「そのとき、自分の中に異質なものを見出す努力をつねに払うことで、まず近親憎悪を免れるでしょう。また、自らに自らの異質を見出して、それをとことん愛しむことで、ひいては他者の異質を愛さないまでも、同じく寛容になれるのではないか、とね……」

「ふーん、結構うまくやるじゃないですか」

「そんなに、からかわんで下さい」

「滅相もない、からかうなんて……それで、肝心のその方は、その後も殺戮の必要には駆られてらっしゃらないの」

「いえ、そう言ってた当人がもうこの世にはいません」

「あら」

リーランは思わず相手の顔を見るしかなかった。そして静かに、その目を伏せるようにして卓上へと、当てどもなく滑らせていくのだった。男は男でこれを素直に受け止めると、格別に口調を改めるようなこともしなかった。

「亡くなったんですか」

「いくら自分が異質なものを磨いたからといって、さすがに他人の必要、人殺しに対する他人《ひと》のそれまで、なくすことにはならなかったみたいです」

リーランにもその含蓄はわけなく読み取られていた。要するにケン‼チォムの知り合いは、誰かの必要に応えて殺められたのだった。

「やっぱり内戦で」

「まあ、そんなところですよ」

「別に地方に限らず、都市部でもいろいろありましたから」

「ええ、いろいろと」

「いまもね」

「はい、そう……」

二人の話はひとまずここで途切れた。

一筋の運河は何かの舞台でも建ち上げるようにしてこちらへと迫り出しながら、通りに沿ってゆるやかな円弧を描いている。この辺りでは船の往来など見かけた試しがない。たまに厳冬のころ、川面がいたく氷結すると、そのまま一夜にして臨時のスケートリンクへと様変わりすることがあった。橋の欄干にも堤にも多くの見物客を集めて、滑りゆくスケートのエッジの氷面を削り取る音が川底に反響でもするのか、ビュンビュンと高く、小気味よく響き渡る一種の唸りが駆け抜けて、時にはこのカフェテリアの中にも飛び込んでくるのだった。だがいまはまだ秋も深からず、同じ運河の向こうには、大学付属の有名な植物園とその温室が長く見渡せるばかりだった。

そのうちにコーヒーも飲み干してしまうと、男の話に誘われ問わず語りにというのか、リーランは幼くしてゲリラに殺されたという弟のこと、山で死んでいた父のことも包み隠さずに切り出していた。祖国《クニ》の大学でも一切話したことはなく、母国《クニ》を出てからも他人《ひと》に話すのはこれが初めてだった。その間ケン゠チォムは冷ややかなまでに落ち着いて、半ば聞き流しているようにも見えたのだが、相手の話が一段落をすると不意にこんなことを言い出した。

「そうですか……じゃ、亡くなったあなたのお父さんというのは、よくある農民教会の秘密牧師か、あるいはひょっとしたらゲリラの首領、地下の指揮官そのものだったのかもしれませんね……別に、僕はそれを非難してるんじゃありませんよ……だから……」

「だから？」

「だから、僕の父親に言わせれば、そんなのはとんでもない偽善者の極悪人にして国家の裏切り者、いや、むしろそれ以前の、処刑するにも値しない最も汚らわしい輩なんだ……ってね」

再び遣り取りが途切れた。わずかに息を堪《こら》えるようにして。

「でも消すんでしょう。どんなことをしても」

「さあ、どうでしょうか……僕はやりませんけど、そうかもしれませんね」

肉親の最期を打ち明けたことに後悔などなかった。告白の動機や契機はともかく、めざしたところについては初めから見当がつかなかった。この男の同情を買おうとしたのではない。何かの共同に立ち上がらせようとしたのでもない。そんな心の余裕は、まだ見ぬこの町の出口と引き換えに返されるべき担保のようなものに成り果てていた。

リーランがカップを残したまま席を離れようとした。

それを見てケン＝チォムは、もうこれで彼女と語らうこともないのかと半ば諦めていた。

「私、もう一杯飲みますけど」

「あ、じゃ、僕も」

「荷物置いてってもいいでしょう」

「平気平気」

二人は十名前後に落ち着いてきた順番待ちの最後尾についた。それでもすぐに二、三人の学生が列をつないできた。

「だとしたらね」と、女が言葉をつなぐ。

「え？」

「だから、仮に私の父がそういう人間だったとしたらね、弟は父に殺されたも同然ということになるわ」

再び語らう彼女の言葉運びも、さほどに深刻なものではなかった。

「いや、そんなことはわからない。それに、弟さんがゲリラに殺られたかどうかも、本当のところはわからないんでしょう」

「それはね」

行列の前後に自分たちの言葉を解する者がいないと見て、ふたりは何でも大っぴらに語り合っていった。

「それに、ほら、あなたのお父さんだって消されたのかもしれないんだし」

「ゲリラに？」

「さあ、どうかな」

「じゃ、軍か」

「わからない……かもしれない……とにかく、あそこじゃ下手人には事欠かないんだから」

ふたりはほとんど同時にホットコーヒーを注文した。今度はケン＝チォムもブラックを受け取りながら、どこか冗談めかしてこんなことも言った。

「僕はもうあんなところ、二度と帰るつもりもないのです。父の手先になるのもごめんだし、いい加減ゲリラ側のやり方にも愛想が尽きましたよ……あなたは？」

「私？　私は、帰ります。帰らないと……子どもがいますから」

「郷里《クニ》に？」

「はい」

「じゃ、ご主人は？」

リーランは淹《い》れたてのコーヒーを一口啜りおえてから、軽く頭《こうべ》を左右に振ってみせた。

「いま、母のところにいるんですよ」

彼女が言ったのは子どものことだった。男はもうそれ以上には何の事情も尋ねようとはしなかった。

「そうですか。だったら」

そのためにも何とか町の出口を見つけなくてはならないが、リーランにとってはそのことを切り出せる雰囲気でも、その相手でもなかった。

「僕は帰ることなんか、まだ何も考えられませんよ」

「そりゃそうですよ。来たばかりだもの」

「いや、本当にこのさき帰ることってあるのかなあ」

「まあ、ゆっくりとお考え下さい」

ふたりが元の席へと戻ってみると、人の数もへり、日照りがもたらした中州のように店内は明るく、意外なまでに広く取り残されていた。

「そうだ。今日、何の日かわかりますか」

「……何でしたっけ」

「やっぱり一年たつと忘れるんでしょうね。記念日ですよ」

「記念日？」

「独立の」

「あ、そうか」

男は急に話題を転じながら、今夜、市内で開かれる留学生主催の祝賀パーティーに彼女を誘った。在留邦人たちの公の祝典もかねているらしいその会合に向けては、B5版二つ折りのあらたまった招待状まで刷られていた。男はカバンからそれを一枚抜き出すと、専用の封筒に収めてリーランに手渡した。彼女は仕事があるからと言って丁重に断ったが、せっかくだからと、勧められたその書状だけは受け取ることにした。

ケン＝チォムと別れて図書館に入ってから、あらためて彼女は書状を開いた。さっと目を通すと、祝宴の会場は彼女のアルバイト先だった。その一〇月一日があと八時間余りを残して、ひそかに迫り出しながらも暮れ泥み、そのまま彼女とともに祝祭の夜を迎え入れようとしていた。

## 5

それからのリーランは夢を見なかった。正確にいうと、夢をどこかに置き忘れたのかもしれない。

図書館からいつもの広場を通って部屋に戻るや、着替えることも投げ遣りなままベッドに身を預けてから、すでに二時間近くが経とうとしていた。その間にも、失われたはずの記憶は現実をしのぐまでになって、来たるべき夢の前途にまでも越すに越されぬハードルの列を連ねてきた。だからいつまでも未来はほど遠い。行く手をぼんやりと見晴るかすこともままならない。

窓外《そと》には夕闇が迫り、湖上を往く遊覧船のような引きずる影もない灯火《ともしび》を流しながら、夜の町が目覚めていく。並み居る苛立ちを鎮め、疲れのみえる人影にはいじらしくも救いの手をさしのべて、束の間の介護を申し出る。するとどこからともなく、移民の子どもたちが姿を見せて辻占に立つ。土鈴《どれい》を鳴らし、祝詞《のりと》を上げて、お御籤《みくじ》を売り歩く。一人また一人とそのつど背筋をのばし、小さな体に吉か凶かの谺を受け止める。膝を抱えて座り込みながらも、どこかで生まれ育った町を愛している。いち早く蔑みながらも、身寄りのない虜にされていく。大人にはそれすらも読み取れない。一事が万事、尖塔の示すがままに刻一刻をあてがわれる。今宵もあと五分で、いつも通りの午後六時を迎えようとしていた。

誘われるがまま、リーランは祝宴へ赴くことにした。招待客の一人としてではない。そんな催しがあることは、前夜に店の女主人からも聞かされていた。それも帰り間際になって告げてきた。あるいは事のついでに、さらりと申し渡していった。明日は全店貸し切りで、セルフサービスの内輪の宴だから休んでもいいよ、と。無理して来なくても構わない、と言ったのかもしれない。いずれにしても今日が記念日であることには触れなかったし、リーランがそのことに気づくための御膳立てもあてがわれなかった。ところがいまこうして目覚めてみると、ずいぶんと気分は変わるもので、昼下がりのカフェでは仕事があるからとただちに辞退したものを、同じ仕事ということで今度は見物に出かける心積りにまで転じていた。

人間はたじろぎ、移ろいやすく、賄いやすいという属性まで備えた出色の生き物である。泡沫《うたかた》の、物語の餌食をも自認する。それも同じ物語の純粋な生産物だというのだから、余計に始末が悪い。それでもいまだかつて、物語の主人公に祀り上げられたことはなかったのかもしれない。彼女がどこかに置き忘れた夢、それは本当の顔を見せられない行きずりの夜で、一途にして弛みない、それでいて締まりもなくなるという、見上げるばかりの酷薄な夜だった。そこでは卑怯と率直が巧妙に、誠実さの仮面をつけてまでも均等に釣り合い、対等に渡り合ってもなお相手を顧みることは許されない。

そつなく彼女はシャワーを浴びた。髪は洗わず、念入りに体を拭うと、早々に衣服を整えた。化粧はこの日もする気にはなれなかったが、それでも薄く口紅だけは引いてみる。だからといって来たるべき夜の装いが改まるわけでもないが、同じく来たるべき夜の空腹だけは何とかしなくてはいけない。出勤日ではないのだから、いつもの賄いは用意されないだろう。パーティーには出る気もないので、ここは安上がりにマヨネーズ付きのフライドポテトでも買って済ませていくことにする。窓辺に並ぶ観葉植物に夕餉の水を降り注ぎ、洗い残しのカップを濯いで、円卓の上に広がる青い布巾の上に伏せた。それから椅子の背にかけておいた上着をはおって戸口へ急ぎ、もう一度部屋全体を振り返った。窓外《そと》はとっぷり日も暮れて、ひとつきりの室内灯を落とすと、代わって外来の灯火がふたつ、旅立つリーランを捉えた。ひとつは広場の尖塔から、時を告げ知らせる赤いデジタルの信号で、いまひとつは運河に沿って行き交う車の存在証明である。テールライトの赤い反映が、ベッドの上の自画像を被うガラスの縁取りへと遠のいていく。

すぐにポッカリと穴が開いた。いつの間にか開けられていたようでもあり、それでも彼女が押し開いたものは、扉というよりも一抹の不安を煽る閉じ蓋の一部にもすぎず、告別の徴しを託された室内灯からの蘇りにも見えてくる。蓋に守られてリーランは眠り、外へと這い出した彼女が同じ蓋を閉め切ると、住み慣れてきた穴ぐらの番号を示す「3」の一文字が三日月のように冷たく微笑んだ。扉のこちら側が表にあたるとの確証もなく、新たな穴ぐらの中へと際限も弁《わきま》えず、ただ落ち込んでいくのかもしれなかった。祈りも唱えずに彼女は、いつも通りの施錠を済ませる。そのとき右手より声がかかった。

「リンさん」

リンさん？　そんな呼びかけをするのは、隣りの女をおいてほかにはなかった。

「久しぶりね」

「今晩は」

二号室の女は初めからリーランをリン・ランと聞き違え、悪気はなくてもその思い込みを改めようとはしなかった。

「いま、お帰り？」

そう言う女はエレベーターから出てきたばかりだった。

「あ、お出かけ？」

「はい、ちょっと」

「アルバイト忙しいんでしょう」

「ええ。でも今日は休みなんです」

「そう。じゃ、お楽しみね」

久しぶりに見る女は、幾分地味なグレーのスーツに身を包んでいた。

「いえ、そんなんじゃないんですよ」

穏やかに打ち消しながら、リーランはもう一度ノブを回して施錠の有無を確かめた。

「隣りに住んでいるのに、ほんと久しぶりじゃない？」

「そうですね」

「ひょっとしたら、春から会ってないんだわ」

「そんなになりますか」

リーランの小さな驚きを引きのばすようにして女もようやく鍵を取り出すと、やけに深々と差し込んだ。するとと驚きなどは吹き飛んで、リーランには昼間見届けた室内の情景がまざまざと浮かび上がった。女はそんなこととは露知らず、隣人としての世間話にうつつを抜かそうとする。

「そうだ。そうだ、そうだ、思い出した」

それが物いわぬリーランの代弁でもするように余韻を引く。

「あの時あなたにいただいたお茶、お国のお茶、本当においしかった」

「そうですか。お口に合いました？」

言葉とは裏腹にリーランは、相手の顔に泥を塗ることだけは避けながら自問自答する。ひさかたの再会の戸口にも、自分ひとりの疑いをたてかけた。あの鳥人の男は、この女の何なのか、と。ベッドのマネキンとは、その生死を問うまでもなく彼女の何に当たるのか、と。

「合ったわよ。合った、合った。上等でしたよ、お世辞じゃなくて」

「よかった。また今度手に入ったら差し上げます」

「え……いいのよ。いやだ、私そんなつもりで言ったんじゃないのに」

女は鍵を抜いても、すぐには扉を開こうとはしない。

そうなるとリーランには、この先まだまだ想像の余地が残される。

たとえば、隣りの女は瓜二つの分身を全裸のままベッドに残して仕事に出かけた。皮膚は直接彼女からの移植を受けているが、生死は分身の自主に任されており、女はあの鳥人の男を養うために今日も出かけ、鳥人は残された分身とさえ睦み合うこともなく、常軌を逸した操を守り、晴れがましいところもない孤独な手仕事にいそしんでいる。鳥人は何よりも芸術を愛するのだから、と。それにしてもあの狭い穴の中に、ふたりと分身の三者共存なんて。ここは独り住まいが原則なのに。とはいえ、目の前の彼女を見ていたら阿漕《あこぎ》な人にも思えないし、たとえ翼持ちの鳥人が彼女のいい男《ひと》で、寝台に横たわるのがどちらかの手になる彼女の分身だとしたところで、そこにはよそ者の「私」なんかには到底測り知れない、よほどのお宅の事情というものが控えているんだろう……

このときからリーランには、隣り合う穴の中の情景が単にもの悲しいものではなく、この上なく牧歌的で懐かしくもあり、ひと言で美しいと片づけてもよいものに思われてきた。それだけになおさらのこと、目の前で住人の彼女自身の手で扉が開かれることだけは、空恐ろしくてならなかった。しかも同じ扉の向こうから、鳥人の男が何やらひとり呟いてくるような気もしてきた。

『私はこれまでこの翼にかけて、死ぬことを忘れてきた。彼女はそれをマネキンに託してきた。でもこれからは、ともに何をおいてもそれを忘れることに怯える』と……

「そうそう。下にあなた宛の荷物が届いてたわよ」

「下？」

「管理人室」

といってももうそこは、かれこれ半年以上も主のない部屋になっている。

「あ、そうですか」

「いま見てきたの。やっぱり持ってきたらよかったね。不用心だし、でもいないかと思って……ごめんなさい」

「いえ、とんでもない」

リーランはようやく自室の扉の前を離れ、女の方に近づいていった。どこにも身寄りのないこの町の地上にも降りなければならない。

「ご親切にありがとうございます」

「降りるの？」

「ええ」

すると女は親切を先取りするように、エレベーターのボタンを押した。

「あ、すいません」

リーランからの気がねを、女の指先が左右に振り払う。

「どんな荷物でしたか」

「国際便かな。とにかく宛先はあなただった」

「じゃ、母国《クニ》からかな」

「だと思う」

「今日は年に一度の祝日なんです、記念日で」

「王様の誕生日か何か？」

「いえ、王様はいないから」

「そうか……じゃ、独立」

「ま、そんなところかな。といっても、ここでは何にもありませんけど……当たり前ですよね」

そんな嘘が彼女には心地良かった。音もなく、エレベーターの扉は開いて、すぐにふたつに分け隔てられた。見ると二号室の女の顔には好ましからざる苦悶にも似た陰影《かげ》が立ち上り、それが瞬く間に通り過ぎていった。陰影に惹かれたリーランは開扉のボタンを押しながら、なおも語りかけた。

「お仕事ですか」

「明日からね。今日は打ち合わせ」

「忙しくなりますね」

「そういうこと。うかうかビールも飲んでられないわ……でも早く見つかってよかった」

「お好きなんですか」

「ビール？……時々ね。あなたは？」

「私は全然」

「そうか……じゃ」

「はい」

リーランは乗り込んだ。女は扉のノブに手をかけた。

「そのピアス、素敵ですね」

女の左耳だけに吊り下がる赤い玉をさして、リーランはまた声をかけた。

「あ、これ、そう?」

「よくお似合いですよ」

「ありがとう」

エレベーターの扉が閉まり、入れ替わるようにして二号室のドアも開かれていった。結局リーランは昼間見た隣室の光景について、その住人に語り出すだけの勇気を持ち合わせていなかった。それが都市生活のエチケットでもあるかのように何かを弁えながら、彼女を乗せたエレベーターが下がり始めたとき、遠のく光景に隣人の女を識別できるものなどどこにも見えなくなっていた。

無人の寂れた管理人室、机の上には確かに新聞紙に包まれた直方体の荷物が置かれている。紙面を埋めるのは祖国《クニ》の文字ばかりで、ワインボトル一本分くらいの小包をそのままバッグに入れると、リーランはアルバイト先へと向かった。フライドポテトを売る店はちょうどその中程にある。秋の空は夜になってもなお高く、半月《はんげつ》もひときわ広く街路を見下ろしてくる。どんな感情も即座に持て余されて、逃げ場もなければ遣り場も見つからない。万事休すと人は言うが、彼女は一心に歩き通す。車のライトが顔を撫でても、子どもの声が一目散に駆け抜けても、通い慣れた通りは冷たくもあり暖かくもあるのだから。信号待ちで立ち止まり、街灯に照らされてはバッグの中をのぞき込む。すると久しく忘れかけていた自分自身の体臭のようなものがムンムンと込み上げてくるのだ。目が眩む。これは誰にも悟られてはならない。秘密だ。生きる証しにも譬えられよう。それからあらためて小包の、表書きを確認する。思った通り、間違いない。荷物の差出人は、彼女が一人娘を託してきた故郷《クニ》の母親だった。

# 6

いつもの街路が、今宵も半月を型取らんとしている。リーランにはそう思われて、通うほどに揺るぎもなく片思いは深められた。彼女の直感と街路のたどる地形の間には、初めから埋めがたいズレが生じてくることも十二分に心得ていた。だから空想の半月は彼女を、どこにも地図のない架空の都市へと導いてしまう。背後にはいつまでも地形を持たない一途な風景が控えている。

〈彗星通り〉は通称で、本当の名前はいまだにわからないが、あえて知ろうとも思わない。たとえ知らなくても、仕事先への道順を間違えたことはない。それに通称とはいえ、〈彗星通り〉こそが地形通りの命名だった。アパートからその筋にやって来ると、〈踊り子路《のみち》〉とよばれる狭い路地が変形丁字路を挑んでくる。その小路が左斜め前へのびていくと、まもなく〈彗星通り〉も左へのカーブを切り始める。正確にはもう少し先の本屋のあるところから大きく曲がり始める。そのカーブが九十度を大はばにこえる円弧を残し、小さな古書店のあたりで止めを打つ。良質の本を揃えて、町でも三本の指に入ろうかという老舗《しにせ》である。さらに行くと、ふたたび今度は左斜め後ろからやってくる〈踊り子路〉と交わるのだが、彗星の道は素知らぬ顔で真っすぐに伸びていく。なるほど地図を見れば半月というよりも、伸びていく前後の直進を尾にも見立てて、通りの全体は箒星になぞらえることができる。〈踊り子路〉は箒星との再会を果たすとそのあと、町いちばんの繁華街を貫くバス通りにまみえたところで生涯を閉じる。

アルバイト先というのは、そんな箒星の先端を少し過ぎた左手にあった。店の名前は〈シン・マーライ・タンカ〉。祖国《クニ》の言葉で〈シン〉は「紅い」、〈マーライ〉は「寛ぎ」、そして〈タンカ〉は「菜館」ということになるのだが、どちらかといえば食堂より酒家のイメージに近い。界隈に同業の店も多く、少し手前の右手、本屋の斜《はす》向かいには地元料理のレストランがテラスの付いた店舗を構え、反対に少し先の同じく右手には〈ツブラナ〉という古びたカフェも建っていた。夏場にはこちらも通りにテラスを出したが、リーランはまだ一度も入ったことがなかった。さらに古書店を過ぎて、ふたたび〈踊り子路〉との交遊を結ぶ一角には、彼女にとって郷土《くに》の食材も手に入る輸入食料品店が陣取る。そこから〈踊り子路〉を左に入ってちょうどアルバイト先の裏手に当たる辺りにはもう一軒、〈エナジイ〉という名のスタンドバー風の、やはりカフェがあった。もっともここではお咎めなしの軽いドラッグが楽しめるということで、学生たちの間でもいくらか有名な店だった。

　夕暮れ時の〈彗星通り〉の往来は、休日の朝の駅前にも及ばない。吊り下がる蜜柑色をした街の灯が左右交互に並び立つと、もの寂しくも温もりは忘れず、通りの中央を照らしていた。道形《なり》に描き出された箒星は南方をめざし、その行く手には町の中心を示す例の尖塔が立つ。聳える姿は望めないが、いまは本物の半月が真上辺りにさしかかっているだろう。いよいよ祝宴も始まろうとするころ、リーランは隣りの小間物屋との間のか細い路地を抜けて裏庭の勝手口から直接厨房に入った。路地には排水溝が通り、ところどころの蓋は壊れて横歩きも強いられるので、注文品の搬入を含めていまではほとんど使わない。厨房では、十年以上も勤めているというベテランの料理人がただひとり、祝宴用の多彩な調理に余念がなかった。少々藪睨みのこのシェフは、穏やかな上にも粘り強く、料理の腕前ならどこに出しても恥ずかしくないもので、それでいて見習いやアルバイトの彼女にも辛く当たるようなことはなかった。仕事には厳しくて、安易な妥協は好まないが、今夜は若い見習いの姿も見られない。ひとりきりのシェフはリーランが姿を見せても、「来たのか」と言ったきり、あとは黙々と俎板を叩いた。

勝手口のすぐ脇には、あまり使われることもない外套用の引っ掛けフックが並んでいる。そのひとつにはいま、シェフ愛用の携帯ラジオが吊るされて、いつもの控えめな音量で地元のFM放送が流れていた。大方の料理が盛り付けを終わり、シェフはいかにも採り立ての水々しい青菜をサラダにでもするのか、一心に千切りを加える。さて、どこからどのように手をつけたものやらとリーランが思案を始めたところに、やわらかく着飾ってタイトなドレスもいよいよ凜々しいこの夜の店長が現われた。

「あら」

店長はリーランの出勤に少し驚くが「帰れ」とは言わない。ひとりで祝いの宴を賄い取り仕切るのには気後れでもしていたのか、「いつも通りに出すべきものは出すから手伝って」と言う。リーランの、会場に入りたくないという気持ちを察したものか、「運ぶのは私やるから、あなたここでね」とも付け加える。要するに彼女の務めはシェフと店長の指図に従いながら、随時必要な料理を受け渡し口へと運び、残りは保存管理をして追加の飲み物を整えることだ。反対に使用済みの食器を受け取ることはいうまでもない。外のフロアでは運ばない分、厨房の皿洗いにも余裕が生まれる。時にはシェフからの求めに応じて、調理のアシスタントをつとめることだって、ないとも限らない。昼食前、アパートの隣室で目にした虚実定まりがたい由なし事も徐々に吹き飛び、彼女は気楽な落ち着きを取り戻してきた。すると持参した母からの小包にも思いが至り、見習いさんの仕事着のかかる辺りの床に安置した。

ラジオからは、民謡風のロカビリーが流れる。レゲエ風の賛美歌がそれに続いた。フラッシュニュースは、まもなく南半球で開催されるオリンピックを取り上げる。一瞬、青菜刻みの手を休めた熟練のシェフが掠れた声で頼みを入れてきた。

「あの、ごめん」

「はい、どうしましょう」

「そのラジオ消しといて」

リーランは入口脇の受信機を止めると、台上に居並ぶ今夜の料理をあらためて見渡した。店長ひとりの接客で、宴そのものはごく内輪の形式かもしれないが、目前に控える品数と仕上がりはシェフの出来栄えの中でもなかなかの逸品ぞろいかと思われた。彼女自身がかつて口にしたものはわずかだが、郷土《クニ》の代表的なメニューは出揃ったとしても過言にはあたらない。前菜には、たとえば魚卵の塩辛に豚肉の塩漬け、青菜と海老のヨーグルト和えに牛の胃袋の甘酢ソテー、スープはイカスミと牛のテールの二種類が用意され、続いて川魚の辛味揚げ煮、羊肉と鴨肉の串焼き、イカ、牛肉、鯛の生刺身盛り合わせに深海魚の姿煮、甘味たっぷりに炒めた蒸し芋の煮付けに郷土色豊かな各種昆虫の空揚げ、同じく揚げそばに茹でそば、焼きそばの大皿、蒸溜酒に漬けた鶏の一羽ごと詰め蒸し、等々。そしていちばんの大皿には、卵や貝、海老を散らしたサラダの上にたっぷりの果肉を含んだムースを使って、臙脂と群青の二色二重に「共和国万歳」の文字が浮き上がってくる。

シェフはその周りに刻んだばかりの青菜を盛り付けて、黄色がかったソースをかけるとようやく調理の手を休めた。目鼻立ちも色濃く陰影《かげ》に浸された横顔をのぞかせると、軽い頷きだけのサインを寄こした。リーランは出来上がった料理を店長の待つ受け渡し口に運ぶ。幅にして一メートル、高さは三十センチほど、宴会場とはその向こうの黒い衝立によって完全に遮られていた。それでも彼女たちふたりの動きが事の皮切りを告げたかのように、夜の宴は開会を告げ知らせる。その声はいまだ誰のものでもなく、リーランにとっては見えざる束の間の群棲であり、漂い往き交う複数の気配を縒り合わせただけの、か細い宿命の糸口を紡ぎ出すものでしかなかった。

劈頭の挨拶もまた個性を棚上げにして、語り手の顔立ちを消し去りながら、宴だけが粛々と押し開かれていく。当たり障りのない年配者のスピーチがこれに続き、テープ録音のピアノ演奏が流れると国歌斉唱、拍手、それから乾杯、ようやく談笑、そのいずれにも仰々しい司会者は介在しない。群れ集うのは、おそらく数十人の同国人たち、女の声も時折入り混じるが、数えるほどのものでしかない。この町の性格からして、大方が大学の関係者だろう。給費の留学生に研究生、すでに祖国《クニ》では相当のポストに就く研究者も一人ならず訪れているに違いない。

リーランは追加のグラスを並べ、小皿を積み上げる。会場では、異国の街並みとの間の数え切れない断層から湧き上がるように故国《クニ》の楽器が鳴り始めた。多くの奏者の集うべくもなく、三人ばかりが手を変え品を変え進めるものか、貝笛と角笛の二重奏、鼻笛、さらに低音一つしか出ない葬儀用の竪笛が調べを引きとると、平たくかすれてどこまでも沁み渡る。およそ止まるところを知らない。多管の笛を首から吊るせば、鎧の胸当てもさながら奏者の装いを固める。海獣の牙を砕いたガラガラの一種が嗄れた音色を響かせ、かけがえのないリズムを持ち運び、傍らには船型の胴を抱え、胡座《あぐら》の上で奏でる木琴に鉄琴、竹の口琴、羊皮を張った三弦のギター、七弦ないしは八弦の大琵琶、肩からかけたトーキングドラム、鐘、指先爪先の皿太鼓に、トライアングル、三角の深遠……

やがて歌も始まり、懐かしさの残る民謡も織り込まれ歌い継がれていく。そのお披露目も一通り済んだと思われたころ、ひとりの人物が乞われて前へと進み出た。

「ケン＝チョムと申します。まだこの町に来て一か月ですから、こうしてお顔を拝見しても初対面の方がほとんどです」

ステージに上がったのは、昼下がりに大学のカフェで言葉を交わしたばかりのあの留学生だった。名前を聞くまでもなく、声を聞いただけでリーランはそれと気づいたが、男の方は誘っておいた同国人の女がまさかこの店の厨房にいて、自分の口上を聞いているとは知る由もなかった。

男は初めに簡単な経歴と留学の目的を語った。出身地は伏せたまま、神経科の専門医であることは告げても出身の大学も明かさず、仕事の内容も世に言う「人格障害」の研究をめざしているとしか言わなかった。

「さてさて、無粋な前置きはこれくらいにしまして、何よりのご挨拶代わりにと先輩からのお勧めにも甘えまして、ここで一節歌わせていただきます。一節と申しましても少々長いものでして、ご存知の方などいらっしゃらないかもしれませんが、私の生まれ故郷に古くから伝わる歌の中でも最も好きなものの一つです。では」

疎らではあるが、一部からは力のこもった拍手が贈られた。ケン＝チョムはきっぱりと二つの方向を選んで丁寧にお辞儀を返した。その所作を巧みに受け取り、ふたたび琵琶が流れて土笛が唸ると、タンタタンタン、タンタタタンタンと、指先が鼓《つづみ》を弾いて心地よいリズムを刻んだ。序奏は短く、すぐに男は歌を繙いた。リーランも仕事の手を休めて耳を傾ける。誰もが居場所を見失って、この異国の空に切り裂かれていくようだ。そこに浮かぶだけの半月がこの世の半分を体に収めると、あとの半分は来たるべき満ち欠けに託しておく。流転は止《とど》まるところを知らず、歌の軌道を先駆けるものは身寄りのない亡命の囁きにして、果たされることのない回帰の予言、もはや通じることのない再生の祈りかもしれなかった。

「この世の生まれるその前に、世界で最初の人がいた」

聞き覚えのある郷里《クニ》の歌ではないのかと、リーランは思った。確信が節回しに重なると、どこかも後戻りのできない深みに嵌まり込む。歌謡は望郷の祭式をたくみに取り仕切り、一夜限りのこの祝宴を越境者のための断頭台にすり替えることも辞さなかった。かたわらでは、ヒトの努力ばかりが空しくも悟りの渦を巻く。あるいは癒されることもない感情の泡《あぶく》を掻き立てていく。その中にあって歌物語りだけが諦めることなく、聖者のようなこだわりも垣間見せ、悪戯な命乞いなどするまでもなく、「それでは、もう一度始めから」と、それは丹念に繰り返されていくのだった。

「この世の生まれるその前に、世界で最初の人がいた
名前も知られず、性別もなく
自分で生まれて、自分で育ち
自分で身ごもり、自分を産み落とし
自分は死なずに、自分に忘れ去られた
あとは双子の子どもが見守りながらも
ふたりは空を司る日輪《ひのわ》と月輪《つきのわ》をめざして
この世の始まりに立ち会おうとしている

双子だけが生きのびて、残る兄弟はみな死に絶えた
まだ光もなければ、暗闇の空を当てどなく
経巡るばかりの二人を取り巻く、この世の寂しさにも耐えかねて
大地の中程に小さな庵を結ぶと、死せる兄弟の木像を祀った
所かまわずうごめく人びとに命じて、果てしない宴を催すと
像はみるみる生気を帯びて、人と見紛うばかりの蘇りをみせる
そこに生まれて初めて、男女の交わりを持った若人が紛れ込むと
木像はたちまち腐り果てて、ふたたび蘇ることもなくなった

こうして生死が分かたれると、それからは反転もなく
もはや滅びゆく者の命には、何かに身を寄せるという抜け道さえも授からず
すべてがなおも暗黒で、人は働くこととてままならず
飢え死間近に弱り果てると、日月《にちげつ》の兄弟にもなす術がなかった
そこへ一羽の迷える鳥が舞い込んで、秘められた光のありかを告げ知らせる
もとより光は一つにまとめられて、代々鳥たちの村へと収められてきた
いや、鳥たちの長をつとめる一羽の大鷲が、誰にも渡さず己が住みかに牛耳っていた
双子は迷える鳥を先達《せんだち》に、みずから鳥たちの村へ押し入ると
大鷲の首を刎ね、力も奪われた両の翼を押し広げて、

ようやく念願の光というものを手に入れる」

ここからは土笛も鼓も鳴りをひそめて、しばらくは琵琶の間奏だけが惜しみもなく運ばれた。そろそろ洗い物にでも取りかかろうとリーランが振り返ると、シェフはもう薄手の外套をはおって引き揚げようとしている。デザートを含むあとの料理は見事に飾り付けられて、同じ台上に並んでいた。

「お帰りですか」

「うん、ずっと残ってると、ついうっかり呑んでしまうし」

「お酒、召し上がらないんですか」

「いや、でも今日はね、ちょっとそんな気分にならないから」

「お疲れ様でした」

「はい……あなた、この歌知ってる？」

「ええ、私の郷里《クニ》の歌ですから」

「そうか。初耳だけど、面白いな。なかなかいいね。言葉はところどころわからないけど、このままきいてるとますます帰れなくなるし、ほんと、これで失礼するよ。あと、よろしくね。店長、わかってるから」

「それじゃ」

シェフは片手を外套のポケットに入れたまま、店内へと通じるドアを開けて仕事場をあとにした。彼の足音をたどり直すようにして鼓が蘇ると、土笛も歌の旋律を呼び戻した。ケン＝チォムは取りあえず一節を聞き流してから、おもむろに唄声を重ねた。

「昼夜《ひるよる》の始まりとともに、人びとは狩りに出かける
迷える鳥からの教えに従って、四季の耕作にも手を染める
やがて土地は痩せ衰えて、作物の収穫も落ち込んでくると
人びとの間には取り分をめぐって、数知れない軋轢が生じた
軋轢はそのまま数え切れない、いさかいに争いを呼び起こし
紛争は分け隔てもなく、大小さまざまに武器をもたらして
叩き打ち合う音声《おんじょう》は天地《あめつち》に轟き、空には初めての雷《いかずち》を目覚めさせた
稲妻が縦横に駆け巡ると、雲の渦中からは最初の水滴が零れ落ちた
降りしきる雨は広く大地に染み込んで、一面の草木を潤したのだけれど
ありあまるその残りはといえば、いちばんの知恵者としての誉れも高い長老が
数ある手製の甕に収めて、来たるべき旱魃にも備えた

それからある時、月の子を名のる一人の少年が現われて
情け容赦もなく長老の甕を叩き割った
すると夥しい分量の水という水が四方八方に流れ出しては
それぞれが思い思いの川筋を描き出した

さらにある時、太陽の子を名のる一人の少年が姿をみせて

人びとを悩ませてきた一頭の虎を、光り輝く刃の一振りで仕止めた
さらにとどめを打とうと、薄暗い森の中を駆け抜けていくと
大木の根のような尻尾に取り巻かれて
湧き上がる獣のささやきが、少年の行く手を阻んだ
あまりの腕前に心奪われた瀕死の虎は
今わの際に秘密の言葉を遺した
おまえを養子に迎えると告げて
たった一つの形見分けにと、一本の松明を手渡した

遺された少年は義親《おや》の命と引き換えに、今度は少女になりすますと
虎の毛皮を纏って、人間の村に戻った
初めての火を目の前にした人びとは、その子を真《まこと》の太陽の女神と崇めて
手にした篝火《かがりび》もろとも生きたまま、扉のない神殿へと祀り上げた

それから地上には、見たこともない大きな洪水がやってきた
(土笛のソロ、しばし短く)
一握の民だけが舵も櫂もない丸木の小船に身を任せて
雨降りしきる長の月日を生きのびた
晴れ間が覗いてようやく水が引き始めると、川もなければ森もなく

荒れ果てた大地の上には星もなく、太陽と月だけが浮かんでいた
おまけに生き残りの民一人ひとりの言葉はといえば
誰もがお互いに異なり、どれもが通じ合えなくなっていた
やむなく人びとは身振り一つで別れの挨拶を告げ合うと
あとは限りなく、それぞれの道を進み始めた

ある日その中の一人が獲物を追ううちに、見たこともない洞窟へと入り込み
さらに躊躇いもなく降りていくと、やがて下の方に光の帯が輝いて見えた
長い旅路を経て光の源にたどり着くと、そこには新しい世界が開かれていたという
(鼓のソロ、しばし)
そんな楽園こそが、今にも至るこの世の始まりなのだと
誰もが口を揃えて言いはるものの、本当のことはもはや誰にもわからない
(鼓のソロ、またしばし)
本当のことはもはや誰にもわからない
(鼓のソロ、さらにまたしばし)
人びとはいつも新しい世界に移り住んでいく
(再び序奏の繰り返しとともに)
この世の生まれるその前に、世界で最初の人がいた……」

水平線に遠のき消え去る船影のようにして歌と演奏がおさまると、浜辺に打ち寄せる細波のような拍手が揺らめいた。その数は序奏の前を上回り、釣られて客室の灯火も明るみを取り戻したように見えたのだが、リーランはとうにそこからは背中を向けて、シェフの残していった調理用具の片付けに取りかかっていた。手慣れた段取りにしたがってまずは洗いものだけを済ませ、大小一列にして鍋を伏せておくと、彼女はトイレに立った。さして広くもないこの店には、とくに従業員用の手洗いを設ける余地もない。彼女はこの夜はじめて調理室を出ると、入口扉のすぐ右手にある洗面所に滑り込んだ。短い廊下の突き当たりには電話をのせた棚があって、紫の花が晴れやかに二輪ほど活けてある。

リーランが出てくると、その廊下には歌を終えたばかりのケン＝チォムが立っていた。狭くてもお手洗いは男女別室になっているから、男側が空くのを待っていたのか。ふたりはすぐに気づいて、やや声を詰まらせながらも型通りの挨拶を交わした。彼にとっては意想外であったに違いない。

「いつ、いらしたんですか」

「もうだいぶ前から」

「え」

「といっても、こっちなんで」

彼女は自分が戻ろうとしていた厨房手前の扉を指さしていた。

「あ、じゃ、ここでアルバイトを？」

「ええ」

「何だ、そうでしたか。奇遇といえば、これは奇遇ですね」

「私はあの時わかってたんですけど、ごめんなさい、本当は今日休みで、休むつもりだったんで」

「いえ、こちらこそ、嘘がバレましたね」

「嘘？」

「ほら、さっき、『故郷の歌』だなんて言ったでしょう。あなたがいるって知っていたら、まさかそんなこと言えなかったんですが……いや、好きな歌であることは本当なんですよ」

「ええ」と聞き流しながらリーランは、相手を同郷の好《よしみ》であるかのように捉えた錯覚の源泉《みなもと》を人知れず、また他愛もなく、繰り返し慰めてみせるのだった。

そのときトイレから、一人の男が扉を開けて姿を現わした。どうやらケン＝チォムはこの男を待っていたものとみえて、しかも以前からの顔見知りらしかった。

「いや、お待たせ」

「長いな。たしか歌の途中から入ったんだろ」

「ハハハ……あ、知り合いか」

「うん。といっても、今日、さっき大学で会ったばかりなんだけど」

「留学生？」

「ええ、初めまして」とリーランは応えてから、名前だけを伝えた。

男は男で無遠慮に頷き俯きながら、ハンカチで念入りに拭い清めた眼鏡をかけると改めて彼女を見直した。

「へーえ、これは」

「どうした」

「栄えある土民の血を受け継いでおられる」

あるいは「土人」と言ったのかもしれない。いずれにしても眼鏡の男は、出生の相違、人種の隔たりを顕わにしたかっただけなのである。だから微笑みはすぐにも消え去って、男の表情は無表情が上にも強張って見えてきた。調べの途絶えた宴席では、賑やかな談笑が一つならずも渦を巻いていくのだが、言葉をなくしたケン＝チォムは所構わず小刻みに震えている。なおも彼らに向き合うリーランひとりが心を鎮め、繰り返されたあの歌の始まりを捉えながら、途切れることもなく思い起こしていった。

この世の生まれるその前に
世界で最初の人がいた……

それから永の歳月が過ぎ去った。近ごろでは目も眩むばかりの不思議な勢力が後押しをする。仕事や人生ではとても割り切ることのできない鋭利で過密な速度が伴ってくる。人びとの顔はみるみる変貌を遂げて、追憶も知らない平たい輪郭ばかりが生き残り、眼鏡男ともどもケン＝チォムもまた彼女の前に姿を見せることがなくなった。何よりも静止に憧れ、愛には憎しみをぶつけながらも、夜の宴だけが続く。その一つひとつが優美なまでに受け継がれていくと、誰に告げるともなく「仕事なんで」と断りを入れて、そのままリーランは調理室に戻った。

そこはもう誰もいない、彼女ひとりの控え室も同然であった。客室の舞台は深く傷つけられて能力をなくし、受け止める者もなく投げ出されている。いままた宴《えん》もたけなわに談笑うねる徒波《あだ》が、たとえ時の移ろいを忘れさせても、彼女が守りぬく沈黙は何ものにも換え難い孤独の証しを告げる。すかさず時代の隔絶に自覚をせまり、それに伴う心の痛みも彼女は忘れない。冷たい洗い桶に両手を浸してから、いつものゴム手袋をつけることもなくスポンジを取り上げると、そこにたっぷりと洗剤を含ませた。開かれた蛇口から一筋に落ちていく水の流れは、この現人《うつせみ》の月日の流れをなきものにする。それでも百年も前からこの夜のために残されてきたような洗い物に一区切りをつけると、ようやくリーランは母親からの小包を見つけ出して調理台の上にのせた。懐しい活字も踊る郷里《クニ》元の新聞を一枚二枚と丁寧に剝がしていくと、厚紙でこしらえた平べったい箱が現われた。灰色無地の蓋を開けると、中にはぎっしりと綿が詰め込まれている。その塊りをいくらか解しながら取り除いてみると、予想に違わず収められたものは、どこまでも楕円に近い陶製のプレートだった。

ふるさとの土を焼いたものだ。真ん中には、小さな足形も押されている。間違いなく、リーランが残してきた幼子のものだった。この焼き物は郷里《クニ》元に伝わる古くからの慣わしで、子どもが三つか五つの誕生月にこしらえる。昔はほとんどが素焼きのものばかりだったが、いまでは釉薬をかけて彩色模様を施したものも珍しいことではない。むしろ主流にのし上がった観さえある。送られてきたものも左に葡萄、右には石榴の青い染付文様が縁取り浮かんで、一重《ひとえ》に足形を取り囲んでいた。いずれもたわわな実や種の付き具合から、子孫繁栄の願いを表わすものとして永く好まれてきたのだが、見事な出来栄えからして、これは隣りの村に住むあの〈ギニ〉の爺やが職人芸に相違あるまい。

リーランはプレートを取り出した。それこそ宴席用の装飾皿でも置くように心を配って音もなく、もっとも身近な台の上に下ろした。客席では歌のない合奏がよみがえる。一瞬にして彼女には血の気の引くような心地がする。片方だけの足形が何やらデスマスクのようにも思われたからである。みるみる行き場のない不安が頭をもたげても、プレートの左下隅には誕生日の日付とともにわが子の名前が彫り込まれていた。この前の誕生日、大学から短い電話を入れた時には、母親の後ろから元気な声も上がっていた。すぐに代わらせようとする前に通話は途切れたが、だいぶ言葉も板について、「だれ？」とか「いないの？」と繰り返していた。

「ねえ、取り皿、リーラン、追加頼むね。それと、氷も見といて」

窓口から顔を覗かせた店長が短い指示を与えて、また姿を消した。

リーランは取り皿をふた山積み重ねると、すぐに冷蔵庫を開けて氷の有無を確かめた。まだまだ余裕はあるのだが、店長はひと山を残して皿を受け取ると、衝立の向こうに消えた。そこから土笛が吹き流されて、トライアングルが鳴り響く。テンポはつとめてゆったりと、染み渡るがごとき落ち着きにも恵まれていく。

もう一度小包の、今度は箱の底をまさぐると、綿の向こうにはこちらも紙に包まれて、一枚の写真が置き去りにされていた。開いてみると子どもはよみがえり、半ズボンに半袖という元気な姿で光の夏模様を彩り、「土民」としての笑みを湛えてやまなかった。象牙色の包装紙には、年老いた母からの書簡が綴られていた。

「お変わりないですか。先だっては、あの子に電話、替わってもやれなくてすまないね。こちらはみんな元気だよ。相変わらず暮らし向きはよくもならないけれどね、治安はここ一年で目に見えて随分とよくなったし、天候もよくて今年は久しぶりに収穫にも恵まれそうだ。だからといって、今までの付けがそんな簡単に帳消しになるもんじゃないけれど、とにかくお前が留学してからはこの辺りで戦さの噂もついぞ聞いた試しがないし、いなくなったり、やられたりした人の話も幸い耳にしない。落ち着いて働けさえしたら、みんなまだまだやっていけるんだ。でもね、これがいつまで続くもんだかと、私はすぐさま不安にもなるんだけれど、今度こそはいよいよ本物で長続きがしそうだと言ってのける人の数も一人二人じゃ収まらない。だからね、リーラン、そんなに慌ててこの子を引き取ろうなんてするでないよ。いつでも、どこでも、無理は禁物だからね。それぁ老い先短い私だけれど、まだまだ子どもの一人くらいは面倒見ていけるんだ。なあに、なあに、まさかとんでもない連中にこの子を持っていかれるようなしくじりだけはするまいよ。まあ、まあ、そんなことはそうそう起こるものでもあるまいがね。お前はまず、せっかくそちらに渡ったんだから、自分の仕事に精出しなさい。月々の仕送りなら、あれで十分すぎるぐらいだよ。私だって自分の食い扶持くらいは何とかしてるんだから。うそじゃない。まあ、この焼き物はあんたのお金で賄ったけどね。ほら、やっぱり女の子だからさ、三つの時の足形でこさえたよ。どうだい。綿もたんと詰めとくから、まさか割れてやしないだろうね。ああ、滅相もない、縁起でもない。でもね、その時はすぐに知らせて下さい。代わりはいくらでもこさえるから。もう一度航空便はできないかもしれんがね。お前は体に気をつけて。返事はいつでもいいんだから。季節外れの青空に祈りを上げて、願いを託して、お前とともに」

老いた母親にこれほどの細かな字が書けるわけもなく、どう見ても近隣の誰かに代筆を頼んだものだろう。公用文字が正確に書ける者の数からして、リーランにも大よその目星がついた。自分と同世代の、あるいはせいぜい十歳くらい年嵩の手によるものだろう。それでも署名だけは自筆で、末尾に添えた日付には十日前の朝方が選ばれていた。「大丈夫」「無理せずに」などと諭されるほどに、早く引き取ってやらなくてはと、かえって気ばかりが逸るのだった。この一年で町の事情もひと通りはのみ込めて、託児の見当もついていた。いまのアパートは単身者用なので引っ越さなければなるまいが、次の落ち着き先についても有望な候補が一つならずあがっている。だから残された問題はただ一つ、この町の出口を見つけることだった。それもまずは自分の通り抜けた入口が思い出されない限り、実りのある展望は拓かれないのかもしれない。リーランは母からの「便箋」を箱に戻すと、送られてきた陶板の窪みにはじめて指先を這わせた。温もりは伝わらず、なだらかな凹凸が夜の冷え込みを汲み取らせてくれた。すると、出口のありかは人それぞれに千差万別であり、そこに恵まれる機会もまた誰もが一様ではありえない、とする一号室の男の声がまざまざとよみがえっては、見えざる口元を固く封じ込めていった。

店長ともども跡片付けを済ませて、ひと足先にリーランが店を出たのは十時を少し廻ったころだった。祝宴が歳月の重みと疲れを絡ませながら早めに幕を閉じると、同国人たちは三三五五、次の宴へと向かった。かれら以上の疲れを抱えて、子ども一人分の重みも携えて通りに立ったリーランは、本来の帰り道とは反対に左へと進んだ。そしてすぐ斜め向かいにあるカフェ〈ツブラナ〉に初めて立ち寄ると、店の名物を注文した。それは豊満なブラック珈琲で、それも耐熱グラスに細粒細挽きの豆を入れ、あとは熱湯を注いでかき混ぜるだけという極上の一品だった。

テーブルの上には一枚のメモが置かれた。帰りがけに店長から渡されたケン＝チォムからのメッセージだった。眼鏡の男がぼくの友人だとは思わないでほしいと訴えた上で、少なくとも来週もう一回、例の講義に顔を見せるつもりだからとしたためてあった。ご丁寧に今夜の日付まで添えられている。彼女もそれを破り棄てようとは思わなかった。むしろ几帳面に四つ折にしてから、胸の内ポケットに収めた。コーヒーはごく底だまりの豆だけを残して、きれいに飲み干しておいた。勘定を済ませて表に出ると人影もなく、半月は建物の後ろへと身を隠し、そちらの影を慕うかのように足元の〈彗星通り〉だけがいつもながらの半円を遂げていく。リーランはその道を、さらにバス通りへと向かった。

## 7

広場の尖塔を右手の後ろに感じ取りながら、〈踊り子路〉を潜り抜けた。バス通りに出る。以前は市街電車も走り抜けたといういちばんのメインストリートだが、そこから右に進むと尖塔のある広場へ通じる。路線バスはその手前で市庁舎に横づけになる。時計を見るまでもなく、日付はすぐにも変わろうとしている。平日の夜は更けて、ここでも人通りはめっきり疎らになってきた。

バス通りを左へ進んだリーランは質《たち》の悪い酔客に行き当たることもなく、中心地から遠のいていった。向かいの停留所にまだバスを待つ人影が見えたが、こちらへ目を向ける者はない。それもそのはずで、かなわぬ恋路の果ての、心残りを拾い上げるかのような最終便が押し寄せた。アッという間に空腹を充たし、一人残らず平らげてしまうと、リーランの行く手へと走り去ったのである。

誰も見えなくなる。時おり速度を上げて、単独の車が追い抜いていく中をあてもなく彼女は進む。居並ぶショーウィンドーが、昼には付きまとい、夜には付き添いを申し出るバス通り。凧もないのに文具店では、万年筆の並木が一様に傾きを見せる。傾く先に軒を連ねる本屋では、配本間近い個人全集の著者近影がほろ苦い笑みをもらす。間口の狭いブティックではマネキンの脚線美が片方の踵を跳ね上げ、いつもながらに季節を先取り、隣りの靴屋ではニューモードのサンダルがそんな足元を固めようとしている。画材屋の店先を覗けば、デッサンもない空っぽのカンバスが佇む。夜陰に紛れ、蓋の開けられた絵の具の中から、未知の、未明の配色を導くのか、一瞬のときめきを覚えて立ち止まっても流れは止まらず、あとはデパートの大所帯へとのみ込まれてしまう。やがては連なる店そのものが疎らとなり、重みも見失って、そのぶん彼女の足取りにはもっと軽さを、とけしかけてくる。行く手は〈彗星通り〉と合流をして、いつしか町の出口を捜し求めていたことに気づかされる。

押されても引かれても、たとえ捩れてみても一筋に流されていく。すべてを忘れ、自らは光ることなく、たとえ鈍い照明には授かっても、尾を引くゆとりは認められない。店舗なき長屋風の住宅も途切れ、雑木林の間に点々と邸宅も見え隠れするようになっておよそ十分も歩いたころ、彼女は個人の屋敷とも思われない四、五階ほどもある館の前にさしかかった。どこにも塀を巡らしたような所はなく、まるで門をかねたような観音開きの扉が石段の上で太い閂を差しながら、そのまま建物の壁に連なっていた。周囲の木立ちに目を凝らすと、それらは館のかなり後ろで大きく合体を遂げるようにも見えたし、ひょっとすると裏庭は遥かに広大なものであったのかもしれない。

振り向くと、そちらにも広がる森林の彼方には沈みかけた半月がまだひとつ、辛うじて繋がっていた。人の気配はどこにもなくて、館の扉右手には横長の掲示板が張り出されている。月明かりの助けなど望むべくもないのだが、街灯からの乏しい余光の下でどうにか一通りは読み下すことができた。それはいつまでも休まることを知らない何かの記念碑であり、目的そのものを封じ込めるためのタイムカプセルにもみえてくる。碑文は見知らぬ旅人を前にすると、せめてもの返礼にと自らを読み上げてみせた。

「出る者はこれを拒まず
去る者はここに満ち足りて
訪ねた者には問い質し
入るべき者には行く末を教え諭す
生き残るべき者の痕跡はみな消え失せて
死に絶えし者の栄華を誰もが偲ぶとき
見る者の心は躍り
聞く者の苛立ちは鎮まり
語る者の言葉はことごとく途切れて
しばしの沈黙
あとは時の裁決に任せるという
われらが精神の祠《ほこら》にして
かりそめの収容施設
ここにあり
この世の終りに至るまで
あの世の始まりにも事寄せて
再会の日は近く
再開の日は遠からず」

読み終ったちょうどその時、壁の上下左右に整然と並ぶ四角い窓蓋のうち、矢庭に左手上の一枚が持ち上がった。そのまま地面と平行に突き出すと、聞き覚えのある声がいまの碑文の言葉に連なった。

「どこへ行く」

「そろそろ町を出られないかと思いまして」

「この町はどこまでも広くて長い」

紛れもないその声があの三階一号室の住人のものだとわかってしまうと、彼女はなおのこと気軽に語りかけていた。

「そういえば私、いつだったか、あなたの体《かお》に出くわしたことがあった」

しばらくして男の声が応える。

「そう言われてもね、私は自分の体《かお》を知らないから」

「肉体《かお》はあなたのことを、忘れてなかったけど」

それから両目が開かれるようにして、左隣りの窓蓋がまたひとつ持ち上がった。中は漆黒で、何も見えてこない。霧雨とともに夜も消し去られて、リーランの仄かに白い吐息がどこにも主《あるじ》を持たない霧笛を吹き鳴らした。たちまち館全体は舵をなくした箱船に転じて、町の広場の尖塔にも比すべき一本の帆柱を捜し求めた。

「なるほど私は、肉体《かお》を見捨ててまでも、ここに住みついてきた。だけど、そんな私の肉体《かお》とやらにあなたが出逢ったのは、今を去ること遥かいにしえのことではなかったのか」

「かもしれませんね」

半月の夜

「そんなに時をかけて、せっかく私を捜し当てたというのに気の毒なことをするが、ここにはあなたが求めるような入口もなければ出口もない」

「というと?」

「世界の中心だからね」

話が途絶えて、誰にも気づかれないようなすきま風も吹き抜けた。リーランは闇雲に駆け出しており、それも取り付かれたような憧れからではなく、これまでになく身軽になった上にどれだけ走ったものか、そのあとのことは何もわからない。そのうちに夜もひとつの頂点を極めて、気がついてみるといつしか〈彗星通り〉の長い周期を了えていた。わずか一夜にして回り切ろうとしていた。見ると〈シン・マーライ・タンカ〉の辺りも、戸口を示す常夜灯一本を除いてすべての明かりが落とされている。その前で細身のスポットライトを浴びるようにうつむき佇む盲目の少年に、彼女はやさしく迎えられた。


盲目というが、少年はただ目が見えない、視力が失われたというのではない。目そのものの存在が左右均等に失われて、顔立ちの中へと奪い取られていた。そればかりではなく、かつて唇も開かれたことがなかった。固く結び合わされたまま、見えない一本の線が真一文字に引かれている。青ざめた帽子の中に両耳は隠され有無を問われず、細高い鼻筋だけが廉直な思惟の在りかを象っていた。そして跡形も残さず、ひとえによみがえるだけの沈黙の言葉で、少年はリーランを導いた。「僕には、入口も出口も同時に教えてあげられる」と伝えながら、彗星の通りを食み出していく。

少年は彼女がたどったこともないコースばかりを選んで広場に向かった。広場が近づくと、尖塔の天辺には赤い旗が力なく垂れ込めているのがわかった。頂きではあらゆるものが所狭しと、いま静かな眠りの時を迎えている。置き去りにされた車数台を除いて、人影も消えた広場を横切りながら、少年が指さす辺りの敷石に目を凝らすと、彼女はこの夜初めて気がついた。その中の一枚にまたしても碑文が刻まれていたのである。

「ここが町の中心にして、世界の中心からは最も隔たるところなり」

思えば一夜にしてリーランは、彗星の通りを一周したばかりではなく、世界の中心からその最果てまでを踏破したことにもなりえよう。折りしも尖塔のネオンサインは、一〇時一分、いや日付も変わって一〇時二分でもなかったのに、時刻表示を取り止めて、例の点滅を繰り返した。

夜の闇にも光はもたらされて
我らが町の名は永しえに輝けり
その名は知られず
その名はもたらされず
語りえぬものについては
誰もが沈黙を守りぬく

傍らに立つ少年は、いつしか大きな青年へと成長を遂げていた。

盲目の青年は点滅の文字をなおも噛みしめるようにして、見事なまでの静けさを守り抜く。それとともにさらなる夜更けの探索行へとリーランを誘《いざな》った。出口はどこか、入口はないものかと、見たことのない裏通りを進み、生まれてはじめての街角を曲がり切ると、やがて先触れもなく見慣れた建物の前に出た。それはどう見ても彼女のアパートに間違いがなく、とても懐かしげに見上げてから彼女が入口の前に立ち止まると、青年はすぐに運河べりまで退き背後から声をかけてきた。それを漏らさず聞き取れる者がほとんどいないことは、このときの彼女にもよくわかっていた。

「あなたにとって入口にして出口にもあたるのは、いまのところここしかないでしょう。私もまた本当のことを言えば、この町の出口入口がよくわかりません。たとえば一つが二つをかねるのか、それとも別々に開かれているのかということもね。それは何も、ほかのみなさんのようにその所在を忘れたからではありません。私はこの町で生まれ、いまだかつて一度もこの地を離れたことがないのです。だから、そこを通り抜けることも初めからなかったのです。まだ何も知らないのですよ。それでも私は諦めません。挫けず、努力は怠らないのです。そのために、ほら、いまはじめて私自身がこの唇を開きました。そのうちに、それも遠からずして、両目も開かれることでしょう。そのときになってもまだ物事を、あなたと同じように見ることができるかどうかは、よくわかりませんがね。何しろあなたにとってはあなたの形態があり、またあるべきで、私にとっても私の形態がすでにあるのですから。そんなふたりが晴れて結ばれるか否かはすべてこれ、時の定めるところによるのですよ、ほら……」

リーランはここで初めて振り向いた。確かに青年の口が開き、鼻筋の両脇には目蓋に当たる二つの線分も引かれていたので、心を決めた彼女は勇気をふるって尋ねてみた。

「あなた、誰なの」

「あなたの息子です」

「……」

応えるたびに青年は、持ち前の年輪を一つまた一つと重ねていくのだった。

「それもあなたが産み落としてはまた、立ち所に忘れてきたという」

「それはいつのことかしら」

「昨日です」

「どこでの話」

「もちろんこの町のどこかで」

「何も覚えていないわ」

「無理もありません。もう時代が違いますから」

「たった一日で?」

「はい、たった一日ですべてが跡形もなく、変わり果てたことだってありますからね」

唇を閉ざしたそれからの青年は目に見えて年老いていった。そしてついに目蓋を開くこともなく、まるで遺言を忘れた彼女自身の父親を思い起こさせるかのように、安らかに息を引き取った。目に見える形のない、それでも辛うじて生きたという証しだけはあとに遺して、老人は速やかにこの世を去った。それが直ちに町を出たことにはならないことを、彼女もまた十分に弁えていた。だから知る限りの礼節はつくくして、残り少ない少年からの記憶を拾い上げると、すぐに躊躇いもなく運河の水面へと散撒《ばらま》いた。すると同じだけの数の忘却もまた鏤められ、これまで聞いたこともない足音にのせて新たに背後から人の気配が押し寄せた。それもアパートの出入口から、あの二号室の鳥人のようなシルエットがのそりと現われた。いや、どう見てもそれは昼間見かけた鳥人そのものであったが、翼をきれいに折り畳み、しかも取り外し、右手に提げた専用のアタッシュケースに収めて立ち去ろうとしていた。

こうしてふたりは最初にして最後の接触を試み、離別への対話を紡ぎ出した。

「今晩は」

「はい、今晩は」

「こんな真夜中にあなたはどちらへ」

「町を出ようかと思いまして」

「歩いて?」

「翼はまだこの中にありますから」

と言って鳥人は、右手に提げた鞄をほんの少し持ち上げた。

「取り外せるのね、おどろいた」

「はい。もともとこうやっていただいたんですよ。このケースもいっしょにね」

「いただいたって、どなたから？　それはこの町の人なの」

「ええ、もちろん。一号室の方です」

「あ……なんだ、あの人か」

リーランは、これで妙に納得がいくことについて、格別の動機も、さしたる理由も求めなかった。

「あの人なら、私も今朝はじめてお目にかかった」

「ええ。一〇月一日の朝ですね」

「そうですよ」

「あれは久しぶりに、僕を励ましに来てくれたんです。君ももうそろそろ町を出たらどうだろうって」

「翼はいつもらったの？」

「それは何世紀も前のことですよ。そのころの僕はまだあなたの掌にものるくらいの小さな子どもでしたからね。それが近ごろ、ようやく自由に飛び立てるようになったんです」

「で、もう出口はおわかり？」

「町のですか」

「そうよ」

「それをこれから捜すんです」

「でも、いざという時、あなたのように翼があれば簡単ね」

「いいえ、とんでもない。いくら空を飛んだところで、出口を通らないことには、つまり出口を弁えて行かないことには、二度と再び戻ることができなくなります。出口が入口をかねていようとなかろうと、それは同じことですから」

「私はちょうどいま、捜してきたところ」

「え、そうでしたか。で、見つかりましたか」

「いいえ、全然。早く子どもを迎えに行きたいのに」

「本当は、まだ誰も知らないんです」

「まさか」

「だからね、私がこれからこの町の人のために、まずは一つめの、せめて手がかりなりともどこかに作ってやろうと思うんです。それがね、後の世の見つけるということに通じるのであれば、なおさらのこと……」

鳥人はこう言い残すと、少しは不慣れな足取りも見せながら、運河沿いにあとはとぼとぼと立ち去っていった。リーランはその後ろ姿が、夜明けを控えて漂い始めた川霧の中に消えるのを見届けてから、エレベーターではなく、か細い石畳の階段を伝ってそのまま三階へと、半ば一気に駆け上がった。

二号室の前に来ると、またしても扉は大きく開かれて、もはや半月も沈んで久しいというのに、月明かりのような光芒によって室内は隈なく照らし出される。その淡い明るみのただ中にあって、ベッドではなく、いまは何もない床の中央になおも仰向きのまま一糸纏わぬ黄金色の女は横たわっていた。その吐息は千切られて幾重にも鼓動を差し止め、眼差しの静けさが指先の祈りを摘み取りながら、尖塔よりも高く言葉そのものの不在を告げ知らせた。眺めるほどに目前の女は人工のマネキンではなく、生身の人体というほかはない。それも二号室の女ばかりか、今や隣り合うリーランの身代わりにもなるべくして、すでに千年ものいにしえに同じこの世を去っていた。

そこには、忘れがたい恥辱もなければ、心にとどめるべき名誉も見出されない。

取り残された町はおびただしく、生き死にの目印となるべきものを取り繕いながら果てしなく、なおも来たるべきものの全てになりすまそうとしていた。

# 8

同じ夜の未明にかけて、町では少なくとも三件の殺人事件が発生した。

三つの現場は広場の尖塔を中心にして、正三角形をなしている。

それらの間の時間的な先後に隔たりは、何も突きとめられていない。

被害者はいずれも男性で、遺体は路上に放置されていた。

殺害の場所のみならず、その方法もまたそれぞれに異なるものの、いずれの現場にもあの鳥人の仕業とみなすに足る複数の痕跡が残されていたが、ありきたりの捜査当局には知るべくもなかった。

男たちには金品を奪われた形跡がなく、犯行の動機はわからない。

それも謎に包まれているというのではなく、謎を含んでいるというのが大方の一致した解釈である。

それ以来、鳥人の姿を見かけた者はいない。

また鳥人が町で最初の出口に当たるものを首尾よく見つけたのかどうかということは、さらに輪をかけて誰にも知りえない。

だが、同じ夜、少なくとも町には、事件と同じだけの数のこの世からの出口が穿たれていたことになる。

出口はそののち直ちに閉められた。

封じられるまでもなく、町の出口に当たるものは今でもその向こうに閉ざされている。

リーランにはあの鳥人がなおも町のどこかをさ迷っているような気がするし、いまだに隣室のどこかに身を潜めているような錯覚にとらわれる夜がある。

そのとき、夜の二号室にはひとりの女が横たわっている。

女の名前はわからない。

しかも晴雨にかかわらず、来たるべき次の夜明けは決まってリーランが潜り抜けてきた町の入口の方からやって来る。

そして彼女は、性別のみならずわが子の名前を思い出す。

出口とは、存外その名前に込められているのかもしれない。

眠りを忘れたリーランがふたたび夜の星を数え始めた。

一瞬にしてあたりからは、目印という目印が姿を暗ました。

まるで消え失せることが何よりの、目印の中の目印となることを告げ知らせるかのように。

夜は明けることを待ち受けている。

空の〈カエイラ〉が蘇り、もうひとつの町を見下ろしている。

行く手はあまりにも遠く、来し方はいまさら振り返るまでもない。

彼女はこのとき、ある夢の中にいた。

物語りの主人公には、晴れて身元不明の卵が一つ選ばれていく。

人びとの数を知る者は、もはやどこにも見当たらず、光を紡ぐものだけがあらゆる角度から、町の輪郭をたどろうとしていた。

かねてより広場は町の吹きだまりにして、世界の中心からは余りにも遠いところに開かれている。

# Ⅲ

# 少数者（マイノリティ）

終りなき、神立《かんだち》の止み間に

# 1

〔début《デビュー》／はじまり〕……オレ／ボクが、いつも、いつでも、いつまでも。

オレ／ボクが……（誰が？）……だからオレ／ボクが、呼び名は二語でひとつの単体で、オレ＝《は》ボクではなく、間にはいかなる不等号、不平等も認めない。オレ／ボクはオレ／ボクだ。両者を隔てるものがない。

おーい、オレ／ボク、って、何年も前から、物心ついたら呼んでいた……（誰から？）……ヒトから呼ばれるのではなく、ヒトに呼ばれたこともなく、こちらからすすんで名のり出たわけでもないというか、これまでのところオレ／ボクは、ヒトと言葉を交わしたことがない。それでも声を出して、目をつむって、指も広げて、顔もそむけて、虫唾を走らせて、唇を引き結んで、喉を鳴らして、話の腰が折られるとそっと胸を撫で下ろして……〔おしまい／fin《ファン》〕

## 2

平板／鉛板、どこにも名前を持たず取り付く島もない、英雄たちの盟友どもが、前の日、火星から取り寄せたばかりの細長い一本の道に襷《たすき》をかけて、行く手を阻む者は容赦なくハグしてキスして、崇め奉る者は見下しながらも抱擁を交わし接吻を授ける。

恐れを知るべき平板／鉛板が、いまこのときも果敢に、横柄に立ち歩く。それも忘れ去られた毒素の向こうに、二語でひとつのこちらは複合体。性差、門別、世代を問わず、その身はいともたやすく国境をこえると見せかけ、思いはやすらかに閉じられた内海の果てに眠る。息はしない。ただ食べることが生きがいの平板／鉛板だから、どこからどう見ても識別はつかない。目的のためには手段を選ばず多数を占める。真摯なる永代の契《ちぎ》りなどことごとくなきものにと心がけ、むべなるかな、オレ／ボクと平板／鉛板とは、どこまでも反りが合わない、というか……

おい、オマエオマエ、そこの……（ハイ）……平板／鉛板とやらは、いつだってこんなふうに呼びつける。キミ、アンタなどとは以ての外、オマエと一回で済ませることもなく、オマエオマエと畳みかけては矢鱈《やたら》と押し込んでくる。もうひとつの手でありもしない尻尾をまさぐる。どこにも見つからないことぐらい百も承知の上で。

## 3

オレ／ボクの朝の訪れはいつでも早い。健気にも外で日が昇るのを待ち受けることがある。冬場にもなると、呼吸が寒くて冷たくてすぐにも凍りつく。気温零下、それも軒並みの零下。月見のある時もない時も、夜明け前から挙《こぞ》って仕事を捜す。まだ薄暗いアスファルトの路上に水たまりができて赤錆の蓋が沈む。マンホールがこれ見よがしに用途不明の花押《かおう》をのこす。それを読み解く者はなく、それぞれが白濁の息を吹き鳴らし、いまだ三十路に遠い身空で、オレ／ボクがオレ／ボクと手に手を携え、前夜にひとつの体を休めたところは誰にも明かさない。今夜休めるところなんてまだわからない。

急いで。さあ、せめて、一日単位の求人を追っかけて、この日も生唾が込み上げた。オレ／ボクが干からびた路地をぬけて野山を駆けめぐり、案山子《かかし》もよろしく足を絡ませて立ちんぼする。来る日も来る日も乗り遅れてしまう。アブレると万事休す、どこにも行き場がないことを満天下に告げ知らされ、茫然自失となるのか、向かい来たる時の流れにも蔑まれ、眉間には刃を突き立てられ、相手の顔を見ることもできないがままに疎んじられ、あたら若い命をこの先どうするのかと案じられてならない、他人事ながら……生まれついての定めか、オレ／ボクには〈自分〉という気構えが手酷く損なわれてきた。いくら粉微塵に打ち砕かれたところでにおいは立ち上らず、物音ひとつ届かない。それでも遠くかけ離れた産業煙霧《スモッグ》の隠し所から、縁《えん》故も猥らな〈自分〉という名の怪物が折節よみがえる。苦しみ踠くオレ／ボクを忌々しげに突き放してくる。

痛い。誰かが足を踏んだ。いま誰かに足を踏まれた。それでもなおズボンのポケットに残るなけなしの小銭をはたいて、角のパン屋で牛乳一本はどうにか確保した。ゴクリ、何度にも分けて、またゴクリ、飲み込むオレ／ボクの独りぼっちを置き去りにして、現場（事件事故ではない、仕事の現場）へと向かう、ライトバン、ワンボックスにマイクロ。ひと気の遠ざかった通りの奥の、黄ばんだ路面の一隅に、マンホールの蓋が新たに舞い下りて末期《まつご》の氷雪のごとく消え去ると、あとには水たまりを避けて携帯電話が一本落ちていた。心当たりもなく、なおのことこれ見よがしに……オレ／ボクは見知らぬ空腹を抱え込む。それでも朝のパンは我慢をして、いやあきらめて、まずは足下の遺失物に手をのばす。指先が微かな震えも見せて、両者が触れ合った瞬間、そこには拾得物という名の時限装置が生まれた。カチカチ……と。

平板／鉛板ときたら、群がることも執拗に遠ざけて、いまなお彼方に控えている。オマエオマエ。

## 4

オレ／ボクにとってもかけがえのないアノオンナは、大いなる過去からただひとり、この無力な市《まち》中《なか》に送り込まれた。とちゅう矢印の道標もなかったが、それでも手を煩わせて彼女を送り届けたものがいる。その正体は謎めく気配を丹念に打ち消しながら、今も封印されている。どのみちこの町を貫く運河の一本に上流から流れ込み、手がかりもない流水の淵に身を預けると、間もなくありふれた岸辺の一端にでも漂着をしたのだろう。まさにこのときから、彼女に巡り合う誰もが新たな目覚めの季節を余儀なくされた。

アノオンナにとっての大いなる過去とは一九世紀にさかのぼる。そのころになるとユウラシヤの西端沖に浮かぶ王国が連合とやらを礎に帝国へと名義変更する。世界に先駆けた産業革命からの恩恵にも与り、市場独占の世界制覇にのり出した。世界で最初の郵便切手を発行するかたわら、蒸気機関に続いて水力発電も手がける。同じ年、ユウラシヤ東方の大国に薬物違反のドーピング戦争を仕掛けると、香り高き良港を丸ごとひとつ奪い取る。返す刀で、そこよりはるか南方もしくは南南東方面の島々を直轄の植民地に加える。たとえその嘴《くちばし》は爛《ただ》れ、折り合いのつかない左右の翼が本体から見放されたとしても、それぞれが帆船を装い、ごく秘密裡にスクリューを回した。やりたい放題の、そんなおぼろげな記憶も脳裡をかすめるのだが、それもまたこの島国ひとつに限られた話ではなくて、この時代に始まった振舞いでもなかった。

だからアノオンナの来歴にしてもその時点にとどまるものではない。比較的確度の高い一説によると、さらに二世紀をさかのぼるとも言われる。その話が具体的にはいずれの口の端に上るのかについても、ここでは固く伏せられている。いずれにしてもあらためてたどりつくその時代、一七世紀の初めにはユウラシヤの東端沖合いに連なり浮かぶ島々の一郭で、また新しく、何度目かの軍事独裁政府が覇権を握る。その拠点に選ばれた新興の大都市から見るとはるか西方の島で、まもなくキリスト教徒による一揆が起こった。もののふの政権はこれを残虐なやり方で鎮めると頑なに門戸を閉ざした。それでも南へ北へと版図は拡げて、最北の島々への入植もいちだんと推し進めると、西国の反乱から三十年ののちにはその地にあっても先住民族による大規模な武装抵抗が勃発した。

これら東方沖合いでの二つの蜂起に挟まれた時代、ユウラシヤの各地でも戦乱動乱は相ついだ。農民戦争、農民反乱、国境紛争に王朝の断絶、交代、あの東方の大国にあっても〈明らかなる〉ものから〈清らかなる〉ものへと何世紀ぶりかの変転を迎え、支配民族も同時に入れ換わる。交易をめぐる交戦に、絶え間もない入植地の拡大、押し入り、締め出し、住みつき、奪い取り、手なずけ、運び去る。さらに同じころ、ユウラシヤの西端沖合いの王国では政治革命によって国王が処刑される。王様を殺した側の、こちらもまた別口の〈清らかなる〉反乱者たちはみるみる軍事独裁にも食指を衝き動かされた。これら出し惜しみを知らない厚顔なる悪夢に、アノオンナはこれまで何度も魘《うな》されてきた。当のその時代にあるときも、いまこの町に身を移してからも。もっとも良い夢などというものは、この浮世のいずれを眺めてもとんと見当たらず、「悪夢」の「悪」とは夢の枕詞にほかならず、善良なとどとはとうに絶縁されている。それでもたまさか眠りの中にあって、そんな類いからの反映らしきに晒されてしまうと、誰もがすぐに口をそろえて昨日は変な夢を見たと打ち明ける。

アノオンナは小さな波止場から上陸したのだと呟く者がいる。確かに、そうでもしなければ瞬く間も囁く間もなく立ち眩んで、アノオンナは足下の流水一滴に再び身を沈めるしかなかった。彼女を待ち受けていたのは、これまでに見たことのない明るい夜だった。さては話に聞くだけの、日蝕とやらの裏側にでも矢庭に焙り出されたのかと思った。急いで目をつむらないと、栄《は》えある眠りの精にも見捨てられ、身ぐるみ剥がれて生きることも死ぬこともかなわない、空風呂の焚きつけに放り込まれていくみたいだった。それでも熱さは感じられない、もはやのがれ出るものもない、永劫の流体一本に巻き込まれ、狂気でも夢でもなく、それらを識別するものが消し去られていく、そんな気分だった。

とりあえず船だまりの片隅に体を沈めると、少しでも夜の明かりを遠ざけようとする。そのなかでいま自分の両肩に指先を添えるものが、夜だということにだけは確信が持てる。自分が元来た道筋をたどり直すように、アノオンナは顎をのばして頭《かしら》を回す。聳え立つ建造物によって切り詰められながらも、川面にかぶさることで少しは息がのばせる夜空を見上げて、一時しのぎに胸を撫で下ろす。新生五、六日目あたりの月影に護られ、数は減らしたものの昔ながらの星影が点在する。それぞれが瞬きも趣きも絶やさずに。

無名のソシキから、すでに彼女は住みつく寓居の鍵とアパートの住所と町の地図を渡されてきた。何としても今夜のうちにはたどり着いて、時の流れならぬ、時の断絶に苛まれてきたこの体を少しでも早く休めたい。ところがそのとき彼女の視線は、同じ寒天に浮かび横切り、そのまま直進するような赤の点滅へと容赦なく引き寄せられた。

どう見てもそいつは流れ星や箒星の眷属《けんぞく》ではない。迷えるいさほしが赤の点滅くりかえし、天翔る話も聞いたことがない。人攫《さら》いの太陽系を呑み込み、コペルニクス以来の懊悩煩悶がいつでも清算可能な星月夜《ほしづきよ》を送り届けた。彼女の足下には溝浚《どぶさら》いの積み残した汚泥が広がる。渦を巻くロマの末裔が手を差し伸べて見事な陶土に作り変える。時を移さず高熱の電気炉で焼き上げられた地殻の扉。行きずりの小惑星がマグマ求めて押し開く。地鳴りもなく噴煙も見えず、幸いにも空をゆく不可解な物体は漂泊の叢雲《むらくも》にのまれて、すでに掻き消されていた。

一九世紀から来たアノオンナはもちろん、まだ飛行機を見たことがない。それどころか噂に聞いたこともなく、動力エンジン付き夜間飛行などとは思いも寄らなかった。だからなおのこと面妖な形跡は目に焼き付き、容易なことでは飛び去らず、眼底を埋めつくすと脳蓋にも触手をのばして諸手をかけてくる。そんな人工の明かりを規則正しく点滅させるメカニズムについても、彼女の理解は到底及ばなかった。

さかのぼる一七世紀のユウラシヤ、アノオンナはカトリックの尼僧《シスター》として、小さな目立たぬ修道会に片時の庵を結んだ。同僚をも並《な》べて遠ざけんばかりの、謹厳敬虔なる祈禱と瞑想の朝夕《ちようせき》に身を沈めた。出家をする前には、姉ほどの年の差の若い義母によって街頭にも立たされた。花売り娘の、奥深くも欲深い邪香芳香からの傷痕が、今でも赤心裸身のいたるところに認められる。アノオンナが折りに触れては思い浮かべる鬱向き加減の悔恨の笑みが、それらの実在を如実に物語った。そののち一九世紀へと身を移してからは別の習練も積み上げ、いよいよ満を持して現代世界のこの町に流れ着いたときには、時代の衣とやらを重ね着したことでドン・キホーテもさながら時代を取り違え、さればこそれっきとしたとも言えるような、ひとりの貴婦人を装うことができた。

アノオンナは本格上陸に着手する。矢も盾もたまらず、夜更けの水際にあってはもはや一刻の猶予もならなかった。ここぞ貴婦人とばかり、彼女はツリガネソウの花弁でも開くようにスカートの裾をたくしあげると、階段の石積みを一、二、三と駆け上がる。そのまま川沿いの道に出ると、街灯も思ったほどに明るいものではなかった。ほんの慰めの暗がりにまた少し胸元を撫で下ろしていると、何やら左手から足音もなく近づくものがあった。異物は人の気配も伴いながら、その馬車並みの速度に目を凝らすと、いきなりチンとベルを鳴らされた。その音にも驚きを重ねると、すかさず今度はキィとブレーキがかけられて、青色の本体が姿を見せる。前後に並んだ二つの輪の上に跨り仁王立つのは、かつてアノオンナが花売りに憂き身をやつしたころにもそっくりの若い娘だった。前縁だけの帽子をのせた女の形相は苛立ちもあらわに、往く手をさえぎる貴婦人を睨みつける。時代がかった相手の扮装など気にとめることなく、ただどう見ても値打ち物のパールの耳飾りにだけは左から右へと、それ

上陸

ぞれに別誂えの皮相な一瞥をくれると、チッと舌打ちひとつを焚きつけて走り去った。奇怪なことには、見えざる何者かとでも言葉を交わす風情にて……ア、ゴメンネ、などと行く手の闇には粒よりの愛嬌も含ませながら……

それから十秒と置かず、若い女が来たのと同じ方向からもうひとつ別の気配が持ち上がり、煌々と、こちらは青白く地上の点滅が急速度で接近する。先ほどよりは遠慮気味のベルが二度鳴らされると、貴婦人はサッと飛びのき、川の欄干に背中を押しつけ、誰かの口付けを待つのでもなく、危うく難を逃れた。ブランド物の軽快なサイクリング車の男は前の娘を追いかける様子でもなく、それでもまっしぐらにすぐ目の前を通り抜けた。アノオンナの動悸は度重なるベルにも応じて高鳴るが、これら二台の自転車との遭遇は彼女を、形式にもとらわれない驚愕のシンフォニアへと導く、たった二小節の、控えめにして深遠なる序曲にもすぎなかった。

町の全体が基準のわからない、答えるすべを与えない、拒絶と追放の視力表《パノラマ》だった。そこには字形《もじ》もなく、円は閉じられ、上下左右が終りなき変転の中にのみこまれていく。だからこの夜の間に、指示された仮の住処に首尾よくたどりつくことなど神業にも等しい。人並み外れて研ぎすまされた限定一人分の絶望が、時代遅れの貴婦人一匹を差し押さえ、声もなく嘲り、囀り、地獄をなくした天国へと貶める。やむなく今夜のところはホテルに入るとしても、いま懐中に眠らせるいくらかの現金がそのまま通用するとも思われない。ほかに見たことのない手触りの、名刺大の四角い札も預かって、同じ財布の中に仕舞われていたが、用途も告げられず、その意味も性格もアノオンナにはまだわからない。

二台の自転車が走り去った方角の、少し離れた場所に人影が見えた。全く手詰まりの中でも、考えてみれば目的地の住所は手元にあるのだから、勇気を奮って誰彼問わず尋ね合わせるに如《し》くはない。ようやく川辺を離れ、石畳の細い道路を渡る。そして一つ目の丁字路にさしかかる。右手に橋はなく、左からの道が運河に行き当たる。生憎なことに人影は足早に遠のいていく。貴婦人は慌ててその丁字路も渡ろうとした。そのとき……またしても光が訪れた。それもこれまでに見たことのない物量を食《は》み出させて彼女を消し去り、そのまま橋脚も見えない流れの向こう岸にまで運び去ろうとした。

アノオンナは、立ちすくむ野良猫のように身動きならず、近づく光に魅入られ魂《たま》も抜かれるとあとは尻餅をつくしかない。そこへ、自転車のものを止めどなく増幅させた凄まじい軋りが、一気に光の行く手をさえぎると、そのまま自らの息の根を止めた。今宵はじめての臨終、一瞬の沈黙、それを突き破ることもままならない貴婦人の死の見取図、瀕死のイコンを掲げ、いまだ実現にはほど遠く、すぐに扉を開く音が追いかぶさった。見たことない今時の自動車、それもタクシーで、運転席から飛び出してきたドライバーがどことなく同年配であることを直感させる、乾いた、足腰たくましく、気力に満ちあふれて、しなやかであることも見失うことのない、オンナだった。「大丈夫?!」……ハイ……とても身近な言葉運びだった……「ア、ヨカッタ……だって、いきなりだもん、たまげちゃった。こんな裏通りじゃね、スピード出してないから滅多なことないけど……ホント、怪我してない?」……してません、けど、ちょっと腰が抜けてます。

「あら……じゃ、私の肩につかまって」……アリガトウ、ゴザイマス。

貴婦人は、すでに営業も終了して回送中のタクシーに救われ、先客もない暗がりの車中へとつつがなく収容された。

二対《つい》四個のタイヤが静かに滑り出す。安全走行を心がける危なげのない沈潜が、いやます速度には釣り合わず、全身を包み込む打ち消しがたい唸りだけがアノオンナの思考の土台を根元から突き崩した。窓ガラスの向こうからは夜の町が、血の気もない極彩色の刺青を秒刻みに押し付けてくる。〈イタイ！〉、目蓋の皮がまくれ上がってしまう。かといって頑なに閉じることもまた、〈コワイ！〉。これでもしも、一七世紀から一度一九世紀を経由するという予行演習（いやなコトバね……）がなかったら、アノオンナはすぐさま持ち前の、かけがえもない正気を転じ、それどころか毀《こわ》し、あわよくば手放して、同時に恵みある、であればこそ俗世の火口《ほくち》にはおよそ知られざる、彼岸の狂気からも遠く見放されたことだろう。

通りを囲んで、大小さまざまな教会堂が押し並ぶ。ネクタイ結んだ教誨師が表に現われて、けたたましくも単一の呪文を、あざとくも日ごと見映えを変えながら反復する。深夜から未明にかけての耀きばかりが増していく。どれもが、どの角度から眺めてもステンドガラスを突き破り、オリジナルの図像ともども切り分け、撒きちらし、踏み付けにしながらも鮮やかに盛り付けて、どこにも前例の見つからない新たな無意味へとつなぎとめる。その前代未聞のイリュミネーション、電飾の華美こそが残り僅かな恥らいをいまだ在庫も豊富な諍いへと塗り変えて、店から店へと無秩序なまでにもえさかる。無下《むげ》に突き出す、何の味わいもないボタン、それも服地の合わせ目ではなくて自動操作を牛耳るための、手動のボタンそのままの千の口びるが舌を巻き、目の前を往く貴婦人の肌色の頬をおおいかくす。あたりには、接触の許されない七色の唾液が零れ落ちる。路傍の水たまりが、自らの映し出す照明灯の中に消えていく。市街地の夜にはもはや跡形もない。

四角い人工の山並みが高低さまざまに誂えて四方へ連なる。この時間になると、上るほどに内側の

アノオンナ（キフ人）

闇は濃度と容積を増すのだが、なおもところどころ真昼並みの光が真横に貫いている。山肌には至るところ、身体《からだ》を塗り変えた文字がじっと耐え忍ぶように明かりを背負ったり、そのまま居場所を転じて物言わず流されてみたり、どうにも堪えきれずくしゃみのような点滅をくりかえしたり、それら百万の字体が生気のない色目をつかってくる。眼差《まなざ》すおのおのの先端が、車内に立てこもるアノオンナの痛くもない胸を、その中に匿《かくま》われた腹をまさぐろうとする。

時には目を開けていられないばかりの白銀《しろがね》の光明に襲われることがある。貴婦人には想像及ばぬ品々、それらがいつでも需要を上回り、巨万、細目にわたって揃り揃う大型のカメラ電器商会の店内。来客も店員も天井からの照明に筋骨染め抜かれ、貼り絵もさながら引き付けられて、それぞれが他力本願の光輝を増す。誰が売り手で何が商品か、アノオンナには見当もつかない。思わず目線を逸らしたすぐ前の歩道には、地中に向かって階段がつながる。その先に予想される地下ということには今さら驚きもしないのだが、この街の住人は歩くことを忘れているとしか思われない。そのまま世の末までも沈思黙考するのか、立ちつくしたまま、ほとんどが身じろぎもせずに持ち上がってくる。それでも地表にたどりつくと、また思い出したかのように歩き出すのだから珍妙極まりもない。当人たちはすっかり慣れっこになってすこぶる鈍感なものか、自分たちの作り出す静と動の絡繰には不思議そうな表情ひとつ浮かべる余地がない。生きた彫像がまだ見ぬ埋蔵先より搬出され、運び出された人格の売り込みは一人ひとりの腕と脚が担う。それも遠からずインターネットが消し去っていく。

するると車が止まる。次の交差点だから、赤信号の。唸りもすぐに鳴りをひそめる。はじめの丁字路で尻餅をつかせ、腰まで抜き去ったような急ブレーキではなかった。それでも心得のない貴婦人は、危うく後部座席から滑落しそうになる。安全ベルトの有無にかかわらず、前の助手席に移るのはやめた方がいい。左右に加え、格段の迫力をもって次々に舞い込む真正面からの展開にフロントガラス一枚を挟んで晒されたら、彼女の心への負担が忍従の限界点を通り越して何憚らず、そこから反転、牙を剝いて来襲しないとも限らない。

「あ、ベルト」と呟いて降りてきたタクシー乗務員が、業務外の流しの賓客を座席に縛り付けると、急ぎ立ち戻り、またハンドルを握る。そのハンドルの役割ぐらいなら、貴婦人にも何となく理解が及ぶ。すでに運転手に全幅の信頼を寄せる彼女は何の抵抗も示さなかった。「きつくないでしょ」……エエ……「いざという時にね……ま、規則だから」

この見晴らしの中にも規則があるのかと、アノオンナは心かき乱される。それも長続きはしない。夜の鳥の啼き声に耳をそばだてる。ピュー、ピピ……〈目の不自由な人〉のためにと、音声信号が鳴り響く。その啼声も潰えると、四つ角に立つ緑の光明がここでも点滅に取りかかる。この街は空に至るまで点滅によって支配されている。それとも、点滅がこの街の支配を告げている。と、思いを巡らす間にも、瞬きをやめた灯火が赤にのりうつる。見れば交差点を囲んでもっと上の方にも、赤と緑、停止するタクシーの正面には赤、それがまもなく緑に転じると、車は唸りを取り戻して軽々と通りを横切る。日常交通、確かに規則を感じ取る。渡りゆく通りの方にさしかかる灯明はもうすっかり赤らんで、車が列を作り始めている。動かない。赤が緑へ、そのとき緑が赤へ……

いまのは、何でしょうか……貴婦人からの問いかけの、これが皮切りだった……「いまのって？」……緑と赤の、円い、ともしびですが……「ああ、信号ね、交通信号。そうか、アンタまだ知らなかったんだ……真正面のが赤いときは渡ったら駄目、車も人も……緑になったら進め、見ててごらん、緑から赤になるときだけ、黄色が挟まるから……注意、って」……注意？……「もう変わりますよ、赤に。渡るのはもうお終いにして、って注意する。これ、世界共通でしょ」……その世界が貴婦人にはいまだ共有されていない。ただし、次の次の十字路で、タクシードライバーのこの解説だけは見事に実証された。

再び夜の鳥が鳴いている。ピポ、ピポ、と調べも転じ、その周縁で信号を待つ者、反対に緑の許諾を得て大通りを渡り歩く者、あるいは信号には関与せず道沿いに進む者、それぞれにそこかしこで、小さくて四角い薄っぺらな板を手にしている。じっと表面を見つめながら指先で撫でつけたり、トントン叩いたり、かと思うと恐れも知らず平然と耳にあてがい話しかける者がいる……これだ、と貴婦人の連想がここでも腕を磨く。さっき川沿いの道でぶつかりそうになった、あの二輪車の小娘がやってたのはきっとコレ……世紀を跨いだ遍歴の中で鍛えられたアノオンナの洞察力は、確かに並外れたものかもしれない……今あちらこちらの公道で、見えざる何者かと語らうことが平気で、ごく普通に、祈りを込めるような仕草も伴わずに執り行なわれる。話の相手というのは神、超越者、ではないらしい。おそらくはヒト、そんなことくらいは誰にでも類推が及ぶ。小さな板切れのこちら側で話すそのかれらが、貴婦人の知るヒトと同じであるならば……すると道沿いの間近から、若い男がこの車に向かって手を上げてきた。営業終了のタクシーはにべもなく彼の前を通り過ぎていく。袖にされたそやつは何やら大声で悪態をついたのかもしれない。いずれにしても貴婦人に聞き取れる言葉ではない。そんな酔っ払いならごまんといる。その全ての両耳に、今の男と同じような紐がぶら下がっているとは限らないのだが。

繁華街を過ぎて巷の照度が落ち着きを見せ始めても、大通り沿いにはまだ時折明るい局所が立ち現われる。そんなあるところではこのタクシーと同じような自走物体が、町では大小さまざまに走り抜ける中、体を休めて脇腹に鳥の嘴を突っ込んでいた。嘴につながる胴体は細長い管状で、ペリカンとアナコンダが新たなキマイラを作り出している。かと思えばオレンジ一色の広場では市民がボール遊びに興じるが、そこが学校の敷地だとはまだわからない。石積みの四角い山並みもこの辺りになるとなだらかな丘陵を連ねるのみだが、とある一棟では地上の部分がもぬけの殻の広場になっている。おまけに一面、あの大型電器店を彷彿とさせる白色光に染め抜かれ、何十台もの二輪車があまりにも行儀よく並んでいた。中には発動機付きのものも交えるのだが、そんな識別にもまださすがに発想が及ばない（それにしても、雨が降ろうと風が吹こうと、ヒトが脚で懸命に漕いではじめて進むというのに〈自転車〉とは、奇妙な命名じゃないか）。

「もうすぐですよ」……そうですか……ドライバーからの呼びかけに少しは気持ちに余裕も生まれたそのとき、新たな脅威が貴婦人に襲いかかる。歩行者用信号機の啼声を悲鳴に読みかえて増幅する、赤面の大型自走車が恥かしげもなく、ものすさまじい勢いでタクシーのすぐかたわらを追い越していく。警鐘を鳴らし、屋根には同じく赤の電灯が回る。その回転がまたしても点滅を連想させる。車内には、銀装束に身を包み、長い錣《しころ》を垂らした兜を頭に載せ、騎士団さながらの男たちが乗り込んでいる。目はつむらないが、貴婦人は両耳に蓋をする。その気配を察してか、運転手がまたひと声かけてきた……「火事よ……でも、近くじゃなさそうだから」……消防車がみるみる遠ざかり、自分たちの車が右折をすると、アノオンナも耳の覆いを解いた。やがてまた運河にさしかかる。そこを今度は左折して五十メートルほども行くと、夜の一人歩きを収めるように停車した。目新しくもないレンガ積みのアパートの前だった。「ここよ」……貴婦人の居室は三〇九号室である。「また明日の朝くるから。ちょうど非番だしね」……それは、ありがとうございます……アノオンナはさらに全てを受け入れる。

初めて言葉も交わしたその現代人は、アスカを名のった。

次の日、アスカは午前八時半にやってきた。アノオンナも見上げたもんで、貴婦人という通りいっぺんの身分にもかかわらず、こと空腹にかけては移住の前からとうに慣れっこになっていた。だが、さすがにその忍耐も限界を通り越し、ひとり新居のベッドに横たわっていると、運河からの照り返しを映し出すような斑の天井がパイ生地に見えてきた。これはもう何とかしなければと、彼女が起き上がったのと時を同じうする救世主の到来であった。

そのアスカは徒歩だった。今様アパート暮らしの基本事項を貴婦人に伝授しながら、二人で朝食作りを、と材料も抱えて乗り込んできたのだが、察しのよい彼女はすぐに方針を改めた。そのまま表通りに出て、顔見知りでもない個人タクシーを拾うと、自分お気に入りのおいしい朝食セットを出すカフェへといざなった。

その店でアスカはアノオンナに、現代世界のあらましについて鮮やかなる薫陶を授けた。飢えを制して淡々と朝餉を運ぶ貴婦人の口からは、素っ頓狂な問いも矢継ぎ早に飛び出すのだが、隣席の赤の他人はともかく、アスカ当人は相手からの反応に訝しがるような素振りも見せず、懇切丁寧なる説明をもってそれぞれに報いた。百戦錬磨の貴婦人さまも驚くべき高速度の理解力を発揮して、その問いかけの輪郭も回を重ねるごとに双方にとっても晴れ晴れとして、眺望可能な実りある焦点を所狭しと切り結ぶようになった。

朝食と概説講義の第一回を済ませて店を出るとき、お世話になったせめてものお礼にと、アノオンナは愛用の鰐革の財布を取り出した。その中身を見て、さすがのアスカも吹き出した。「ありがとう、マダム、でもね……そのお札、ここじゃもう使えませんから」……やっぱり、そうでしたか……「いいよ、払っとくから」と言いながら、同じ財布に使用可能なクレジットカードが一枚収められていることも見のがさなかった。アスカというのは救世主のみならず、なかなかの商売人かもしれない。

「そうだ、骨董屋に持ち込んだら、それこそいい値がつくかもね、その札束」……あらゆる不穏を押し包む、見方によっては押し殺すともいうべき親密前夜。天性豊かな急進展をとげる二人の間柄は、そんな一見不用意な言葉でご破算になるような生半可な次元にはなかった。

そのまま生活資材の買い出しにミツバのホームセンターへ、ヨツバの大型スーパーへと、非番のタクシードライバーは至れり尽くせり貴婦人を導く。アスカ本人はどちらかというと小規模店舗の専門店、老舗揃いの商店街派だが、この日そちらを選んだのは講義のあとの実地研修や時間の節約のためばかりではない。背に腹はかえられず、アノオンナご持参のクレジットカードを役立てるには、何と言ってもそちらが手っ取り早かった。

昼間の明るみの中で目の当たりにする現代都市の有様は、威容を誇りつつも前夜に倍する、いやそれ以上の異様以外の何物でもなかった。あの密封された車内では子守唄の役目さえつとめそうなエンジンからの唸りが群がりどよめき、一歩行者に身をやつして大通り沿いを進む貴婦人に戦慄のエートスを叩きつける。クラクションの前から、耳の奥のみならず鼻の奥にも、息を詰まらせる糜爛紊乱《びらんびんらん》の灸《やいと》を据えてくる。それも治癒のためならず、もっぱら謂れなき懲らしめのためにこそ。

幹線道路の交差点で信号待ちをしていると、すぐ目の前に左折の大型トラックが肉迫した。あまりの威圧に思わず二、三歩後ずさると、そこに同じく左折の自転車が通りかかる。アノオンナは危うくそちらとぶつかりそうになる。咄嗟にアスカが割り込み貴婦人の背中に腕を添えなかったら、どうなっていたかわからない。急ブレーキをかけたサイクリストの両耳からはまたしても白い細紐がぶら下がっている。それが真昼の騒然をかわすための耳栓だというのならまだ頷ける。「ゴメンナサイ」とアスカがあやまる。アノオンナは声も出ない。

前夜には町を支配するかに思われた数々の〈点滅〉が真昼になるとすっかり色褪せた。縦にも横にも斜めにも、直線と曲線、平面と立体、本性も問わずことごとく、見えざる円や球に収斂させるという〈自動化〉の醍醐味ばかりが延べ広がる。自動販売機、自動扉、自動改札、自動点火に自動消火、自動操縦に自動制御、自動福祉に自動芸術……単一の自動に奉仕する巨万の手動、いつどこにでも育つ、なりふりかまわぬ自動には厚化粧を施し、ごくありふれて飾らない素顔の手探りがつづく。触ればたちまち虜囚にされるという指先の感覚、わがまま気ままな地表と地下の間に浮かび漂い、お互いの接続もわからなくなった視線と神経。目覚ましいこともなく、ただ目まぐるしいばかりの機械化文明に日夜伴う、交通事故、転落事故、鉄道人身事故、脳挫傷に脳機能障害、たとえこれらを生きのびたとしても、より打ちどころの悪かった者を少しでも軽症の者がすかさず拘束、芋の子を洗うようにして嘲弄する……

大型のショッピングセンターでは入館の前から眩暈を催す。前夜の、車の中から眺めた歩道では、歩くことをどこかに置き忘れた不特定の市民たちが地下から自動階段で運ばれてきた。今朝は建物の外壁、透明なガラスのケースに買い物客が乗り込み佇む。やはり物言わず、手を合わせることもなく、一見多彩色な大商家の梵天にまで上りつめる。ただし途中であっさり抜け出す者もいる。

じっとその屋上を見上げる貴婦人の右肩をアスカの左手が遠慮気味に二度叩いた。指さす先には、現世白昼の青天が広がる。赤の点滅ではなく、いまは真っ只中に一本の白い直線がのびていく。ゆっ

飛行機雲

くりと長さも増していく。筋雲が引かれていく。そこにアノオンナは、蒸気機関車の棚引く煙にも似て非なるものを見つけ出す。

それから日が暮れて、また夜が訪れる。それだけは変わりがないらしい。日付が変わるということも十分に理解できる。受け止められる。これまでと全く同様に。夜更けをものともせず、繁華街の大通りに縦列する車、車、多くがアスカの同業者たち。一台一台の大小、車種、所属を問わず、赤のテールランプがいっせいに点される遠近法は、入口のない共同墓地へと通じる。アノオンナは思わず手を合わせると、祈りも唱えた。ここでは埋葬される者がハンドルを握っている。右に左に、うまく回していくといつしか扉が開かれる。出口でもない入口でもない、ただの扉、それも手動の、自動化にはどうしても馴染まない、吊るし戸、回転ドア、右にも左にも対応して……

商業ビルとオフィスビルとマンションの違いについても、夜間の光の配置だけですぐにも読み取れるようになってきた。人の住処であるべきマンションの場合が最も均等に拡散する。まだしも控えめな室内の照明を、日付の変わるころまでは各階にわたって鏤める。ゴールデンタイムにその全てが消え去るのは、何らかの異変を伴うことなくしてはありえない。

かくまでも光源は錯綜とし、人工の華燭おびただしい夜間《よる》の巷にも、心惹かれる闇は一部に残されていた。それが大寺院であり、城址ならびに王宮址であり、外界からの光をのみ込み、いち早く深夜を模索しつづけるための貪欲ともいうべき持ち前の暗がりを、厚みも増して堅固に守り抜いていた。現代都市に身を沈めながらも、いつしか貴婦人はその幽暗の中に思い出深い慰撫の幻影を捜し求め、時ならず吹き抜けるビル風の唸りにも得がたい安らぎの房を見出せるようになっていった。

こうしていかに歴史の轍を踏んできたアノオンナといえども、有無を言わせぬ殺人の文化、製造の年月日から賞味期限に至る一切が伏せられた殺戮の文明にはたじろいだ。ところがそれもほんの束の間の気の迷いというべきか、恥知らずも一歩手前の素早い馴化ぶりには自分でも目を見張るばかりだった。恐れも知らず、あるとき彼女は手指の全てを切り落とす。それを、同じ数の物言わぬネイルアートにさしかえ、朝な夕なに入れ代わる夢見の電極へつなぎとめた。時を移さず足の指も切り落とす。その後釜には切除したばかりの手指を差し込む。切り落とされた足指はといえば、アノオンナが引きずる偉大なる過去と、先行き不透明な現在との狭間に埋め込まれた。将来はいまだ何事も語らない。悟りもまた開かれず、時間《とき》の潮《うしお》ばかりが足踏みをくりかえす。それでも彼女には、受け継がれた足の指十本分の命を、いつでも見事に切り分けることができた。

そんな、ネイルアートの義指義指《ギシギシ》が、今では車のハンドルを握っている。アスカからの、他人事とも思われない熱心な後押しもあって、アノオンナは上陸から半年も経たないうちに、しっかりと正規の手順を踏んで運転免許証を取得した。足の指に転身をとげたかつての手指が、アクセルとブレーキとクラッチの三重奏を演じる。かけがえのない、一部は手動の、鍵盤楽器としてのオートモビルを前に、一七世紀に生まれ育ち一九世紀を生き抜いたアノオンナはことのほかオートマチックを忌み嫌った。それればかりかハンドルを握る今の彼女は、あくまでもプロフェッショナルだ。それもアスカの同業者にして、数少ない同性同僚のひとりである。普通免許の取得から半年後、この時はアスカの仕組んだ非合法の工作が功を奏し、だらしもない担当部署の役人ひとりをまんまとたらし込み、同時期の誰よりも早く営業免許への切り換えを果たした。

いかなる時代にも変わりがないように見えるものがある。貴婦人が職業運転手になって、深夜の夕クシーにも乗り込んできたのだから。乗務する車体の天辺にはどこかの王国の紋章が掲げられた。とはいえ貴婦人さまも、往年のごとく侍従にだけそっと耳打ちをするのではない。純白の扇を黒ずんだハンドルに持ち替えて、夜な夜な営業の時間帯を迎えると、不特定多数の、性別国籍年齢不問の乗客から直々に行き先を承る。

「ご乗車ありがとうございます。お客様、どちらまで」

新宿N丁目……「新宿M丁目ですね」……いや、ちがうよ、N丁目……あんた、何人《なにじん》？「失礼いたしました。それでは新宿N丁目にまいります。おそれいりますが、安全のため、シートベルトをお締め下さい」などと、相手からの不躾な問いにはあえて答えようとしない。酔っ払いからの度重なる淫行要求には、そのつど丁重にお断りを申し上げる。（お客様、ご冗談を）。断固として受け付けない。わざわざ帽子を被り直す時もある。

そんなことだから近ごろでは、乗務中の彼女の両耳をｉ－Ｐｏｄからのびた細紐末端がずっぷりと覆いかくしていることがある。貴婦人そのひとは、ビートルズナンバーとウィンナーワルツを交互に聴き分けていく。やむをえず乗客側は、前に座るドライバーのスマートフォンに行き先を告げる。注文のメールを送る。宛先のアドレスは後部座席のすぐ目の前に並べて二枚、大きな字体で表記されてぶら下がっている。これなら聞き間違いをして、それに乗じて不必要な質問を浴びせられるという気づかいもない。気分は晴れ晴れ、世はさめざめ、アノオンナも立場上これに対して、すぐに返信をととのえる。やはりそこでもひとこと「かしこまりました」と。

折に触れて、ネット思いのスマートフォンの画面を開くと、戦争、戦争前夜、あるいは暴動のニュース情報が世界の各地から、先祖伝来の鬱積の捌け口を求めてひしめいてくる。ただし、彼女を送り込んだソシキからの内密な指示といえども、そんなに簡単にタクシーの車内にまでは届かない。というか、滅多なことでは届かせない。だから彼女はいつも自分ひとりで、その日各地からもたらされたものを一つひとつ丹念に分析し、さまざまに読み解いていく。それぞれの現場の状況を、それらを取りまく情勢を、複数の関与者の多岐にわたる目論見を、いまだ得体の知れない腹の中を、停車中も、走行中も、客が降りて空車になってからも、目には目を、鼻には話しを、耳には言葉をと、絶えずくりかえし唱えながら。そんな決まり文句に自分から応じようとしてくる者はまだいない。

だから、オレ／ボクはいまこのときも、アノオンナのハラの奥深く、いや、そればかりではなく、見る者感じ取る者をハラハラさせるほどに煮詰まった、いちばん奥底の、どこを向いても無我夢中のドキドキの渦中にあって、じっと息をひそめている。

## 5

オマエオマエ、と呼ばれる度に、すでに持ち主のわからなくなったヒトの乳歯が零れ落ちる。次の差しどころもわからない。以前の噛み合わせは戻らない。それでも、カンカン、カンカンと、歯軋りが止まらない。

番《つが》いの赤灯《せきひ》とともに警笛が点滅をくりかえす。オレ／ボクが二人目か、三人目に降りるとそれも鳴り止んで、踏切の遮断機が口を開いた。待ち合わせてすれちがう単線のこの駅から、反対方面の電車が一足先に遠ざかっていく。平板／鉛板な残り香にオレ／ボクは思わず顔を曇らせる。

思えば長い旅路をへてこの地にやってきた。それでもマンホールの蓋が飛び去った後の道端に、得難い落とし物を見つけてからまだ二時間とたっていない。プラットホームから下りてみると、小さな万屋スーパーとそれに見合った喫茶店にだけは人影がちらつくものの、あとは開店休業、駅前といえども店の数は限られ、いっしょに降りたはずの複数の乗客はどこかへ吸い込まれた。

めざすATMは線路を渡ったすぐ向こう側にあるという。先刻電話の男が教えてくれた。その男からの強硬な指示で、オレ／ボクは自動の闇をぬって白昼堂々、引出人とやらをつとめる。訳もなく罵り合いながらも、お金にだけは色目を使う必殺必中の、引出人。そのためにはなるべく人目につかない、鄙びた地域こそが打ってつけの舞台になる。とはいえ、それが大都市の周縁とは限らないし、人目というものは思わぬところで突然反故にされる。

踏切はいつでも渡ることができた。三途の川もここまでだ。閻魔は声も上げずに平板／鉛板な目蓋を閉ざす。ここまでの旅費にも不自由しなかった。あのとき、道で拾った携帯電話の折り目にはいちばん大きな硬貨がひとつ挟まれていた。まだお釣りも手元に残っている。そのうえ首尾よく、特殊任務の引き出しを成し遂げた暁には、その場ですぐに相応の報酬が約束されている、と電話の男は告げた、とオレ／ボクもどこかで耳にした覚えがある。それもまだ大人の顔をした、欠食児童のころに……今でもお腹は空いている、とどまるところを知らない、欲望、お釣りの計算ができない。

ようやく線路の向こうの、ATMの前に着いた。自動ドアを根こそぎ抉じ開けて、中に押し入る。左隣りの弁当屋にもまだ人影はなかった。配達用のバイクが少し左に傾いている。路上には米粒か何か、前日売れ残りの好物を捜し求めて、鳩が二、三羽たむろする。扉が開くと四、五メートルばかり、いっせいに避難をした。右隣りには車一台分ほど引っ込んだ三軒長屋がつづく。入居者の有無には関わりなく、どの家も一様に静まり返る。二車線を挟んで向かいは少し広めの契約駐車場で、不用意な車の出入りも少ない。めざした目的の地には先入者の姿も見えなかった。オレ／ボクひとりで、いよいよこれより、現金、自動、預払機、A、T、Mに立ち向かう。

電話で指示が与えられていたが、なかなかその通りには運ばない。不慣れもあるが、そこにはオレ／ボク自身の独自の判断もいくらか関与する（この「自身」なるものが人並みに、オレ／ボクにも伴うものだとして）。ATM本体に向かって左手の天井からは一眼レンズが目を光らせる。オレ／ボクも一瞬片目をつむる。指令の第一号は、携帯電話に仕組まれた特殊なライトを使って、まずはこの防犯カメラを照射せよと命じていた。これから金を引き出すのが何者であるかをこの世の誰にも知らせないために。だけどそんなことをする必要はさらさらないのだと思った。まだ覚えている人も多いと思うが、オレ／ボクは今でもアノオンナのハラの中にいる。アノオンナも含めて、誰にも見ることができないし、そのまえに顔というものがどこにも見当たらないのだから。

そう、オレ／ボクにはまだ顔がない……（と言って、天使が糠漬《ぬかづ》いた）

だから、監視される者にだってなりようがない……（と言って、神が毛散《けち》らした）

さらにもうひとつ、携帯電話はたまたま手に入ったが、手元には銀行のカードもなければ、通帳も印鑑もない（印鑑なんて、まだ見たこともない）。それどころか手書きの署名にも餓《かつ》えている。電話の向こうの平板／鉛板はそんなこととは露知らず、いちいち確認を求めてくるのだが、オレ／ボクは頑なに〈ハイ〉としか答えない。それ以外は絶対的な沈黙だ。オマエオマエ、と蔑まれるほどになおさらのこと、オレオレなどとは口が裂けても応じない。〈ハイ〉の筋目は引き通す。たとえば……

カードは?……カードの裏に番号、書いてあるだろう、小さなマジックで……（小さな魔術《マジック》?）

……書いてないのか……〈ハイ〉……焼きが回りましたか、フフフ……

とか呟いて、今度は別の、新たな平板／鉛板が立ち現われ、声を逸らせ、姿を見せずに、四桁の番号を二つ告知する……アア、悪かったな、こっちのミスだ……とか言い添えて……いいか、一、六、六、九、一六六九、それから、一、八、四、一、一八四一……ここでオレ／ボクはふと思い当たる。ひょっとして、一六六九、アノオンナが生まれた年、そのあと移住して、一八四一、そこからここまで旅立った年。（そうにちがいない）。

歴史から人間《ひと》が食み出してくる。顔を見るまでは誰にもわからない。回収の見込みが立たない物事にだけ、かすかな望みが託されていく。ほんの一時《いっとき》まみえただけでとうに見忘れたものに、わざわざ愛嬌を振りまく謂れもないのだが、オレ／ボクが特定のカードを所持するものと勝手に信じ込んだ、複数の、平板／鉛板からの催促には、やむなくも、至極気軽に応じてみた。ということで、教え込まれたばかりの二つの四桁数字を交互に打ち込んでいく。すると思いがけなくも現金の出入口が静々と、あるいは粛々と、ぶっきらぼうに舌を引っ込めた。

開いたか？……〈ハイ〉……金《かね》は？

出てきたものは金《かね》、ではなくて金《きん》、money ≠ gold の金色《こんじき》だった。最初は心狭苦しい真四角の黄金虫かと思ったが、両生類にはいつも爬虫類を売り付け、魚類ならびに昆虫類のための日銭を稼ぎ出すという、一台の、それもまた無線の交信機にすぎなかった。ゴールドタイプの新しい携帯電話が浮き上がると、強烈な照射でこちらの目が眩んだ。金《かね》に、ではなくて、何よりもその光線に。顔もないのに両目をつむり、何とか取り出してみると、光はすぐに収まって、代わりに携えてきた古いのを横倒しにして入れてやる。そのままのみ込まれて、タッチの画面には「情報がありません」と出た。すでに

携帯と獣たち

誰もがお気づきだろうが、オレ／ボクは文字を読むことができる。さらに「処分しますか？」と出たので、やむなく〈ハイ〉にタッチする。

すぐにぷしゅ、と音がして、早朝路傍の拾得物がいまここで処理された。そのとき手元の黄金機が控えめに鳴り響き、出てみるとまたしても平板／鉛板からの新たな音色が浮かび上がる。終わったか？　と、何やらしたり顔に尋ねてくる。オレ／ボクは、ゆっくりと微笑むことも忘れて、でもいつかはその微笑みを浮かべる顔のことだけは片時も忘れないように心がけて、またここでも〈ハイ〉とだけ答えた。

時がありきたりの言葉に沈黙を強いる。その合い間をぬってオレ／ボクは後ずさり、新型商品の放つ目映い光を左手上の防犯カメラにさし向け、その中の資料・記録の全てを焼き尽くし、焼き殺した。この早業には声も出ない。叫びも上がらない。

さっき入る時は完全自動だった扉が、出る時は自動に先立つ手動を求めてきた。融通がきかず、理解もできないオレ／ボクが立ちつくしたまま、二秒ばかりも浪費した。それとも、外から入ろうとした者がたまたま救い出してくれたのかもしれない。ワレワレ二人はぶつかることもなく、何とかすれちがった。何食わぬ思いも抱えてオレ／ボクが歩道を十メートルほど進むと、ふたたび気ぜわしげに黄金機が呼びかける。開いてみると、画面いっぱいに絵文字が広がる。装置に自生するような異言語を用いて、消去しますか、と尋ねてくる。オレ／ボクは何のためらいもなく、ただし、〈ハイ〉ではなくて〈エエ〉をクリックするしかない。そこにはもはや〈エエ〉か、それとも〈イエ〉かの微細な差異の二者択一しか残されていなかった。

何かが大きく消え去る音がして、虹の彼方から誰かが振り返ると、出てきたばかりのＡＴＭからは煙が吹き出している。と、もんどり打って転がり出る人影も目に入った。どこにも感動のないオレ／ボクではなくて、ほんの十数秒前、そのオレ／ボクを救い出すように見せかけて、小賢しくも入り込んだ人物の、性別、生死を含む事柄の委細について何ひとつ心得がなかった。

オレ／ボクはこの時はじめて、無知と名づける顔立ちをひとつ手に入れた。

この顔はいつのまにか無線の向こう側の平板／鉛板にも転じることで、格段に通用性を高めていく。

踏切の遮断機は開いたままだったが、もう渡る必要がなかった。

黄金機が最後にゆらめく、オマエオマエ。

次の電車がやってくる、ハイ、エエ、それともイエ？

決断のつかないものは、それまでに消去される。

# 6

あれから一年、二年が通り過ぎた。風ではなく、川の流れでもない、時の信号には緑が点らず、黄から赤への有為転変がくりかえす。アノオンナにとってはものの数にも入らない見事な歳月、勤め先も変えず、さすがにベテランの域にはまだ届かないが、基準を上回る売り上げを毎月稼ぎ出す、優良乗務員の一人に列せられていた。それとともに貴婦人としての気高い風貌、身のこなしにも徐々に修正が入り、新たに平民としての美徳も弁えた。かつての救世主アスカとの関係にも疎隔の生じる透き間は芽生えたが、それもまた見かけを改めた息抜きのひとつであることに変わりなく、彼女との交友の糸筋がたどりがたくも断ち切られたわけではなかった。なおも仕事仲間のアスカとして、席も移さず身近にとどまる。たまに同じ社屋で目と目が触れ合うと、微笑みの代わりに小首をかしげ、めったに言葉は差し挟まない。

そんな夜更けのこと、思えばあの小さな波止場からの上陸直後、アスカの車に拾われた丁字路にもほど近い繁華街の一隅で、乗務中のアノオンナは若い男の三人連れを乗せた。自分たちの振りかけたものか、それとも奈落の花弁の肩口に腕を回し、首筋に所狭しと萌え広がる葉脈に唇を押しつけ、余さず中味を吸い取ろうとしたものか、一つならぬ数種類の香水入り混じりて立ち上る、陳腐な汚濁の腋臭《わきが》に噎《む》せ返る。ダークな色調で誂えた鯔背《いなせ》な身繕いにはラメが散らばる。ブルーに、グリーンに、パープルと夜間専用の、華柄のパスポートも抜かりなく身につけて、出し入れも自由、また次のキャバクラにでものり込む腹積りか、あるいはさんざ遊び倒したあとのこれぞ今際《いまわ》の帰路の酔狂か。持ち金はあるようで、乗車の前から使い道も忘れるくらいに、阿呆鳥一座の三羽ガラスははしゃいでみえる。

ところがその行き先となると判然としない。アルコール（もしくはそれ以外の妙薬）の効き目たるや過ぎたるは及ばざるがごとしか、まずは一人目が「一時間」、つづく二人目も「二時間」。元貴婦人さまが運転席からにじり出す色なしを、色めきを、目にも鮮やかな沈黙の渦中《なか》に織り込んでいくと、すかさず三人目が介入した……ん、運転手さん、もしかしてオンナのヒト？……ま、いいや、とにかくさしあたりコイツの言う一時間でいいからさ、適当に町ん中、走り回って。周回ね、市内を周回……ただし、毎回違ったコースで、隈なくね……そうそう……ハハハ……チュ……すぐかたわらで無闇なカラスが二羽、木霊を吹き上げ、嘴をたがいに糊付けする……大丈夫、ちゃんとメーター通り払うから、たとえ割増でも、断じてゴロまかない、持ってるから三人とも、カードもね、いつでも複数用意して、いの一番に売り抜けて（悪銭身につかず、宵越しの金は骨身に沁みる）。

夜の蜆《しじみ》に下足《げそ》が泳ぐのかと、アノオンナは醒めた流し目を注ぎ込んだ。これまでに移り住んだ別世界で一度ならずも垣間見た革命前夜の沸騰点が、なぜかしきりと思い出された。貴婦人よ……複数のギロチンがひとりの女に問いかける。ハンドルを持つ手は何ものか、と。

運転手はそのままドアも閉めず、入場したばかりの三枚ならぬ三匹には揃ってお引き取り願おうかと思った。でも、そんなことでポリスの手を招き寄せるのだけはご免蒙るので、並み居る賓客からのご依頼に対し、ここは素直に応じることを優先させる（賓客《ひん》は貧客《ひん》に如かずだ）。本当に懐中のご用意がおありだとして、深夜の割増料金で一時間も走ればゆうに想定外の上がりも見込まれた（百聞は一見に如かずだ）。

こうして十分、二十分、街並みをめくり上げて、いよいよ二周目も終えるころ、同じ鉄道の中央駅を帰結のポイントに設定したので、危うく客人の怒りを招くかと思った矢先、背後から一度ならず執拗にパッシングを仕掛けるものがあった。車内のバックミラーを覗くと、どうした加減か、その中にご一行の姿が見えない。それでもひそひそ話は途切れなく、陰惨な交接の谷間に転げ落ちたまま、ひとりが眠りこけている様子だってひしひしと伝わる。車体の低いことだけが取り柄だと、とくに頭も下げないパッシングの張本人は急加速を試み、アノ・オンナ・タクシー・ブルーの追い抜きにかかる。ブルーバード、蒼ざめた鳥、その翼、肉片、骨片に至るという切り裂きのジャックだが、生憎と今夜はハートにもダイヤにも持ち合わせがない。だからスペードを求め、スピードにも身を任せたが、あえなくバランスを崩し（雨上がりでもないのに）、反対車線に首を突っ込んだところへ深夜バスがさしかかった。内部《なか》には、多くの乗客たちが半ば眠っている。行き先もタクシーよりははるかに長い。バスは平然とおでこを擦り、パッシングの方はあえなくも横転、横滑りも味わう。とっさにアクセルを踏みしめた元貴婦人の機転が功を奏し、タクシー〔1＋3〕は事故からの追い討ちを辛うじて回避した。

おー、ヤベイ……〈運転手さん〉、やるね。ボクら、いいヒト選んだよ、ちょっと止めて。

それはどうも……やむなくアノオンナは五十メートルばかり進んだところで歩道に寄せて、ドアも開く。

駆け寄る市民、胸襟を閉ざした蛙たち、半ば夜明かしの、両目に鈍く縞が引かれている。

いいよ、いい、いい、まだ降りないから、どうぞつづけて。

そう言いながら別の一人は外に出て、事故見物に時化込んでいる。足元の吹き飛んだ、そんな案山子一匹の似姿もバックミラーからはみるみる消え去って、いくらアノオンナが振り向いたところで、小金を貯め込んだ道楽者三名の識別はほとんどなくなっていた。それは文字通り掛け値なしの〈平板〉で、あどけなく戯れ合いながらも一目散に、厚みも拡がりも、肝心の材質さえも詳細不明の〈鉛板〉につながれていく。たとえ亜種とはいえ、これほどあからさまな平板／鉛板を客に得たのは、過去二年のキャリアの中でこの夜がはじめてだった。

運転手がすばやくドアを閉めた……おいおい、何やってんだよ……オマエオマエ。

寒いですからね……と貴婦人上がりは鮸膠《にべ》もない。彼女にとってはいちいち癇に障る、乗客の立居振舞いの横柄さを見るにつけ、漏れ出す放射能を完璧に遮断することだけが、跳梁跋扈する平板／鉛板に託されたただひとつの取り柄にしてお役目だなんて案の定、心胆寒からしめてどこにも恥じることを知らない出鱈目もいいところだと思った。こんな私にだってわかることなのにと、アノオンナが薄ら寒い両唇を互い違いに嚙みしめる。

寒い寒い、こりゃさむいわ……と、後部座席に戻ってきた男が御託を並べている。閉じられた扉《ドア》を手で開き、閉まるのはまたしても自動、傍らに待ち受ける野郎には心からの抱擁を求める。元貴婦人には相変わらず区別がつかない。平べったい鉛の三匹はひとつながりに愛し合うふりをして人目を欺く。お互いの毀損も深まると、手近な汚辱の淵へ、栄えある合体の艶姿を沈めた。どこまでも不釣り合いに、あらゆる角度から、あらゆる観点にも目覚めると、よこしまひとえに貪り合う。アレェ、アレェ、と的外れの嬌声が、いまだ動かざる蒼ざめた鳥の内装にまで沁みわたる。車が走り出す前から、キャプテンそのひとが悪酔いを強いられた。緩和を恵みもたらすのは、愛とは無縁の力なき速度でしかなかった。

その愛が平板／鉛板な睦言に酔いしれると、あとはとどまるところを知らない。この際お相手はどんな類いでもよかったし、深慮を差し向けることなど、自分たちの投げ出された現状ともどもあらかじめ見事に搔き消されてきたのだな……そう考えるとアノオンナには、不意に清々しくも、妙に納得がいった。だからといって、格別に同情を示す謂れなどないのだし、ましてや嫌悪を伴うほどの快挙と誉めそやすにははるかに遠ざかるものがあった。事故にもかかわらず、街の灯はいつも通りの暗がりを増し、徐々に静寂を貯える。その穏やかならぬ結び目を、パトカーの赤色ランプが持ち前のサイレンで鮮やかなまでに吹き鳴らす。入れ換わるように反対の方角に向かって、アノオンナがタクシーを動かした。注文通りの周回を取り戻す中で、彼女には町の全体像が懐かしくも鬼気迫る、点滅の新奇を見せつけてくるような気がしてならなかった。

もしも乗客に持ち合わせがなかったら、自分たちの拉《ひしゃ》げた肉体で支払ってもらおうかと企んでいた。ハンドルを握る元の貴婦人が身分をのりこえて味わうのではなく、この車が身を翻して、ヤツらの惨めでなけなしの生霊もろともに打ち砕き、余さず呑み干していくことになるのだろう。結果がすべてを物語り、スクラップが時を刻み、廃車に先立ち廃棄される人びとの叫びが聞こえる。ほかの誰にも聴き取られることがないようにと、運転手一人が耳を澄ます。車はもうすっかり電気自動車の仕様で、しかも貪婪なることこの上もなく、原料がなければ手当たり次第に何でも焚きつけて身勝手な自家発電に持ち込むのだった。

放射能を遮断することだけが、平板／鉛板の唯一の使命にして使用価値だなんて、悪意に満ちあふれた、ためにする議論の最たるものであることがこの事実からもよく理解される。だいいちまこのときも（おそらくは世界の各地で）平板／鉛板は単なる通りがかりの乗客として、タクシーの通常の営業にも立派に貢献できるのだから。ただし、今ある平板／鉛板が燃焼し尽くすと、放射能の漏出に対する未然の防御措置に多少の弱体化が生じないでもない。

その後、約束通りに割増しの料金を支払い、タクシーを降りた三体はいよいよ密接にそれぞれを折り重ねた。力を合わせて一枚限りの平板／鉛板になりすますと、その上を何台も空車のタクシーが走り抜けた。事故でもなければ事件でもない。だからといって反復される日常茶飯ということにももどかしさが付きまとうのだが、定められた彼らの一枚板の厚みにだけはゆるぎがなかった。

交差点で信号待ちをしていると、ドライバーの携帯に電話が入った。すぐさま道路端《みちばた》に移動して「会話中」に切り換えると、アノオンナにはすでに聞き慣れた、それも自分の胸板の底か、はらわたの中程から込み上げてくるような懐かしい声がした。

アア、お母さんか。

アイアイ。

オレオレ。

アラ、ボク。

## 7

彼は豊かな流れの中で生きてきた。この「彼」の部分に当てはまるべきもっとも具体的な人格がまだ物語のどこにも見出されなかった。こよなく豊かな流れ……この語感によりよく、より逞しく、寄り添えるべき稀代の人格が（ひとりとは限らないが）、望まれれば望まれるほどに形体を崩して一途に遠ざかるのだった。

諦める気持ちさえも忘れ去り、前屈みの前のめりになったまま、後戻りをする勇気もなくした無蒙昧の中で、絶対多数者が藻掻《もが》き合う。くりかえし掻き毟《むし》るのは、どこにも名前を持たない一枚の板切れだった。不用意に棘が突き立つとき、誰にも聞き取れない声が目を覚ました。

オレ／ボクは今でも閉じ込められている。アノオンナのハラの中に、ということではない。それならいつもの話だが、ここのところは仕事場としてあてがわれた四角い狭量な密閉空間と生活を共にしている。流れもここでは渦を巻くだけで、始まりについても終わりについても、オレ／ボクには知識の持ち合わせがなかった。

それにしても、集中して電話をかけるのであればやっぱり都市型の、外部に音の漏れにくいウィークリーマンションの一室だろうかと、少しは期待も込めて想像を逞しくした。しかし平板／鉛板Sから提供されたのは、工事現場や屋外のイベント会場でも見かける、臨時のご不浄も同然の四角四面だった。とはいえ、内部には肝心の便器もなく、その分だけ無味無臭が生きのび、洗面所（台所ではない、炊事ができない、そもそもが居住用ではなかった……）と仕事場兼食堂、寛ぎのスペースも合わせて哀しがなし、タタミにして二畳分だろうか。これが男女共用のトイレなら、ゆったり設計の分譲マンションクラスにもなるのだが、実態は蟄居専用の仮設の移動式だった。

トイレはそのつど繫留地のお隣りご近所に借用を申し出るか、さもなくば晴雨明暗を問わず広々とした屋外か狭苦しい道の奥で、こっそりと人目にもつかぬように済ませるしかない。中から外が見渡せるのは、控えめな反射ガラスの嵌まった五十センチ四方の窓が一つきりで、開閉もままならない。それとは別にもう二か所、換気用の小窓が作られていた。こちらは必要に応じて開け閉めも自由だが、中からの見通しは利かない。風が素通りする。さらに大窓の見晴らしからはいつどこに置かれても、すべからく正直者だけが消去された。また公共放送でもあるまいに、視界に点々浮かび漂う民間企業体の広告だけが曖昧にされ、世に言うボカシがかけられた。だから実際のところは、何を見ているのかよくわからないことが多い。その分だけ交通安全のための標語などはこれまでになく際立ってくる。さあ、気をつけて、黄から赤への橋渡し、点滅点滅、などと、誰に言うともなくひとり呟いて眺めの中を通り過ぎる人びとは、しばしばニュース番組のキャスターを気取っている。ただし、はにかみを置き去りにした各自の口元には、遠隔操作のための留め金が付けられていた。

全体は堅牢な造作ながら、室内には使い古された蛍光灯が一本吊り下がるだけで、箸箱のような黒い蓋をかぶっている。点けたり消したりという操作の紐は除かれている。電話連絡を業務とする職場であるにもかかわらず、固定の電話もなければ、携帯を充電するための電源のコンセントもなかった。何よりも安全を考えてか、周囲とは極度に断ち切られている。そしてオレ／ボクの眠っている間に、毎晩間違いなく居場所を変えた。

食事については朝夕の二回、バイク宅急便を連想させる二輪車のメンバーがどこでも適確に送り届けてくれた。夕食配達の折りに、その日使った仕事専用の、例の黄金携帯一機を手渡すと、翌日には何やら一段と輝きを増し、一日分のチャージも施されてよみがえってくる。その一方で、夕方にこの愛機を手放すとあとの夜間、移動先の条件にも少しは左右されるのだが、外部との情報交換の糸筋が途絶えてしまう。行き先を告げることもなく、孤独がもうひとつ孤独を連れ去っていく。そして一本きりの明かりも一〇時になると自動的に消灯される。取り残された孤独もまた同じ自動化をまぬかれない。夜が明けるまでアルコールもなく、買い手もつかない人工蒸留水のような見えざる闇に浸されていく。ある時はそれが、居心地も悪くなるばかりに心地よい。無類の虜にもされる。ある時はまた、心地の良さを忘れさせるばかりの居心地の悪さへと真っすぐにのめり込んでいく。それでも逃れることは許されない。

巧妙に盗電を仕組むのでなければ、電源への接続は九分九厘深夜の移動中に限られる。この仮設には、曳航する母船から電力の供給を承るバッテリー機能が備わっているのだろう。配食以外に喉が渇いたり、何かを食べたくなったら、購入もそのための外出も自由だが、自分で賄うことになる。だけど目に見える計量可能な成果を上げない限り、オレ／ボクはそんな基礎的な財力からも切除される。

食欲が罪悪を騙ることもむずかしく、喉の渇きが後ろめたさを癒やしてくれることもない。入口の鍵も渡されていない分、オートロックの無慈悲からは解放され、小屋からの締め出しをまぬかれていた。だから折りに触れ、何者かがノックもなしにやすやすと出入りするだが、その何者かがオレ／ボクだとする信義も保証も見つからない。

だからお風呂のシャワー付きだなんて、絵にもならない濡れ手に粟《あわ》もいいところだが、考えてみればオレ／ボクがアノオンナのハラの中にとどまる限り、特性の小羊の溶水が俗物の杞憂を取り除き、汚れは体の外へときれいに洗い流してくれる。贅沢にもそれで物足りないとき、幸いにして蓄電の恩恵か、洗面所の錆びた蛇口からは長い舌を垂らして温水もしとど流れ出たので、局所に至るまで不自由もなく洗い清めることができる。なかなか手の届かないところには、同じ蛇の舌先が端の端まで入り込んでいく。そもそもトイレにしても、また食事についても、基本的な所要はアノオンナがごく内々に満たしてくれるはずなのだ。このオレ／ボクがみだりに不平は漏らさず、その導きの手に自らを委ねるだけで済ませるのであれば。だがその一方で、いくら〈肉親〉とはいえ、すでに生ある者からの一方的な支配の軛に甘んじることだけは何としても退けたい。その反骨だけは揺るぎないものとして備わっている。それだけに悩みは深い。お金がなければ、そんな気骨も養えないのだから。苦悩の零度にして原点が、ようやくそこに見出される。出産の費用にしたって、できれば自分で賄えればと思っている。

深夜、あまりの居心地の良さに眠ることもできなくなって、横たわり、壁に向き合っていると、どこかでもうひとりの異質な声がする。アノオンナかと思っても咄嗟には呼び名が出てこない。よりにもよってこんなところでオレ／ボクを産み落とすのかと思うと確かに遣り切れないのだが、不思議と愉快な気持ちにも苛まれてくる。とりあえずこちらも〈何か〉声を上げようかと思うとすぐに目蓋が閉まる。眠りは市街地の〈どこか〉向こうからやってくる。朝の目覚めは時と場所を選ばない。眠りと目覚め、どちらが先かということも、まだわからない。

壁に縦長の模造紙が貼られている。真っ白ではなく、白地に黒色文字が整列して、紙全体が左回転で十五度ばかり水平からは傾いていた。傾きをもたらした目論見そのものは測り知れない。文字に彩られた短いコトバが同じパターンをくりかえす。絶え間のない変形にも身を預け、心ゆくまで愉しみつつも、魂は丸ごと抜き去られてしまう。

掲げられたのは口の運びを滑らかにする活舌の一種で、平板／鉛板Sからは午前と午後の少なくとも一回ずつ、仕事に取りかかる〈電話をかける〉前に必ず復唱するように申し付けられていた。そのパターンというのは「ア、もしもし」に始まり、「オレオレ」が引き継いで、すかさず変幻自在の「〈　〉めるもの」に引き渡される。変様するのだが、定型は守りぬかれ、アルファベットで表わすと「〈　〉amerumono」と最初の母音aまで決められている。括弧に入るべき子音が変形の振幅を試すことになる。最後に「オレ」と一度きり、こちらはくりかえしもなく念押しを入れて、あとのヴァリエーションはオレ／ボクのその場その場の裁量に委ねられる。異例にも見えるが、考えてみればそのくらいの応用力もなかったら、人を騙すことなどとてもじゃないが覚束ない。以上まとめておくと、

〔ア、もしもし……オレオレ、〈　〉めるもの、オレ……〈以下即興〉〕

これに従って、具体的には次のように展開される。

ア、もしもし……オレオレ、あめるもの、オレ……ここでは子音が入らず、母音のaが単独露出する。その「あめる」が「編める」なら、毛糸がこんがらがっちゃってね、指に絡まって……え、ナニ？　あんな見せかけだけの雑誌の編集じゃないんだよ。家でセーターを編んでたらさあ、そのうち首にも取り巻いて、このまま行ったらもうメチャクチャの、生命の危機にも及ぶのではないかと……ねえ……なあ……助けておくれ（以下省略）

ア、もしもし……オレオレ、かめるもの、オレ……アレ、この台詞、またかんじゃった……誰の落ち度か、いつもうまく行かない……駄目だ、今日は舌も噛んじゃった、唇も乳首も鳩尾《みずおち》も、冥途の土産まで、牛馬に鶏にその他の獣たち、血が出てる、吹き出しているよ、この通り、文字通り（以下省略）

ア、もしもし……オレオレ、さめるもの、オレ……うん……いやべつに……いま起きたとこだよ……どうして？……何があったっけか、今日これから……だって、ご飯が冷めるもの……猫が啼いています、早く、一刻も早くと……黒猫の指図には逆らえませんので（以下省略）

あるいはもう少し形を改めて……

ア、もしもし……オレオレ、めざめるもの、オレ……たった今、火の点いた鳥が遠ざかりまして、それも一羽ではなく群れをなして、方角も問わず、山か山かと囁きを交わし、ようやくオレ／ボクにもわかりました、事態がつかめました……いつでもオレ／ボクを貶めてやまないもの……米飯の欠乏に、鉛板の複製技術（以下切断）

オレオレ、ためるもの、オレ……ためる元手さえどこにも見当たらないのに、オレオレ、なめるもの、オレ……なめた口きく馬鹿息子が、親を元手に一旗揚げると、オヤオヤ、オレオレ、はめるもの、オレ……はめてなんぼのこの商い、阿漕《あこぎ》の果てにも金の成る機はひそかに身を立てる、

オレオレ、やめるもの、オレ……やめない、それだけははっきり言っておく……というか、もうやめられない、決められた鬼のノルマを達成するまでは……同じノルマが取り返しのつかない殺意の病理へ追い込んでいく、かくも病める者、オレ／ボク……その翌日の、そのまた翌日、放り込まれた施療院からは医師でも看護師でもなく、非番の刑事がたった一人で姿を見せた（以下切断）

その日の調子によっては、もっともっと変貌をとげることがある。

オレオレ、もしもし……オレオレ、ふかめるもの、オレ……遠からず練達の域に入れば、配置転換も受けて、億万長者も夢ではない。

オレオレ、あらためるもの、オレ……思わず知らず話の筋道を正そうとすれば……コノヤロウ、上がりも出さずに逃げるのかと、行く手にそびえたつ平板／鉛板Ｓからの、藪から暴力の気配に縮み上がる。

オレオレ、なだめるもの、オレ……任意抽出にて電話を入れた当の相手がこちらの話にひどくパニクって、どうにも収拾がつかない、どこにも出口が見えない……アノ、もしもし……大丈夫ですか？オレオレ、なやめるもの、オレ……若きオレ／ボクの苦悩の原点は、自分自身の首尾一貫性から取り返しようもなく切り離されたことだった。

こうしてはじめての事前演習をどうにか一通り済ませると、すでに疲れは感じたがいよいよ仕事始めの第一日が、溶けやまぬ山岳氷河の末端のごとくどこか青々として、かけがえのないわが身への

しかかり、同じわが身へと矢継早にも襲いかかった。

この日いつも通りに夜明け前、形態不明の暗がりの中でオレ／ボクは、黄金の携帯が映し出す平面地図の信号に導かれて、移動式の職場兼仕事場に足を踏み入れたのだった。近くに街灯もなく、平板／鉛板Sから送られる地図情報だけを信じて何とかここまでは来たものの、周辺の様子は闇の混沌に沈み込んで何もわからない。水らしきものの気配も微かに伝わるが、半ば麻痺した体ともどもうっかりはまり込んで、とんでもないことになる（命を掬《とど》いとられる）のが恐ろしくて出歩くこともできない。すると立つことと座ること、動くことと留まることの識別もみるみる曖昧になっていく。いま取り巻いてくる闇というのはほかでもない、このオレ／ボクのことではないのかとの疑念さえ生じる。風の唸りも聞こえるが、どこから吹くものか見当がつかない。部屋の中にも明かりがないのだから、さすがに心細さも極まり、誰に言うともなくはじめて、オレは、ボクは、だからオレ／ボクは、「光を下さいな」と呟いた。本当は忍びなく覆いかぶさるものに向かって「光もないのか」と毒づいた。すると何かがピクリと反応して、定時にはまだかなり早かったのにそれから一分と置かず、例の蛍の煙管《きせる》に人造の明かりが入った。

こうしてはじめて、オレ／ボクの周りで、光と闇が分けられた。このときから闇がオレ／ボクとは異なる意味を、独自の主張を持つようになった。単純に言いかえると、中は明るくて、外はなおも真っ暗だった。それは今日《こんにち》、誰もが等しく認めるところである。さすがに退屈で、思わず電話でもしようかと思ったが、たとえつながってもこんな時間帯では、相手が眠たくてまともに取り合ってくれないことが想像されると、諦めにも近い別の眠気に襲われた。だけど分け与えられた光と闇は、オレ／

ボクの予想をはるかに上回る規模で展開し、この一日目の居留地にも世間一般の理解と何ひとつ変わるところのない朝というものが押し寄せた。そこで空腹を覚えたのと、最初の食事が届いたのはほぼ同時刻だった。ただし、腹がへってもオレ／ボクは食事のことを忘れていた。

朝食の時になって周辺《まわり》の様子がよく見えてきた。それ以前にも窓からの眺望が目に入ったが、それは別物だと思っていた。だからといって、絵画や写真という認識があったわけでもなく、窓というものに懐疑的だっただけのこと。扉を開けてみると、点灯前の暗闇に水の気配をもたらしたのはなかなかの大河で、仮の館はその小さな橋の下に置かれていた。流れの面《おもて》は黒ずみ、いかなるものも寄せつけず、目に入る限りの陸地は草におおわれ花がなく、隣人の姿も終日見えなかった。

さてこの日、平板／鉛板Sから与えられた課題は「使い込み」だった。勤め先の会社とか役所……学校でも給食の費用だの修学旅行の積み立て金といった資金運用は考えられるのだが、金額の大きさや流動性からみても会社以上の適材はないだろう、ということでその道を進むことにする。だがしかし、そもそもそういう職場での研鑽や仕事の経験自体も皆無というオレ／ボクにははじめから無理があった。おまけに「使い込み」の目的（行為には必ず目的が伴うものだとして）についても事前に詰めておかなかったからどうしようもない。現場での闘いはあくまでも無残だった。そんなことは表通りのマーケットと何ひとつ変わることがなく、いや、それ以上に。オレ／ボクは簡単な用語にも通じておらず……「そんな、オマエ、このまえ電話くれたときは、ボクんトコもいよいよ来月には一部上場するって言ってたじゃないか」などと、見も知らぬ誰かの実母から、きびしくなじるようにくどくど責められてくると、思わず反論をして「アノネ、カアさん、こんなこととして、もしもバレたら、一部もなにも、情状酌量の余地なんかどこにもないいんだよ。すぐに警察沙汰で、すぐにパクられて、すぐにクビ……」と少しばかり感情も込めるともう時を移さず、ブレーカーが適正に作動するようにお互いの通信が事切れた。その前に回線の向こうからは受信機を食べるような音も伝わってきた。その時の寒さには今でも震えが止まらない。

でも、本当の問題は、「上場」と「情状」などという瑣末な専門用語の取り違えではなくて、オレ／ボクからの「カアさん」という気楽な呼びかけがたちまち強い違和感を惹起し、そのまま深刻な結末へと至らしめたのかもしれない。あの女《ひと》の実の息子さんは彼女のことを「おかあさん」とは言っても、「カアさん」と呼ぶことは決してなかったのかもしれない。たぶんそうだと思う。そして、それがすべてだった。

以上が、今となってはかけがえもない、第一日の作業報告である。


二日目は目が覚めると、朝食のくる前に外へ出た。オレ／ボクは時間のことについてもよくわかっていた。深夜に拠点が移されてきたのは、鏡のような水面が広がる大きな湖の畔だった。生き物の気配はまだどこにもなくて、静かな湖面にはゆとりなくも惜しみなく被いかぶさる空一面が映し出された。そこには雲もほとんど見られない。オレ／ボクも押し黙って、腰を下ろすところもなくただ漫然と眺めていると、やがて上下の区別もなくなり損なわれ、蒼ざめた半球に投げ込まれたような、四角い錯覚にも陥る。貶められた真相は勢いを増して遠ざかり、錯誤をみちびく偽りのまつりごとだけが無人の入植地を拡大し、やがては出口の見えない巨大な水球へと様変わりする。思わず息を止めた。それほどの窮地に立たされたわけでもないのだが、情熱のない、はかりごとの凪《なぎ》に難破をしたような喪失の思いばかりが募る。両手の人差し指で左右それぞれの鼻腔を塞ぎながら、オレ／ボクは小屋に駆け込んだ。

この仕事を始めてからの二十数時間、背伸びをするようなゆとりもなかったのだが、まともに青空を仰ぎ見たのもこれが初めてだった。小屋に戻り、まだ就業前の薄暗い室内で考えた。いまここに電話線というものがあり、そこに帰らざるものの遺志がよみがえりどこまでも引きのばされ、その一端を握りながら横に歩いて手放さず、ちょうど練り菓子の棒を木綿の糸で切り取るように進んでいけば、押し付けられた融合を打ち破って、あの空と湖が別々に現われるのかと思ったが、この仕事を続ける限りはそれも絵に描いた餅の、かなわぬ夢枕にすぎなかった。何と言っても、オレ／ボクの手元にあるのは黄金の携帯が一本きりで、その本性は無線というものによって堅く縛られている。

二日目のオレ／ボクに与えられた課題は「消失」、遺品の消失でも権利の消滅でもない、「データの消失」だった。言わずもがなパソコンの、やっぱり勤め先の、回復には大方の予想を上回る多額の費用もかかる。とにかく秘密裡に工作を急がないと、またこちらの首が飛ぶ。地下工作ということで経費も二割増しになる。いやちがう、二倍になる。だからさあ早く、金を送ってほしい。

だけどここにも無理があった。このところはパソコンなんて使ったことがない。子どものころ学校で基本の基本だけは吹き込まれたが、馬耳東風ではなかったとしても、その後の実用経歴があまりにも稀薄だ。だからデータの喪失だなんて、端から弔いの想いもないくせにくれぐれもふざけないでもらいたい。この携帯だって電話をかけるだけで、メールもめったに出さないのだから。地図の機能にしても、昨日の未明に初めて使ったくらいだ。それも仕事の上で止むを得ず。

いまだ未熟にして年若いのだから、データの消失といわれても、復旧に二百万が必要だといっても、何の実感も伴わない。おまけに電話のお相手になるのは年配の方ばかりで、パソコンの知識においてオレ／ボクとどっこいどっこい、あるいはそれ以下という、ワシ／アタシも当然のことながら数多い……「そんな、なんでアンタ、消しちゃったの？　消えちゃったの？　流しちゃったの？……トイレじゃないんだから、使ってる間はちゃんと、コード握ってないと駄目じゃないか……」などと、さすがに未熟なオレ／ボク／ボクにもすぐに見抜ける頓珍漢にだって事欠かない。キャリア十分の玄人筋から眺めれば、オレ／ボク自身の言動も含めて、お笑いのネタにもなりそうなものがザックザクではあるまいか。これでもしも相手の方がもっと訳知りで、しかも性悪の現役年配だったら、まんまと騙すつもりの〈アイツ〉が反対に持っていかれるぞなんて、陰口を叩かれるにちがいない。オレ／ボクはあっさりと事切れる。それが別段悔しくもないのだが、湖と空の境い目も分からなくなって、これが無慈悲な第二日をめぐるあらましの、まだほんの一部である。

（この二日目の体験をへて、以来オレ／ボクは、パソコンからデータを本当に識別するものは何かということを真剣に考えるようになった。また、見出された規定因子が、今はまだ固く癒着して離れようともしないオレ／ボクという一卵性の合体に、はじめての医学的、あるいは遺伝子学的なメスを入れてくれるかもしれないという、微かな希望も抱いている。）

三日目の繋留地には、さほど高くもない、筋肉のにおいの立ち込める、赤ら顔の山並みが迫っている。峻険な石峰など見られず、おそらくは使われなくなって久しい球技用のグラウンド片すみに職場は放置されていた。スタジアムを名のるにはあまりにも僻地の小規模であり、観客席らしきものがどこにも見当たらない。オレ／ボクには見出す努力も求めてこない。興味本位の煩わしい視線を気にすることもなく、練習に打ち込めるのかもしれない。浅薄な名誉の切り売りにも終止符が打たれる。

ここは何かの練習場だった（訓練ではなくて）。いまの仕事に就いてからはますます走ることのなくなるオレ／ボクの不摂生だったが、こんな起き抜けの眺めにはこれ幸いとばかり、一足きりの靴も履かずに裸足のまま広場の真ん中へ駆け出した。そこには対戦の相手、パートナーもいない（いるとすれば、携帯電話の回線の向こうに群れなしいつでも待機する）。生まれてはじめて味わうような土の感触に、オレ／ボクの足の裏は身近な指先の苦労も知らず、はるか頸椎の切断にも思いは致さず、右に左にこそばゆいばかりの地肌を分かち合う。ウサギの頭脳が溜め息をもらし、その口をやさしく塞いでくれるものがない。身体《からだ》を落ち着けるところがどこにもないのだからと。それからの紆余曲折もくぐり抜け、同じ足の裏にざくっと突き立つものがあった。芽吹いたばかりの草木《そうもく》が鋭利な切先を磨いている。まだ遠い将来に首を擡《もた》げるべき穂先が早くも槍をかまえて変事に備えていた。さらにくりかえし、二度目か三度目のこと、あまりの激痛に思わず辺りを蹴り上げる。爪先は何の感触も伴わない不思議な球へ見事命中をして、球はみるみる跳ね上がった……

透明なボールは、昨日出来上がったばかりの空の一角へ深々と食い込んだ。そこから血走った眼の玉のような罅《ひび》割れも四方八方へ燃え広がるかと思ったとき、まだまだ厚みも足りない空一面の角膜が、それとも網膜が、一撃で切り開かれた。中からは笑い声が聞こえ、この世の二、三回分にも匹敵をするような大水が大雨となって降り注いだ（確かに笑い声は聞き取れたのだが、聞き取ったオレ／ボクには笑えることがなく、もちろん今でも笑ったことがない）。〈都市型集中豪雨〉といった気象の祖型を、何倍何十倍も上回る密度での単位雨量だった。

あとは投げ遣りなものばかりが金縛りの沃野を埋めつくした。グラウンドは走るどころではなく、アッという間に水浸しになっていく。そこに山間部からの流入も加わって、もう全面に五センチ、十

センチ、十五センチ、十五ヤード……オレ／ボクは手を変え品を変え足をバタつかせて蝶々もよろしく、捥ぎ取られた背中の翼も羽ばたかせて移動式をめざし、命からがら職場に逃げ込んだ。このとき入口の扉が誰に言われるともなく機転をきかせて、どういう加減からか自動的に戸締りをした。その意味ではこれを救い主と読んでも過言ではない。

その日の小屋住まいはそのまま海に囲まれていた。水はおいそれとは引かず、満ち引きにも大潮にもまだ縁がなくて、朝食も夕食も、この日だけは救助隊ヘルメットをかぶった船頭さんがボートで届けてくれた。トイレには不自由しなかったが、どこかに流されていくという言い知れぬ脅威は終日付きまとった。やたらと甘いものが食べたくなったが、それについてもかなえる場がなく、そんな中でも命の綱の携帯だけは途切れることがなかった。

くりかえされる永遠試練の毎日、それもまだまだ月には届かず、週の中程に閉じ込められた、たった一日二十四時間以下、与えられた課題は「性犯罪」。中でも「痴漢行為」にスポットライトを当てていく。光の中心には勇躍、オレ／ボクが立つことになる。身嗜みは一切かまわず開き直り、日頃は乗ることもないラッシュアワーの地下鉄に乗り込んだ。立錐の余地もないという、もうそのことだけで身震いがする。地震ではない。そんな困難をおして危険も顧みず、まだうら若い二十代の職業婦人の身体《からだ》に執拗に手を触れたことになってしまう……それが朝の出来事か、それとも夕方だったかなんて、配食じゃあるまいしこの際どうでもよかった。電話のお相手もさして気にとめないだろう。実際のところ、この事案はどの時間帯にも遍在するはずだから。それからあとの話の道筋としては、被害女性から警察に訴えると言われ、そんなことになったらやっぱし、仕事も何もご破算の揚羽蝶になるんで、何としてもここは示談に持ち込みたい。世の中のいたるところ、今じゃ示談に満ちあふれている。本当にやったんだから、相手の女からの脅しだ、なんてまやかしはききませんよ。つきましては早速ながら、ご援助をお願いしたい……という、いつもの段取りになる。到底気のりはしないが、これまでのものに比べるとどうしても単価が下がるので、やるからには回数で勝負かなどと、馬鹿野郎も休み休みに、勝手に思い込んで取りかかる。午前九時と三分だった。

しかし今日も今日とて、事はうまく運ばない。何よりも、オレ／ボクに取り付き離れようとしない酷薄なプライドがいちいち出しゃばり幅をきかせて、往く手を阻んだ。たとえば午前中の十時台には、めずらしく年配の男性がお相手だった。「おう、Takeshi か、久しぶりだな、元気か」「うん」「どうした」声だけがどちらもしずかににじり寄る。「うん、じつは少しばかりお金が入り用で」「なに、金……どうして」「ちょっと揉め事があってさ」「どんな」と問われるや自ずから間を取って、オレ／ボクは勿体つけるまでもなく、結局あきらめて……「ち、ちかん」……オレ／ボクの喉元が無用無益の泡でも吹くように、心の渇きを募らせていく。「なんだ？　よく聞こえん。なに？」「だから、ちかん」「ちかん？……だれが？」「だから、オレ／ボクさ」「だれに？」「女の人だよ」「どうして？」「どうしてって、だからお金が要るんだよ」「ちかんに？」「ちがう！　ちかんをしたから」「ハハハ……だれが？」

そこまでだった。この人物こそが「ちかん」を馬鹿にしている、そう思った。それも行為に及んだ人物ではなく、「ちかん」という行為そのものを、というふりをして真実のところは行為を受けた異性を愚弄しながら、それらの間に成り立つ結びつきを、それらの残す忘れがたい傷の根深さを、そもそも善悪を問う以前にことごとく蔑ろにしていくと思われた。〈オレ／ボクはホラこの通り、まだ何もやってないんだよ〉とばかり、ひと声吠えてやろうかとも考えたが、そんなことを仕出かすとこのあとの「仕事」にも差し支えようかと思い直し、ぐっと我慢を念じ、限られた回線の接続をまたひとつ取り外した。辺りにはとても一筋縄ではいかない潮の流れが満ちあふれた。早朝より海に取り巻かれ、雨も降り止んでからははじめてのことだった。感情を持たない大海の律動が、たったひとりで取り残された生命体の血潮の色を奪い取り、いにしえよりの凝固を解いて、おのが淀みのうちに受け入れ溶解させた。それでも流体と固体の間でひそかに言葉を紡ぎ、息を吐くものがいる。

食事のない昼休みもやり過ごすと、午後の一番手は年配女性だった。この人は挨拶もそこそこに、オレ／ボクが痴漢をやらかして、破廉恥行為に及んで、と言っただけでもの凄まじく打ちのめされ、さめざめと泣きくれてしまった。これも困ったな、電話料金にしても、電力の消費ということを考えても、刻一刻と進む一方なのにと苛立ちながら、それでも思わぬ切り口の到来には希望を託し、もう少し付き合ってみようかと耳を傾けた。すると女性は愚痴を漂わせ、ひとり語りを始めた。稀薄な仮想の被害者にすぎない「うら若き職業婦人」の姿など、海に抱かれたその日の職場も同然、瞬く間にのみ込まれていった。

「おまえは昔からだ……そちらの方面ではとても一筋縄でいかない、おかしいところがあったさ……わたしもそいつには、ずいぶんと悶え、苦しんだ……いや、〈ところがあった〉なんて生やさしいもんじゃないんだ……いっそのこと、〈ところばかりだった〉、いんや、〈ところしかなかった〉って、これを機会に言い改めたとしても、この先もうどこにも転じるところがありえない……でも……おまえがそんなにも哀れで惨めな境涯に転落をする、そもそものきっかけ、よく言って原因を作ったのは、この私なんだから」「どうして」好奇と恐懼は、オレ／ボクの中で脆くも均衡を保ちながら、本音は戦々兢々、たがいに譲り合えることもなければ、足を引っ張り合う意気も上がらなかった。

「大体、小学五、六年くらいまで、おまえは毎日のように平気な顔をして、私といっしょにお風呂に入ってたんだから。まず第一に、アレが取り返しもつかないまでよろしくなかった（内湯の功罪）……ある日、ついにお父さんがそのことを知って、体を真っ赤に染め抜いて、ものすごく怒っていたもん。あれでは体が持たない、いや命が持たない（夫婦の離別もやむをえない）」その父の生死についてはいまもって不明である。母はそれを丸ごと踏みにじり、いちだんと話にのめり込む。「中学に入ってからおまえが生涯二度目の（？）思春期を迎えると、それまではどちらかというと内向きだったものが勢いを転じて、外向きの徒花を咲き誇るようになっていく。さっそく一年生の夏休み、私とふたり内湯で培ってきた裸身への憧れが順当にというべきか、外湯にも向けられていく。公定料金と引き換えに、至福の時を手に入れた魅惑の化身が群れをなし湯浴みをして、そこは待ち受けるところ。たしか同級生の［星ノ湯］の息子に頼み込んで（それとも誘って、もしくは誘い合って、いや場合によると、おまえのことだからまんまと欺いて……まあいいや）、とにかく高天井のガラス窓からあそこの女湯を覗き込みやがったって、確たる話が伝わっている。でも天からは、女湯と同時に男湯も目に入るわけで、それで上から覗き込めたということは下からもそれが見えるということで、案の定、緊張感のすっかり緩んだ出歯亀美少年の覗き顔が、仰向けにゆうゆう長湯を楽しんでいた与三郎爺さんの目にとまったわけで、あとはもう散々のお粗末（泣）……それで悪性をこらえて、清く正しくすっかり悔い改めたのかと思ったらとんでもない（怒）……別れたアンタの父親にも申し訳が立たない（嘆）」電話の向こうからは、何かの飛び交う気配も伝わる。「相も変わらずだよ、こん畜生……ていうか、ますますの急流下りで、クラスん女の子には選り好みもなくちょっかいを出すは、他所《よそ》ん学区の高校の女番長さんのツバメに成り下がるは……それもよりによってあんなおたんこなすの」と言われても、真に迫る像など何も浮かんでこない。もう今にもこの電話、切ってやるべしと、心の中では誓うのだが、妙に惹かれる気配にもそそのかされて、オレ／ボクはなおも耳を傾けてしまう。「それが今度は、痴漢！……情けなや、いい年をして……いやだね、お金なんて、びた一文出しゃしないから……じ、じぶんで、片つけなよ」。このあたりから、隔たりをこえて強烈に漂ってくるものがひしひしと感じ取られた。それればかりはオレ／ボクが正真正銘、まだ口を付けたこともない成分だった。「自分で工面できなきゃ、このろくでなし、ムショでもなんでも喰らえってんだ……ちょいと、アンタ、このビール、ちゃんと冷やしといた？」それを受けてオレ／ボクも、身分を弁えず、思わず知らず愚かな問いを返していた。「あんた、一体だれですか」「わたし？　あんたの母親だろ」

どちらの指先が早かったものか判然としないが、ここでついに断線の時が訪れた。いま身を預けるこの職場からそこまで、性差でも格差でもなくて、誰にも測りがたい、ただの時差があるのかと思った。

オレ／ボクはこれまで覗きなど試みたこともないし、誰かのツバメとなってその傍らに侍ったという経験もなかった。こうして箸にも棒にもかからないような、伝説ともいうべき過剰な思いなしばかりが、雨にまみれた三日目の朝と昼を貫いた。この日も目に見える成果は上がらず、それでも前述のごとく船便の弁当は届けられた。星も月もまだ見えなかったが、夜になってあれだけの大水が引いたことだけはよくわかった。何かを買いに行こうと思っても、懐中には貯えがなく、その前に店という店がどこにも見出されなかった。

続く深夜にかけてはこれまでと同様、陸上での移送が試みられたのだろう。暗いドグマが口先も窄《つぼ》めてそう語りかけた。望まれるべき移転の道程がつつがなくもひめやかに成し遂げられたと今日伝えられる。この仕事場に身を投じてから四日目にして初めて、見るからにつつましい屋根表の一面には、妙に華々しくも陽ざしが照りつけた。仮初にも小屋が佇むのは、見慣れたビジネスビル群の狭間に取り残された、大型普通トラックの荷台にしてせいぜい二枚分という小さな児童公園だった。そこには公衆トイレもなくて、臨時事業所の外壁にはあらぬ誤解を避けるべく、〈使用禁止〉の貼り紙が少なくとも二枚は必要だった。

だが、狭い園内に足を踏み入れる者など朝夕二回の弁当員を除くと皆無だった。その意味では、思ったよりも過ごしやすい職場環境だと言えるのかもしれない。幼い子どもの姿とともに、連れ添い来たるべき母堂の影もなかった。昼休みに勤め人の男女が三々五々、健康第一の定食弁当を開き、昼食抜きのオレ／ボクの、淡い欠乏の火に油を注ぎ込んでくるような光景にも出くわさなかった。陣中とも呼ぶべき取り引きが目覚めてはうごめく天下の台所、市場《しじょう》の街中に身を置くとはとても思われないくらいに静まり返る。政治の暗闇に経済発展の明かりが射し込むどころではなく、もとよりそのための媒体という媒体が鳴りを潜めた。叫ぶもの、おらぶものの記憶の水脈に絆《ほだ》され、清濁合わせ呑む地上に総懺悔の風が吹き起こると、乗り手のいない単身のブランコだけが前後左右に揺らめいた。創業から四日目を迎えるのに、電話回線の向こう側に顔も見せずに引き立てられる有象無象を除いて、オレ／ボクにとって親身のある赤の他人は、朝夕二食の配達人と、追憶とは無縁のままのべ広がるだけの平板／鉛板Sに限られる。両者の連関は実のところさっぱりわからない。誰かの命に置き換えても。

この日の課題は「事故」だった。海に囲まれた昨日の「ち」（ちかん）に対して、今日は公園の「じ」（じこ）、交通事故にスポットが当てられる。めざすべき約束の地は昨日と変わらず示談（ジダン)、そのための金が要るというもの……ただし、一部のものをのぞいて、前日の課題より技術面での能力習熟が求められる。だからあのパソコンの時と同じ壁が立ちはだかった。高さなら二日前よりこちらがあるいは上回っている。というか、異質でより困難な次元を含んでいる。パソコンなんて、そのイロハぐらいは学校で習える。家庭でも見様見真似の、はったりかましも積み上げて、ほんの、恥をかかない、かきすぎないためだけの、基本操作くらいは会得できる(といってもオレ/ボクとは違ってそのためには自宅が、家庭があって、自由に使えるパソコンがすでに設置されていることが不可欠の前提になるのだが)。

ところが自動車の運転ときたらもっと手が込んでおり、まずはお金を積んで、所定の教習課程を修了した上で、あらためてまた金を工面し、文武両道にわたる勇ましくもペンシル片手の試験に合格する。それでようやく免許証の交付を受けなければならない。その際べつに写真の料金も必要となる。たとえ自分の気ままに技術面を習得、というか私得して、そのまま実用の道に入ったとしても、「無免許運転」という犯罪要件からの重圧が生涯にわたって付きまとう。ひとたび司直の手に落ちれば、もう容易なことでは放免されない。

オレ/ボクには運転のための免許もなければ、無免許での豊富な運転経験もなかった。言うならば両翼ともに捥がれていたわけで、どう考えてもこのことが致命的だった。おまけに、ほかのグループのほかの「事件」ではちょくちょく耳にしたことのある、警察官役の同僚からのフォロー・サポートもない……「ア、お電話、かわりました、はじめまして、どうもこのたびは……えっとですね、今後の保険契約のことを考えましても、息子さんの……ここはやはり示談がお勧めかと……」といった心強い援護射撃の連発がオレ/ボクの境遇には望むべくもなかった。第三者からカレとも呼ばれぬオレ

／ボクが、この日も孤独のうちにやり過ごす。その意味でも日一日と孤立を深めている。特効薬なんてどこからも手に入らない。

自分のハンドルを見失い、ブレーキまでかけ損なった。その上に自損他損を問わず保険もかけ損ねたところへ、さらに災難が追い討ちをかける。今日は朝からまことに上天気、雨など降らないというのに、何とか搾り出す自らの虚妄の言葉《ことのは》は、見晴らしもきかないフロントガラス付きのワイパーに挟み取られ、きれいさっぱりと拭い去られてしまうのだった。それでも悲劇の顔色はどこにも見せない、天晴な現実、いや浅はかな事実。

夕べを迎え、またしても実入りのない昼間一日分の仕事を終え、再び公園の静寂へたどり着く。自分の声が響き渡っていたかどうかなど、今となっては気になりようもない。もうこれ以降は、他者に声をかけられることも煩わしい。五百ミリリットルのペットボトルの緑茶以外には、スープも何も付くはずのない夕食を掻き込み外に出ると、同じ公園を取り囲むビルの谷間にようやく月を見つけた。まだ満ちることも欠けることも知らない、どこか惑星想いの月をこの目で眺めたのは、この夜が最初だった。瞬く間に蟻が列をなして這い上がるので、やむなく公園備え付けのベンチをあとにする。誰にも横臥休息を取らせないようにとこれ見よがしに、真ん中には仕切りの衝立てが立っている。あと一日だった。四日目の夜はそのまま野外で過ごして、移動の様子を見物してやろうかと思わぬでもなかったが、職場兼用の屋内に戻ると体を横たえることもできた。たちまちこの世を去っていくような安らぎに包まれた。しばらく目はつむらない。それにしてもあの蟻の大群は何かを知っている。おそらくは、自分たちがこの世に生まれた日のことを。

それからしばらくして道ゆく者が言った。

行き先が見えないからと言って、今さら引き返すわけにもいかない。

この道には始まりがなかったのだから。

始まりがなくて、終わりだけがすぐ近くに迫るのを、人間《ひと》は何よりも怖れることになる。

これが五日目の未明にオレ／ボクが見た短い夢の全容である。この中の〈道ゆく者〉がオレ／ボクではないという確証もなく、そのことはまたオレ／ボク以外の何人《なんぴと》に対しても明示されなかった。生きとし生けるものはみな夢の入口で立ちすくんでいる。今に至るまでの一連の有り様には、何ひとつ変わるところがない。

それにしてもこの日の逗留先に限っては、すでに夜が明ける前から騒がしかった。大型の車両らしきが小屋のすぐかたわらを結構なスピードで走り抜けていく。交通事故の示談金目当ての電話入れもことごとくしくじった翌日のことだから、夢うつつながらも通り過ぎるヤロウには、「免許証見せろい」とか、声でも上げたくなってくる。たまらず外に飛び出してみると、そこは広大な自然公園の一郭か、それともテーマパークのイベント用オープンスペースの、とても投げ遣りな内懐か、いずれにせよ週末にかけて祭典が催されるようで、仮設建て込み用の資材その他がひっきりなしだ。オレ／ボクの職業小屋など芥子粒にも値しないが、まあ、これ幸いともいえる。

しばらく見ていると、国家創建、戦勝記念の類いではないようだ。戦勝ではなく、戦死、戦病死、戦災死、戦争犯罪の刑死、そんな刑死も懲罰もまぬかれた、やっぱり戦争犯罪、それらをひっくるめた戦争という犯罪行為。どれもが願い下げだ。目の前の設営はどうやら、天地は問わず誰かの誕生祝祭が趣旨であることぐらいは察しがついた。

だから、食べ物の屋台もそこかしこに立つ模様で、午前七時を回るころからはそちらの関係の食材食品の搬入も数を増していく。いきおい入り混じるB級グルメからの芳香。オレ／ボクの体内にあっても、一夜をへて空腹を哀訴する痛ましい声が力なくも高まりを見せる。そこに、絶妙の頃合いを見計らってきたかのように、変わり映えのしないこの日の朝食が届けられた。それにしてもこれだけの屋台に囲まれて、何とか仕事の実を上げるならば、昼の虫養いの仕入れ先については、目移りで時間を浪費するという憂慮が残るものの、不自由することだけはなさそうだ（ただし、そのためには速やかなる入金ののち、その一部が報酬としてただちにオレ／ボクの手元に届けられねばならないのだが）。過去四日間の無惨な成果ゼロをここでのりこえ起死回生、新たな取り組みへの意欲も俄然湧き出してくる。

ちょっと奇妙なことにお弁当を届けてくれたのは、五日目にして初めて女性だった。それも小屋からはちょっと離れたところにタクシーを停めている。自分でそこまで乗りつけたものか、それとも運転手さんにそこまで乗りつけてもらったのか、いまひとつ判然とはしないのだが、その容貌はどこか凜々しくも薫る、夜勤明けの、模範的職業運転士に見えなくもなかった。「ゴメンね、おそかった？今朝はさ、さすがに混んでて……場所はわかってたんだけど」と、快活な声も付き添ってくるのだが、その顔は大きなマスクに全面おおわれている。花粉症か何か、運転に差し支えないものかなどと、どのみち訳も分からぬオレ／ボクが言葉足らずに口ごもるのをあっさりと袖にして、届け屋の彼女は、疾《と》く踵《きびす》を返す。あとには当座の食欲を満たすものが残され、泥濘《ぬかるみ》のような知識欲はこの日もお預けとなり、口を開いた者が手づかみも同然に猛然と食らいついた。長くもない朝餉のひとときに、小屋の外では何本ものアドバルーンが上がったものと見える。昨日の児童公園とは打って変わって、外の静寂を気遣うことなどありえない。代わって惜しみない哄笑と怒声には雨あられのごとく悩まされるのかもしれない。「使用禁止」のお札は今日も貼られたままである。なかったら一体どんなことになるものか予測もつかない。たとえあってもまじないの厄払いにすぎず、苛立たしげなノックで悩まされることに疑いはない。はじめから覚悟している。

生き残りをかけた最後のチャンスとして、特段の温情をもって下し与えられた五日目の課題からは、自ずと生理的な臭気も立ちのぼった。胎児が宿りて、それも「妊娠」にとどまらず、新たな生誕を見るまでもなく、「妊娠」の「中絶」にまで踏み込んでやまぬのだから、ものの見方とらえ方によっては疾《やま》しくて、痛々しくもなってくる……じつは付き合ってた女の子が妊娠したから、出産のための費用を、できたら全額でも……なんて瑞々しい経路はきれいさっぱり取り除かれている、十月十日のオメデタでは肝心要の切迫感にかけるということで……オレ／ボクときたら、そんな特定の彼女ひとりに巡り合えた験しもなく、この方面の積み重ねについてはなおさらに極貧だった。だからと言って、そのことが取り立てて特異な症例に当てはまるわけでもないのだが、どういう風の吹き回しか、この日の話題についてだけは、過去四日間とは比べものにならない、異色を飛び越し輝かしいばかりの、肉迫する想像力の躍動をしとど見せつけた。九時の始業早々、一人目のターゲットを紆余曲折にも惑わされることなく、見映えも鮮やかに軽々と吊り上げ、威風堂々かかる功名を、平板／鉛板もっとに戯れ睦み合うという、あのワレらが天の下へと広く知らしめたのである。

アア、もしもし、お母さんかい。

アイアイ。

オレオレ。

アラ、ボク。

いま、いそがしい？

うん、仕事だからね。

そっか……

どうして？

いや、じつはね、彼女が出来ちゃって……いや、彼女は前からいたんだけど、そのお腹に、ナニが出来ちゃって。

それはつまり、妊娠ということ？

そうそう、搔い摘んで言うと、よくわかったね。

そりゃ少なくともキミよりは、実感が根深いからね……んで、そこへと至るプロセスにキミも間違いなく参加したの？

ん、した。

彼女って、まさかあの……

そう、あのアスカ。

朝晩、Ｓからの（平板／鉛板Ｓからの）言いつけを律儀に守ってくりかえしてきた、壁貼り活舌による努力の成果でもあるまいが（ちなみにこの日の特設用例は、オレオレ、はらめる者、オレ、だったが）今の展開はあまりにもおかしい。フツウであれば、知られざる彼女の名前などは伏せておき、そのうち相手がふと漏らすか、意欲的に持ち出したところを絶妙にとらえて、相槌なども入れながら逃さず銘記するのだが、オレ／ボクは「アスカ」などとわざわざ自分の方から名前を持ちかけている。

それにも劣らずさらに奇妙なことには、やりとりは何の滞りも見せずに先へと受け継がれたのであった。

それにね、お母さん、よぉくきいとくれよ。

アイアイ。

いま運転してる?

もちろん。

気をつけて、これって違反だからさ……その彼女の貴重類い稀なるお腹ん中に、見事宿りを得た新しい生命がね、つまり、世に言われる胎児さまお一人がね、何と、種を明かせばこのオレ/ボクだって言うじゃないか。

言うって、誰がさ?

そりゃもちろん、子どもを宿したご本人、よりも何よりも、過敏なオレ/ボクの方が切れ味鋭くも直感を得た。むしろそれは体感にも近くて、愛おしき彼女の懐に長らくはオレ/ボクの抱かれぬと……だからこそオレ/ボクとしても、ここは何があっても、彼女には始末をつけてもらいたい。これが最初にして、下手を打つと最後の自由意志にもなるのだから。

ご本人は?

彼女だって、無論そのつもりだよ。歯に衣を着せぬ物言いには、ホント、こちらがたじろいでしまう……こんなオレ/ボクなんて二語で一つの怪物がこれ以上この世に生まれ出て繁殖をする充足理由なんて、どこを捜してもないのだからと。

アイアイ。

話し合いは抜け道のない異様を連ねて速決をとげる。標的はすぐにも、こちらからの申し入れを受諾、それも一部ではない全額の援助まであっさりと約束する。これから一時《いっとき》、仕事も抜けて振り込みに行くとまで言ってくれる。オレ／ボクから見れば、一攫千金の有難きお話。有難ついでに二百万まででふっかけておいたが、それだけを一日で動かすことは、ときに骨が折れる。それについては、至難の業という冷静な評価も。あとは当人の才覚次第か。振り込み先の銀行名、店番、口座番号を伝え、逐一書き取らせて復唱もさせたうえで、接続を切った。振り込まれたこの上がりを引き出しに行くのは、やはりオレ／ボクだろうか、それともほかの専門職が、技量にもはるかに勝る……Sからの次の指令を待ちながら、ちょっと気晴らしにと外へ出た。屋台に飛び込むには今なお資金もなければと、五分十分歩き回るだけにしておくと、否応もなく繋留の地に広がる催しの素性というものを見せつけられた。それは当初思い込んだ何かのアニヴァーサルでもなくて、単純端的な見本市だった。国際規約には真っ向から逆らいそれを踏みつけにして、何よりも悪意こそが利益にも優先するのだという、飾り気もないただの奴隷市場だった。それでも阿鼻叫喚にはいまだ遠く、売却の危機はさりげのない日常生活の中にこそ仕込まれている。奪い取った上がりの引き出しどころではなくなって、この白昼堂々、ついにオレ／ボクもこの地で売りさばかれるのかと思うと、少し目が暗んだ。小屋のありかもすぐにわからなくなった。

今では自家用車も同然のタクシーを、とあるマンションの前に止める。運転席から下りたアノオンナがそのまま平然と玄関をくぐりぬけた。この日、オレ／ボクからの意図的な間違い電話も、営業中の彼女が受けていた。この手合いの着信ははじめてだった。取り立てて嬉しくもなければ楽しくもない。回線の両端で月日と時刻が一致したものかどうかもわからない。そこに何らかのずれがあったとしても、正確に計測する手立てがない。計り知れず、あまりにも情報は乏しい。それでも、オレ／ボクではなくてオレオレを騙って持ちかけられた身ごもりと堕胎の真相が、どこにもいるはずのない蜃気楼の「彼女」でも、ましてやアスカでもなくて、もう何年も前から、おそらくは世紀をこえて、自分の体に宿り住みついてきたことはよくわかっていた。ただこれまでのところ、それを誰かに口に出して話したことがない。彼女にとってこの事実に言及し口外もすることは、オレ／ボクが出まかせの軽口を叩いた、あの「妊娠中絶」にも匹敵する。この先いくら現役の貨幣を積まれたところで、長の年月住みついてきたものを無下に切り離そうとは思わなかった。複数段式の宇宙ロケットとは土台メカニズムが異なる。事柄の成り立ちからみても不可能である。貴婦人はかつて、欲望も漲る懐胎とは異質な要望を、それに伴うあらゆる負荷を、誰よりも早く、見方によっては世界にも先がけてひそかに受け入れていた。そこには遠い地下からの尽きせぬ水脈が流れ込み、あえて言葉を用いる次元にも生命《いのち》の等価物を宿しながら、珠玉の想定を守りつづけた。愛慕などとはきびしく一線を画すことを、他でもない自らに誓いながらも。

　マンション本体への入口で、彼女はすでに使い古した自分の携帯を取り出した。最初に例の店番を確認する。なるほど体の中からは、オレ／ボクの未成熟な声が、それに該当する三桁の数字を告げ知らせるような錯覚にとらわれた。しかも同じその三桁がマンションの部屋番号をかねるものらしい。そのくらいの事情はすぐに呑み込めた。厚みのない押しボタンで打ち込んでしまうと、次に口座番号とやらも確認する。それをまた地響きもなく読み上げる、男の声のような調べにのせてさらに打ち込み操作を加えると、暗証番号の役割でも果たしたものか、両開きの入口ドアが作動した。

ミラーに映るアノオンナ

アノオンナはゆとりをもってエレベーターに乗り込む。上がるのか下がるのか、誰にもわからないように作られている。委細かまわずここでも店番の三桁を打ち込んでみた。相変わらず反応もすばやく、体を預けた昇降機が起動する。住み慣れた町の見知らぬ通路を経過する。ほとんどが無音の、縦にも横にも、トンネルばかりが絶え間もない……

この日ここまでの、タクシー運転手としての上がり、つまり運賃収入は全額が車内に置き去りで、胸元から胸先三寸まで、どんなに探りを入れたところで無一文が貫く。やはり住み慣れたと言うべき徒労ばかりを道連れに、アノオンナはこのときありあまる見せ金の中に消えていく。

## 8

教え込まれた店番三桁と同じ部屋番号の前に立つ、アノオンナ、鋼鉄の扉の向こうから、終りなき経文一巻のごとく、複数唱える音がかすかに伝わる。束ねる者は計り知れず、男ばかりのその声を耳にすると、ココは修験場なのかとひとときすっかり思い込まれた。

オレ、オレ、心がアメルもの、オレ、顔をシカメルもの、オレ、気がトガメルもの、オレ、オレ、真実をユガメル、オレオレ、行ないをイサメル、オレオレ、未開を自らナグサメル、オレオレ、オレ、オレ、ヒトの目を見てすっかりアオザメル、オレ、

タメツスガメツ、オレオレ、ナダメル老い先が、オレオレ、短くすぐにも辛酸をナメル、オレオレ、

ものみな泥にマメル、オレ、オレ、カラメルアキラメル、オレ、オレ、顔アカラメル、オレ……

不在遍在の祈禱を、非在混在の祝詞を、アノオンナが聞き届ける同じ扉の背後には、確かに実物大の男たちがいた。めいめいがパソコンに貼り付き、角度を変えながら画面にも食い入り、電話かけの業務にいそしむ。いつかの夜、アノオンナのタクシーに乗っ取りも同然、雪崩れ込んできた夜の蜆の、下足三匹の姿もあった。それを含め、いまこの部屋に集結する男たちのすべてが、平板／鉛板と呼ばれても差し支えなかった。

長く欺かれてきた者たちの最期のひと息が、ある特大の肖像写真を吹き消してしまう。その跡地の、更地のようなホワイトボードが一枚、正面から男たちのテーブルを見下ろし、それにかこつけて見下してくる。そんな居丈高な白板のすぐかたわらにツバメがひとり、羽も休めずに佇んでいた。見たところどこにも女気のない若いツバメである。このツバメは専任だった。平板／鉛板な男どもが「お客」から聞き出し報告を上げてきた、膨大な人間情報をたったひとりで、パソコンも使わず整理し書き溜めていく。それにしても部屋の窓からは見えるものがどこにもない。ツバメはツバメで顔を顰《しか》めるという技にも心得がなく、白地に青黒く油性のマジックで、迷路の名にも恥じることのない人間模様の、けだものじみた一大家系図を描き出していく。

じつに入り組んだ血統の要所要所が、誰にも予想のつかない近親憎悪を引き寄せる。騙された人びとの残り少ない生き血をも、余さず搾り取ろうとするような欲動の叫喚《さけび》がほとばしる。だから矯《た》めつ眇《すが》めつ、宥《なだ》める老い先が、儚くも直ちに辛酸を嘗めるいまこのとき、快楽の鞭を振るって見境もなく、打ちのめしていくものは何か。汲み尽くされることもない懊悩を、ますます切り刻んでもなお飽き足らぬ、諧謔の彼岸にぬくぬくと聳え立つものは。その在りかの、せめて手がかりへとつながるべきものを、それも一つならず、値札も付けずに陳列してもらいたい。買い手はアノオンナが連れてくる。売り手は彼女自らがつとめることになる。貨幣のやりとりだけは想定の枠外に追いやられて、とうに握り潰されていた。

そのときだった。午前か午後かの区別もつかない一〇時のチャイムが鳴り響くと、男たちがいっせいに業務を停止する。いったんは話し中に切り換える者、早々に回線を閉じる者、誰もが同じ席に着いたまま、どこにも温もりを感じさせない険しい排泄に取りかかった。大でもなければ小でもない、液体状の魂《たま》を絞り出すように。それでも事が事だから、よほどのことでもない限り、五分もすれば営みを終える。見たところ男所帯のこのオフィス、それぞれがパソコンの画面に映る、形態気質もさまざまな各地域からの女子に、自分の後始末、尻拭いをさせようとする。

いつでもどこでも、彼らはかくまでも厚かましい。だが女たちの中で、自分たちがいま身を寄せる見事な仮想現実をこえてまで、こんな一方的な欲求に応じようとする者はいない。むしろ受動を窘《たしな》め、持つべき能動を精一杯に唆《けしか》ける。扉の外で待機し、呼鈴のボタンを押そうかというアノオンナからの掟なき霊感に引き結ばれたものか、身嗜《みだしな》みも尽き果てた男たちは一人残らず、それぞれに異なる残忍なやり方で嬲《なぶ》り殺しにされた。しかも遺骸はあっさりと境界をこえ、女たちの居住地域へ回収された。ツバメはもう姿を見せようとしない。いつの間にか全ての書き込みが消され、また無地を取り戻したホワイトボードの前には、無人の職場だけが置き去りにされた。それが誰かの遺産というわけでもなく。

そこでアノオンナがインターフォンを鳴らす。室内《なか》からはすぐに応じる男の声がする。

ハイ。どなた。

えっと、タクシーなんですが、先日の料金をいただきにまいりました。

だれの？

御三方で、市内を廻りましたが（市中引き回しにて）。

いくら？（なんぼ？）

ハイ、二百万ちょうどなんですが。

何だ、そんなもん（何や、そんなもん）、ちょっと待って……それから男は、外のアノオンナではなく、広く室内へ呼びかけた。おい、もっとオレオレしまくれ、と。

よろしいですか。

ああ、いいよ（うん、ええよ）。

では、失礼します。

声の主こそは職場の元締めを名のる平板／鉛板Sだった。


扉を抉じ開けて貴婦人がいざ身を沈めても、それを歓待する声などどこからも起こらなかった。それでも彼女の視界には確かに動くものが認められる。詐欺と排泄に明け暮れる独りよがりな男たちを、つい先刻嬲り殺しにした女たちがここいちばんと仮想世界を脱け出す。蛇の鉢巻きをこよなく純白の王冠にも読みかえると、看護師の一団になりすました。ただひとり修羅場を生き抜いて舞い戻った若きツバメは、虚妄のテクニックで資格を手に入れた放射線技師か、長時間の手術を偏愛してやまぬ脳外科医たることを吹聴する。何とか入室に漕ぎつけたアノオンナの目から見たとき、かれらに伴うべき生き生きとした現実感はあまりにも乏しかったと言わざるをえない。

そこはかつて一世を風靡したオレオレ（プレス）センターではなく、ネイルセンターに様変わりしていた。それはお洒落で、ときに奇抜にもなりうるネイルサロンの隠れ店舗ではなく、天然人工を問わず、この町で過去百年にわたって愛用されてきた、抜き差しならない装身具としての爪が収集されて、ここに整理所蔵されていた。自分と同次元の同時刻に生きているとも思われないスタッフに頼ることもなく、アノオンナは自分のネイルを捜し始めた。それは、今日もまたタクシーのハンドルを握る〈義指義指〉ネイルアートの使い古しではない。その前に切り落とされた天然の手指が差し込まれることで行き場をなくした、あの足の指、そこに付いていた昔ながらのペディキュアの爪だった。

手がかりを求めて検索がてら、手近なパソコン一台の画面をのぞいた。そこには女子ではなく、デスマスクを演じるような強ばった男子の顔が浮かんでいた。アノオンナが近づくと、いきなり両目を開いた。その目は青く澄み渡っている。貴婦人は思わず目をそむけた。唇を固く引き結ぶと、ほんの少しのよろめきを足取りにかぶせて、手首は直角に交差させながら別の画面に移った。そこにも、資料検索の画面と呼ぶにはおよそほど遠い、新たな男子約一名の死相が漂った。背後のディスプレイには細波が立つ。しかも下から上にあぶくも吹き上げたが、貴婦人には目を閉ざしたままのその男の面相に強い心当たりがあった。だが「強い心当たり」の、それもまだ一人目にすぎない。そのとき声が、人影の多数どよめく前方からではなくて、彼女の真後ろからかけられた。

何かお探しでしょうか。

えっ……ええ……自分の昔の爪を、ちょっと……

アノオンナが振り向こうとすると、やはり背後から、それを制止する今度は女の声がした。

振り向かないで。

貴女の来た道が跡形もなく損なわれて、すぐに台無しですから。

生のない死だけを迎えることにもなりますので。

わかりましたね。

わかりました。

声はまた男のものに差し戻された。膨らみも緩みもとうにこそぎ落とされて。

私たちはいつでも、前にいますからね。あなたにもよく見えるでしょ。

ええ。

後ろからの声はどこまでも、自らが彼女の目前に遊離する看護師と放射線技師、あるいは外科医からのものだということで押し通してくる。それが果たして声だけの振動体であるのか、それともアノオンナが目にするものも含めて、肉体を伴った自己主張の生命体であるのかは、彼女のみならず読み手のわれわれにも、皆目つかみどころがない。

爪をお探しだということなら、お生憎ですね。いまの時間帯、ここはさる大手病院のナースセンターに回線がつながれて、ネイルセンターとしての本来の業務は停止を余儀なくされているのです。あなたに見える私たちの出で立ちも、パソコンを通じての資料開示もまた然り。ご希望には添うことができません。悪しからず……

男の声を聞きながら、貴婦人は考える。このわずかの間に、選り好みもなく半ば強制的に、声の持つべき独自の容姿を思い浮かべていった。たとえば、声には翼がある。そうやって風を得ることで喉笛を鳴らしながら、器用この上もなく体をしならせて尻尾を嚙み砕いていく。胸板を叩き、腰だけを引きのばし、膝頭を人並みに折りたたみながらも、足首を交互に回す。肘は左右とも同じ方向にそろえて捩り、顳顬《こめかみ》を万能の石刀で切り刻むと、間髪入れずに股ぐらを締めつける。いや、締めくくる。そこでアノオンナは問いかけた。

その顔は？

ああ、みんなかつてここの従業員でしてね、一人ひとりの病理についての最終的な所見が、ちょうどいま顔写真付きで半ば公開されています。目はつむってますが……

さっきは開いてました。

そう、一部動画ですから……別に死亡診断じゃないんですよ。今もその多くが生死と所在、ともに不明ですから。よかったら、ゆっくりとご覧ください。

この人……

ご存知ですか。

以前、夜中に私のタクシーに乗り込んできて、けっこう好きな放題……今日もその集金で来たんです……あ、これも……あら、こちらも……

ここまで来ると「声」はもう、自分が男であることも女であることも忘れて、耳慣れない病の解説に没頭しはじめた。

その三人でしたら、奇しくも揃ってといいますか、同じ類型に属する心臓の疾患なんです。直ちに致命的なもんじゃないですが、ひとりは「ＡＢ心臓」、もうひとりは「ＢＣ心臓」、残るひとりは「ＣＤ心臓」と、ここでは仮に名づけています。直ちに生命の危機に及ぶものじゃないなどと軽口を叩きましたがね、この新型の病疾をめぐっては、まだまだ未知な領域がそんな気休めよりはるかに広いことも確かです。まあ、奥行きもなくて、ただだだっ広いだけですがね。あ、ウィルス性じゃないですよ。だけどHeart（心臓）はHeart（心）にも通じるというべきか、器質的な観点からだけではとても説明し切れない心理的な側面も兼ね備えている。それもおそらくは遠くて近い病そのものの始原より……ですから、ビールスや細菌によるものとは別種の伝染性を、そちらの面から発揮してくる危険性は大いに持ち合わせている。

私のタクシーに乗ったときは、たしかこの「ＡＢ心臓」が後部座席の真ん中に陣取っていました。

そうですか……ま、それはたまたまでしょう。必然的なものではまずありえない。ただ、ここのところこのＡＢ型の症例がやや目立つという検査報告は複数寄せられていますが。それよりも恐るべきは別のケースです。Ａ、Ｂ、Ｃ、Ｄ、これら四つの個別因子が、稀にひとりの心臓に、それを介して心理にも揃い踏みをしてＡＢＣＤの連合群体を形成すると、その瞬間に罹患者自身のあらゆる認識の機能が停止に追い込まれ、それればかりかじつに良からぬ安寧のうちにできるだけ多くの者を巻き込みながら、どこか見知らぬ土地へ旅立つというのです。それが俗に言うところの約束の地とか、そんなところでもないようだ。差し詰めそんな思いも、表向きはどうあれ成り立ちの初めから除外されているんでしょう……うん、そうだ。こんな取り止めもないお話ばかりでは何ですから、いますぐにその三人分、プリントしてお渡ししましょう。なかなかにお宝の、値打ち物ですよ、三枚ともにね……キミ、頼むよ。

ハイ。なぜかふたたび若いツバメの声がした。ようやく刷り上がったものをきれいに揃えた看護師のひとりが強い実感を伴って歩み、近寄り、手渡してくれた。

時価二百万相当です。こんどはあのインターフォンの相手、平板／鉛板Ｓの声がした。

おまけに手渡したナースはといえば、自らが手渡した診断書類の中に消えてしまう。彼女の指先が消え失せた辺りに何者かの署名が浮かんだ。

〈集団虐殺の下手人〉

受け取った貴婦人が三枚に共通のこの署名と、同一の筆跡を確かめると、もはや何者の目にもとらえがたいネイルセンターの方角から、愛おしげに凶器の爪を研ぐ音がした。

こうしてどこにも安らぎのない者が想い想いの調度を整えながら、満たされぬ叡智と引き換えに知られざる心の病を積み上げる。それでもなお救われる者を見て、もはや逃れようもなく憧れる者が努めて静かに手をさしのべてきた。二つの指先爪先をつなぐべきものが、またしても忌わしい虚妄の餌食にされていく。人目につかないマンションの一室、その内と外、あるいはそれらの狭間をも洩れなく縫い取り世界は狂っていく。かつて時間がずれたときから、ゆっくりと狂い始めた。いまでもそのペースには狂いがない。ただ、それを見る者の目がますます落ち着きをなくしていく。後戻りが利かないということを忘れるために、かれらは二十四時間、後ろを向いている。

それでも前から来たるものに、アノオンナが尋ねた。

あなたはだれですか。

わたしはオレ／ボクです。

後ろを見ないものにも、アノオンナは尋ねた。

あなたはだれですか。

わたしはアスカです。

それからアノオンナは、アノオンナにも尋ねた。

あなたはだれですか。

タクシー運転手の、貴婦人です。

姿のないSから、声だけのSから、運賃代わりの二百万はすでに受け取っている。三通りのやりとりをうまくととのえて、見事に人格をのりこえた何ものかが部屋を出ると夜の街に向かった。

マンションの前には無人のタクシーが置き去りにされた。しばらくしてそこにも運転手がやってくると、すぐにライトを点けて、こちらも静かに姿を暗ました。

## 9

奴隷市場は何とかまぬかれた。だからと言って、自分が主人になれたわけでもない。お釣りはまだまだ残されている。

元手がなければ変装もできない。オレ／ボクはあの奴隷市場をともかく一方的に駆けぬけた。それでも別の種類の市場がはじめ然り気なく、やがて途轍もなく、手を変え品を変え特殊な面をさらして行く手に立ち現われた。住み慣れた頼みの綱である移動式の職場は、その投影もひっくるめて見つけることができなかった。

どこに行こうと平板／鉛板が（原野を）排他的に取り仕切る。道を渡って至るところ（原子の）独占支配を企てる。独占、支配、なんていかめしげな語感とは裏腹に、ダラダラとこれ見よがしに道行くヤツらは、オレ／ボクを見つけたら、いつでもあからさまに〈土民〉と呼んで蔑んでくる、いまこのときもあんなに牙を剝き出して。でも本当に口を開けば、牙はおろか歯も歯茎も舌先も、何ひとつとして見えるものがない。嚙み砕くという能力にも欠損がうかがえる。

夕方になり、この日二回目の配食も望みを絶たれて、飢えも渇きも格段に増してくる。よくあるファーストフード店の前、一面識もない女が注文違いとやらのＬサイズドリンクをくれた。すぐに飲み始めて、毒入りでもなく、それじゃ食べ物もくれないものかと淡い期待を寄せていくと、同じ女が男と腕を組んで何事もなかったかのように、別のドアから出ていくのが見えた。だがそれは、冷ややかにして物足りぬ甘味に浸食されたオレ／ボクの、心の迷いの反映だった。本当は、一人分の彼女がほかに十人分くらいの大包みをかかえて、また職場に向かったのかもしれない。移動、固定を問わず、今宵もまた懇ろに客は集いてと……

日も暮れ、こちらは仕事場との連絡も絶たれ、こうなればまた明日、夜が明ける前にいつものところに立とうかと思う矢先、狙いすましてきたかのように朗報が飛び込んだ。昼中は百面相の奴隷商人たちの魔の手から逃れることに精一杯で、今朝の目覚ましい成果につながる、そんな肝心のことさえいつの間にか忘れ果てていた。ボンクラの、ダシガラ、まさにここにありきで、いまも手元にとどまる黄金の携帯を再び呼び鳴らした朝の女は、義理堅くも約束を果たしてくれた。ちょっと手間取ったが、今しがた二百万を振り込んだというのだ。小躍りを見せる余力も残らず、オレ／ボクはじつに有難い回線をつなぎとめたまま全てを投げ出し、もっとも手近のコンビニにあるＡＴＭに駆け込んだ。

自動預払機の前に立つと、怨霊に取りつかれるように、オレ／ボクはまたしばらく〈ハイ〉ばかりのイエスマンに立ち帰る。だが言葉を交わす相手との隔たりがなくなると、この因習が打ち破られる機会もごく身近になる。
アノオンナ　もう二百万は相手さんから受け取って、このカードの口座に振り込んであるからね。
オレ／ボク　ハイ（アリガトウ）。
アノオンナ　じゃ、カードは私が入れるから。
オレ／ボク　ハイ（おそれいります）。
アノオンナ　暗証番号わかってる？
オレ／ボク　……
アノオンナ　もしもし、聞いてる？
オレ／ボク　ハイ（きこえてます）。
アノオンナ　暗証番号わかる？
オレ／ボク　ハイ……あ、いえ。
アノオンナ　何だ……じゃ、言うからね。その通りタッチしてね。
オレ／ボク　ハイ（そのとおりにします）。
アノオンナ　7、3、6、1……7361。
オレ／ボク　ハイ（……）。
アノオンナ　どう？
オレ／ボク　ハイ、反応ありません。
アノオンナ　れれっ……違ったかな……じゃ、こっちは、いい、9、6、6、1、9661。
オレ／ボク　ハイ（……）。

アノオンナ　どう？　開いた？
オレ／ボク　ハイ、これも駄目です。ブロックされてます。
アノオンナ　ええっ……何で？
オレ／ボク　でも大丈夫です。
アノオンナ　大丈夫って？
オレ／ボク　もう開きました。
アノオンナ　え……って……じゃ、やっぱり二つ目の？
オレ／ボク　イエ、私の誕生日四桁という、よくあるアレで。
アノオンナにとってのオレ／ボクは、あくまでも誕生以前の有様だから、誕生日の四桁と言われても理解が及ばなかった。そんな内心にはもうお構いもなく、オレ／ボクは引き出しの総額として二百万を打ち込んでいた。だがここにも壁が立ちはだかる。しかも容易にこえられるようなものではない。額が一日の利用可能範囲をこえるわけでもない。それ以前の、ごく些細な、とはいえ誰にも見逃すことのできない問題内容だった。それが一文の通告をもって広く利用者に伝えられる。
「ご指定の口座には通貨単位の指定がないのでご対応できません。」
この予想外の展開には、ついにアノオンナも姿を現わさざるをえない。自動預払機を前に、同じメッセージ内容を読み解き呟いた。
まんまとやられたわ、今時の金融システムに。
オレ／ボクをなおも体内に収める彼女は、突き返されたカードをやむなく自らの手で元の鞘に収めたが、そのとき現金の出入口に二、三枚の紙幣が出ていることに気づいた。

アノオンナ　あらら（何だ、これだけ？）……仕方ないから、とにかくいま出てるものだけで我慢しましょう。
オレ／ボク　ハイ。
そちらをオレ／ボクがつかみとると、またアノオンナは姿を暗ました。オレ／ボクはなおもその内奥に宿り、やはり誕生の機会も得られず、おまけに紙幣に見えたものは前の利用者の悪戯半分か、たった二枚の無料サービス飲食券だった。さっきから後ろには見知らぬ男が立っている。宵の口の客の出入りは足繁く、オレ／ボクは見出されし二枚をそのままポケットに押し込む。お札ではなく、不特定多数に配られる無料券を持ち去って使用に及んだところで、よもや犯罪には当たるまいと……ところがである。次の利用者にも見えた背後の男こそは、犯罪のエキスパートだった。それも平板／鉛板Sの詐欺グループを執拗に追いかけてきた匿名の刑事、特命のデカ。
オレ／ボクがあえて余裕もみせて振り向くと、その刑事からはすでに両目が失われていたが、それ以上に、ようやく正体を現わしたごく下っ端、使いっ走りのオレ／ボクにほとんど顔のないことが、ベテラン刑事に大きな動揺をもたらす。そんな一瞬のすきをついて外へと飛び出す。ついでに、いつだって護身用に持ち歩いてきた激臭スプレーもひとしきりお見舞いをしておく。それでも職業柄、刑事も食い下がる。外に向かって「追え！　追いかけろ！」と指令を飛ばす。店の前には、中の私服に従属して自転車にまたがる、若い制服のおまわり（さん）も待ちかまえていた。でもその口は真横に引き結ばれ、おまけに両足の踵が石畳に深々と食い込み埋め込まれ、車輪もろとも太い番線であらゆる眺望の中に固定されている。容易なことでは身動きが取れそうにない。それでも何とか自力で口を抉じ開け、店内の私服に向かって尋ね返した。立ちつくす制服にはまだ両目もあれば、帽子の下の顔も失われていなかった。

「追えって、いま出た女ですか」

「バカ……ゴホン……何言ってる……ゴホンゴホン……若い男だ、顔のない」

刑事の咳が何とか収まるころには、焦点の男も女もかなり遠方まで逃げおおせていた。


二十歩先には地下鉄の出入口が見える。二〇世紀から受け継がれたビルの壁面に固く埋め込まれてきた。見ているだけで自らがゆらめく。ここにはエスカレーターも付いていない。階段一本で上りと下り、どちらもまかなえる。そこを見事に駆け下りたところで、懐中に小銭もないのでは、電車に乗り込み高飛びすることもかなわない。一時凌ぎに潜行を試みても、周辺の地形に通じていなければ、秀逸絶妙の抜け道を描き出すこともできない。当てずっぽうに地上へと舞い戻ったところで、自らの所在がすでに見失われている。だからかれらは終始地上に固執する。

体に障るまいと、他者との接触は極力堪えて早足を飛ばす。まもなく右手の前方から緊急車両が近づく。定員二名の救急車が鯨のような精霊に取りつかれ、大粒の象の涙をたたえ、もはや回復不能に陥った小さな人体を運んでくる。いつもの唸りにしても、搬送されるその人体からの直結拡声ではない。「救急車が通ります」の事前通告に警告の色香を滲ませ、耳を覆うばかりにどちらもくりかえす。そのまま擦れ違い、白地には赤線を引き、道を次々に譲らせては遠ざかるものの行く手から、かれらにとって差し迫るような追っ手の気配は感じ取られない。

わずかに一、二分後、児童公園の公衆トイレに身を沈める。アノオンナはタクシー乗務中の路上で行き詰まると、ここの設備も何度か利用したことがあった。一歩立ち入れば男と女に、強いられるがままの分離壁に身を預けると、半ば険しくとも心ばかりは許し合う。それとも深く隠蔽秘匿されてきたオレ／ボクは、アノオンナに導かれるがまま禁断の箱庭への同行相対死を迫られたのかもしれない。本当のところは、真実という名のオブラート一枚にくるまれて、およそ万事は何者にも悟られないよう入念に作られている。じつに見事な仕来たりの、世にも天晴なる、アナ、可笑《オカ》し、と。

トイレに隠れるという当座の選択が得策かどうかもわからなかったが、十分から二十分はそのまま動かず、何もせず、何やつが扉を叩いても蹴っても一切応答せず、続く舌打ちの連呼にも甘んじ、当初より矛を納めた。時として内部の緊張にも翳りが見えると、不動の扉がかなり気まぐれに身を挺して盾の代役をつとめた。オレ／ボクには、それを演出するための意欲も器量も備わっていない。そこに〈卓球《ピンポン》〉〈卓球《ピンポン》〉と、しきりに打ち鳴らされる〈視覚障害者のための〉建物所在確認通知の人工音声だけが、誰に媚びるというわけでもなく、いかにも見え透いた慰めの声かけを、物言わぬオレ／ボクに対しても認めてくれた。

〈公衆〉をあとにしてようやく気づいたが、〈救急〉の邁進した同じ通りを挟んですぐ目前には、アノオンナが愛でてやまない大寺院の暗闇が広がっていた。その闇はいつだって、長遠《ちょうおん》な土塀と並み居る高木立によって二重に守り抜かれてきた。いまあの中に逃げ込めれば盤石だろうにとは、アノオンナもたちまち希求を抱いてありあまる思いを貯えたのだが、入口の門はまるで沁み渡る枯葉剤から杜一面の現世を防御でもするように、この夜も目をつむり、立派に頑なに閉ざされている。

えんえん、闇夜の防人《さきもり》も連なる同じ道沿いに、時代を取り違えたと言わんばかりの公衆・電話・ボックスが建っていた。辺りは古い小学校の油臭い廊下にも見えてくる。この立たされ坊主には〈卓球《ピンポン》〉の所在確認音声もなければ、授業開始のベルもチャイムも聞こえない。代わって、〈公衆〉には断じて認められてはならない透明感が、これまた前世紀譲りの見通しの良さが、生まれ付いての天からの施し物とばかりに取り付いていた。

ちょうど成人一人分の容積に、男がひとりで立ち入っている。今風の利器、それも鋭利器、すなわちケイタイも含め、通話の兆しは伝わらない。男は震えを忘れ、またすぐに思い出し、そればかりを反復していく。どちらかと言えば沈黙にも酔いしれ、固定電話機の肩口に片手をかけて、そちらの手とは反対側の膝頭を見下ろし、少し窮屈そうに折り曲げながら周期的に足ごと持ち上げてみる。力尽きて踵が床につくと、男の代わりに夜景が揺れる。それに伴い、男は俯き加減の頭《かしら》だけを左右に揺さぶるのだ。夜の独舞、ひとり占めする、われらが無伴奏、カラオケ、ソナタ、パルティータ、片足ばかりの、弓も引かない、弦も張らない、酷《むご》いつぶやき、などなど、さまざまに推しはかられるが、この人物が自分たちの味方であるとの保証だけはどこからも得られない。早々に見切りをつけて、物語の当事者はなりふり構わず、いちばん近くの小路に駆け込んだ。

オレ／ボクのズボンのポケットには二枚の無料飲食券がようやくわざとらしさに区切りをつけながらも、なお突っ込まれたときの苛立ちともども確保されていた。あとは裏町界隈をすりぬけ、別の盛り場をめざす。というかむしろ宵の口に逃げ出してきた繁華街の、反対側の端っこ辺りを見定めて……すぐそこに煙草屋が見える。よくある昔ながらの込み合った四辻角の。そこを曲がるとき、店の主らしき老女が威勢よく、ただ目配りもなく、シャッターを引き下ろした。ともかくひと息に、ざざぁーっと、この一呼吸の所作でそれまでの開店休業が閉店終業に至る。かと思えば民家の前では、いきなり明かりに晒される。それも一軒ならず、誰彼問わず、通りかかった者には市民平等とて、抜き打ち騙し討ちの防犯ライトを浴びせかける。目がうろたえ、すわ警官ご一党の来襲かと、こちらは思わず肝を冷やす。アノオンナからの舌打ちも湧き上がる。「追っ手ならぬ勝手の仕業」などと、嫌悪に裏打ちされた唱名も投げつけていく。ただし、光を浴びたぐらいでオレ／ボクの正体がやすやすと確かめられる道理もないのだが。

やがては人通りもよみがえり、外食からの薫風も力を込めてそよぐと、大急ぎ、韋駄天走りにサービス券の使える店舗を見つけ出す。ファーストフードの夕食にもようやくありつける。一メニューに一ドリンク、夕方には思わぬカミからの恵みに、Lサイズも飲んでいたから、そちらをSにするぶん少しでも食事のボリュームを増やすように努めた。いずれにせよ青年の満腹にはまだ遠いのだが、追加の方途もなく、全席禁煙の店内から気休めの一服を求めて外に出る客につづいてオレ／ボクも立ち去る。使用済みの食器など、店に関わる一切を相手からの要望通りに始末していく。

そこから右隣りの、さらにもうひとつ隣りには、いかにもボッタクリ臭い店構えが、夜ひらく妖艶の芽を紡いでいた。おまけに禍《まが》々しき門前にあっては、ヒッタクリ紛いの呼び込み紳士も立ち歩く。ホラ、思った通り、見てくれも構わず、見境もなく、オレ／ボクにも声をかけてきた。「お兄さん、今なら時間が安いよ。二名様一人分ならなおさらのこと」。その意味するところがおそろしくもわかりにくい。こちらにはそれに応じる用意も決意もなくて、とにかくおとといの、いやあさっての方角をにらみながら退けていくと、新たな舌打ちでもなく、別のところから声がかかった。それも親しげな、あえて体裁も繕わない、女からの呼びかけだった。

「あれ！　キフ人」

キフ人、すなわち、きふじん。運転席の女は自分が呼びかけた相手の仇名にもよく通じているようだ。アノオンナもただちに応えを返した。

「アスカ……いま営業中？……あ、それって、私がいつも乗ってる……」

「そうだよ……今日はいつもの私のがね、定期点検だから借りてるんだけど……何もきいてない？」

「ない」

アノオンナが首を横に振る。かつて運河沿いの丁字路での夜の遭遇、それ以来の長い行き来を通じて、かつての「貴婦人」はいま「キフ人」とも呼ばれるようになっていた。

「何だよ、アイツら、いい加減な……もう帰るんでしょ」

「そうだよ」

「じゃ、送ったげる、アパートまで」

「ホント？……ありがとう」

「何だか初めて会った時みたいだね。とくに料金はいただきませんので」

「ありがとうございます」

開かれたドアを尻目に、アノオンナは後部座席へゆったりと身を沈める。心なしか腰を、それからお腹をさすっている。自分がこの町の夜景を見るのはこれが最後かもしれない。そのことはオレ／ボクにも千切れるように、ただし何の痛みもなく、それだけにひしひしと感じ取られた。跡をつぐ言葉は出てこない。またどこかでサイレンが鳴っている。タクシーはゆっくりと走り出す。信号が変わる時も間近いので。

これで今夜の寝床にもどうにかありつけた。それが移動式かどうかまだわからないのだが、ここまで生きのびてきてようやく見えてきたことがある。たとえ貴婦人であろうと、またキフ人であろうと、いつでもアノオンナは時代をこえるバクダンだった。オレ／ボクは物心ついたときからその中のどこかに、巧妙に、いや奇妙に、狡猾この上もなく仕掛けられてきたのだと思う。その受持ちの部署が単なる導火線であろうと、もう少し手の込んだ起爆装置であろうと。

「土民の子は、いつでも土民だよ」

一つ目の交差点を渡るとすべての境界をのりこえ、優しく囁きかける女の声が耳に届いた。

オレ／ボクとは、さらに大きなオレ／ボク／ワタシのほんの一部の別名にすぎない。

夜の町はアノオンナの体の中から広がっている。

その中軸を無心の声がつらぬいた。

## 10

六日目の朝、ようやく人影が見えてきた。犬を連れて散歩している。

今日は土曜日だから、八時を回っても住人の出足はさすがに鈍い。まだ半分以上が眠っているとしても過言には当たらない。

週末、息の途切れる者が寄り添って、お互いの弱点の埋め合わせをする。何らかの報いにも償いにも介入する余地は残されていない。奇怪に目覚め、繕いを知らない悪罵だけが英雄気取りの空回りを演じる。見ているものがそれだけでも感染するという、新たな視覚伝染の脅威が共同体の名誉を根こそぎ毀損する。とはいえこの朝、日課の徘徊を楽しむ主人と飼い犬ばかりではなく、あたり一面に棚引く街路樹の奇跡にも近いような建立にも、いまだこの世に産み出されて間もないような瑞々しさが取りついていた。

前夜のオレ／ボクはアノオンナのアパートへ命からがら潜り込み、夜明けを前にいつもの所に佇むという、生存にとって最低限の務めも怠っていた。ところが恵み深くもアノオンナときたら、一夜の宿を提供するのみならず、オレ／ボクがそのハラの中にいてもこなせる仕事を分け与えてくれた。

それが何かと言えば、タクシーの助手である。車の助手席にいて、陽炎のように立ち上るのだ。これを通りがかりの人が見かけたら、ドライバーのほかに少なくとももうひとり、それもすぐ傍らに顔の見えない若い男の座るのがわかったであろう。タクシーを拾おうとする者であっても、「賃走中」か「研修中」だと思って手を上げることを控えたに違いない。たとえ上げたとしても車は素通りをして、端から営業の意志がなかった。内々に、乗車拒否を貫くというしめやかな約定も取り交わされた。

アノオンナにとって、そんなことはもうほとんどどうでもよかった。昨夜につづいて、この朝もハンドルを握ったのはアスカだった。そのアスカのすぐ隣りにオレ／ボクの影が立ち上り、見たところ腰を下ろして光を払いのけ、後部座席にはアノオンナが体を沈める。すでに昔の貴婦人に立ち帰り、誰にも自らの血統は問わせず、淀みなくおごそかなまでの気品も湛える。フェルト地に縁取られた少し山高の帽子まで誂えている。何らかの心症アレルギー性疾患をおそれてか、見慣れぬ思いの丈を隠し通すにはそれで十分な、真白く四角い大きなマスクが顔《かんばせ》をおおう。このときも町は彼女の体と地下道を介して切り結ばれていた。

八時過ぎ、すでに身内の客を乗せた貸切りのタクシーがゆっくりと運河沿いを離れた。すかさず電源につながれたラジオが謳う。声を揃え、満ち足りぬものに求愛し、満たされぬものを乞い求めた。時間の調整と心の平静のために、まるであの夜の平板／鉛板三羽ガラスからのリクエストに、またも応えるかのように市内を周遊した。そして九時を過ぎると方角を見定め、オフィスビル街を駆け抜けると、少し外れた別格に立地する、どこか青光りもするような壁面に神立《かんだち》も誘《いざな》わんばかりの円形のビルに向かった。車はそのまま地下の駐車場に入る。地上の入口脇に建つ門柱鉛板には「ユウラシヤ」の五文字が読まれた。土曜日の朝いちばんだから、さすがに駐車台数も限られている。アノオンナからのやわらかい指示で、エレベーターの入口にも近い一郭に停車した。

車の自動ドアが立ち所に開かれると、アノオンナは銀色のアタッシュケースひとつを左手に提げて立ち現われた。厚みが十センチにも満たないという軽量タイプ。車内で振り返ったアスカが「そしたらね」と言ったかどうかはよくわからない。アノオンナをのぞいて、それは誰にも聞き取られなかった。ただしその目は、血の轍を思い浮かべるようにして半ば充血していた。

「早く行って」

「わかった」

車はすぐに出口に向かう。また地上へと走り出す。貴婦人は思った。ワタシは今日も不在だと。だからあの車にしても、その不在のハラの中であったと。

アスカの車が駐車場から出たのを見届けると、貴婦人はそのままエレベーターに乗って、まずは一階受付の正面に姿を現わした。建物の構造上、地下駐車場からのエレベーターはここまでだった。上の階へ行くためには一度受付の前を通って、身分、用件、行き先などの確認を済ませてから別のエレベーターに乗り換える。

黒の山高の貴婦人は暖色無地のタイトスカートを軋ませ、受付には一瞥もくれず素通りしようとする。担当者がすぐ声をかける。

「あの、お客様、どちらへ行かれますか。スタッフカードの自動認証以外の方は、こちらでお名前とご訪問先、ご用件をお伺いすることになっておりますので」

貴婦人はさらに無視を貫いて、どこかに進もうとする。それを見て受付の担当者が正面入口前に立つ警備員に連絡を入れた。

「すいません。この女の方、ちょっと調べてください……とめて」

受け付けはそのまま接続を切り換え、ほかにも連絡を入れようとする。すると貴婦人は思い直したかのように立ち止まり、体の向きはそのままに首だけを回して振り向くようにも窺えた。

一方、受付からの要請には直ちに応え、自動ドアが開くのを待っていたガードマンがいよいよロビーに駆け込もうとしたその一瞬、まるですべてが停止するように彼の身動きが封じられたのと、手提げのスーツケースが持てる威力を発揮したのは同時だった。たちまち天井は崩れ、受け止める床との区別もなくなり、ガラスの消えた窓を、風が一気に吹きぬけた。

あれからもう何年にもなるが、あのときのケースの中には確かにオレ／ボクがいた。永く、美醜をこえてそこに仕掛けられていた。闘う意志が自らの重さを告げることもなく、熱く、それでいて冷たくのしかかってきた。見たこともない終末の地図を片手に、未知の海原へのり出そうとしていた。

町は無名の島を装い、古来の縁故は断ち切り、貨幣の価値も分からない波頭の中を漂っていく。

残されたアスカが今でもハンドルを握る。絶えず目標を探し求めて、思索をめぐらせる。見失われてすでに久しいアノオンナの記憶とともに、いつも、いつでも、また、いつまでも。

# あとがき

この本に収められた十六枚の挿絵は、私の原稿をもとに作画されたコラボレーション、すなわち協働作業の成果である。制作者の風間博子さんは、冤罪を訴える死刑囚として、現在も東京拘置所に収監されている。再審の請求を提出しつつも、そのアトリエはなおも独房の空間に限られている。創作のための道具——描くものと描かれるもの——もきわめて限定され、題材についての基本情報も乏しい中での創作である。許可されている用紙を二つ折りにして描かれたペン画、その反対側には、端正な文字で画家自身の覚え書が読める。そこにはこんな一文が浮かび上がった。

「社会では今、知りたいことは何でもパソコンですぐに調べることが出来るようですが、ここではスイカの柄にしろ、車の形にしろ、手探りです。」

被いかぶさる視覚の障壁は題材の調査にとどまらず、出来あがった作品の保持にも容赦なく及ぶ。着手して私はようやく気づいたことだが、たとえば外部世界なら、画家が発注元にコピーを送り、それを見ながら議論することなど朝飯前だろう。それも電話ではなく、スキャンしたものをパソコンの通信などで交わしながら。しかし、司法制度の下した壁の内外となると、こんなことでさえかなわない。画家は外に自らの作品を送り出すと、たちまち、その実物どころかコピーを含むあらゆる確かなイメージから、文字通り記憶の残影を除いては排除されてしまう。さらに確定死刑囚の発信は一日に一通限り、受信は到着の翌日には交付されるのだが、そこに、交通権のない外部の者との交信が含まれると判断されたところは黒く塗りつぶされてしまう。かく言う私に対しても交通は認められないので、届いた絵に対する印象・感想や、作品への希望・要望は、交通権のある支援者の方に、パンフレット形式で作成していただくことになる。すると検閲のために交付が一週間も遅れることが生じ、私の論評が届く前に、その思うところを鋭くも察した風間さんの方から先んじて作品がやってきたり、反対に特定のテーマについてキャンセルを送ったのに、さらに作品を描いてもらって恐縮したり、そのこちらの恐縮がまたさらに変な間合いで先方に到着する、などということは日常茶飯事だった。

こうして、二〇一四年の夏、支援者のみなさんに支えられて、しかもこうしたやりとりの間に、風間さんからの再審の請求が地裁によって棄却されるという危機を織り込みながら、描かれた作品は外光の下へ運び出された。いま本が閉じられて、たとえページの透き間に光の入り込む余地がなくなっても、これらの挿画の一枚一枚が高い壁の内と外で浴びてきたさまざまな光を決して忘れないということを、コラボレーションの一方の当事者としては、こよなくもここに記しておきたい。

風間作品との出会いは、二〇〇五年から年輪を刻んで営まれてきた「死刑囚表現展」の賜物である。作品の公募および選評と展示にあたってきた「死刑廃止のための大道寺幸子基金」は十年の節目を迎えた昨秋、「大道寺幸子―赤堀政夫基金」と名称をあらため、さらに五年間運営されることになった。私自身は京都市の東本願寺や広島県福山市の鞆の津ミュージアムに足を運んで、風間作品にじかに触れてきた。回数を重ね、新たな作品を目にするにつれて、本の挿絵を依頼するという、まだよく先の見通せない展望を抱き始めた。それも今回の作品集はいずれも女性の主人公だから、その肖像でもお願いできないかという、じつに浅はかとも言うべき発想から始まったことにすぎない。だが、「死刑囚表現展」がなければ、そんな入口にも到達しなかっただろう。加えて関係者に連なる知人からの後押しもあり、私の躊躇などどこ吹く風という按配で、出版の実現への構想が胎動をはじめた。

風間さん自身も当初は躊躇われたと聞くが、最終的に受諾をされた。私は浅はかな要望を添えて、原稿を差し入れてもらった。当時は第三作を執筆中だったので初めの二作である。意外にスムーズに手元に届いたようだ。

そののち書き上がった三作目もいよいよ差し入れの手続きをとっていたころに、ぽつぽつと複数のスケッチを引き連れ、完成作品が手元に届き始めた。最初に出てきたのは、私の依頼した女性像ではなく、あのリーランの父の俯せになった最期の姿だった。それが軽快な肩慣らしでないことぐらいは、いくら鈍感な私にもすぐに読み取ることができた。こうして画筆は進み、三月足らずの間に届いた三十一点の中から何とか選択をし、小説一篇につき各五点、そこに冒頭の「街の眺望」を加えた全十六点による、このたびの出版展示である。そこには主人公たちの肖像もまたつつがなく含まれている。

思い返せば、風間博子死刑囚の構想力の広がりの前には、壁の高さなど何ほどでもなかった。しかし、いまその作業に思いをめぐらす私の乏しい想像力の前で、同じ壁はこれ見よがしに高さを極める。それでも潜り抜けようとする複数の手を、それらが作り出す歳月とともに受け止めてくださった、支援会の鈴木さん、その手へと最初につなぎとめてくださった、京都にんじんの会の大道寺さん、成果を世に出すための編集作業を担当された河出書房新社の小川さん、滑川さんほかスタッフのみなさん、そしてコラボレーションの共演者たる風間さんにも心からの謝辞を差し上げて、来たるべき空想の大陸へのプロローグにも当たる作品集のあとがきを結びたい。

蜷川泰司

二〇一五年六月二五日

蜷川泰司（にながわ・やすし）

1954年京都市に生まれる。大学院修了後、出版社勤務をへて、海外をふくむ各地で日本語の教育と関連の研究にたずさわる。

2003年に最初の長篇『空の瞳』でデビュー。死刑囚との面会に出かける主人公の叙事詩的な一夜を描き出す。2008年には対話的文芸論『子どもと話す　文学ってなに？』を上梓（いずれも現代企画室）。2013年の作品集『新たなる死』（河出書房新社）は全国学校図書館協議会の選定図書に選ばれる。

今世紀に入ってからは、第二の長篇『ユウラシヤ』（全4部）に取り組む。哲学者スピノザからの謎めいた影に付きまとわれながら、作品は架空の大陸に層をなして織りなす黙示録的な時間をたどり、絶え間のない浮き沈みのドラマを克明に描き続ける。

『新たなる死』をひきつぐ作品としては、〈群章的〉な中篇となる『ヒトビトのモリ』を構想中。

迷宮の飛翔

2015年 9月20日　初版印刷
2015年 9月30日　初版発行

著　者　蜷川泰司
装　幀　岡本洋平（岡本デザイン室）
発行者　小野寺優
発行所　株式会社河出書房新社
東京都渋谷区千駄ヶ谷2-32-2　郵便番号151-0051
電話（03）3404-8611（編集）（03）3404-1201（営業）
http://www.kawade.co.jp/
印　刷　株式会社亨有堂印刷所
製　本　小泉製本株式会社

ISBN978-4-309-92068-9
Printed in Japan

蜷川泰司の本

＊

## 新たなる死

〈現実の事件〉を内に胎み、入れ子型の二重構造の連作が、
「アラタナルシ」を絡め取り、知的に腑分けしていく。
幻視と歴史のアラベスクを絶妙な技芸で描き出し、
世紀と国境のはざまに繊細な亀裂を走らせる。
密かな異才による新たな文学の誕生!!
「凄い小説だと思う。同時に、怖しい小説だ。
描くことが困難だった死がかくも明晰に語られている。」(陣野俊史)